通鑑節要增損校註

二

국립중앙도서관 출판예정도서목록(CIP)

通鑑節要增損校註. 二

原著者: 江贄 ; 編著者: 時習學舍.
서울 : 다운샘, 2015. 327p. ; 25.7×18.8cm

ISBN 978-89-5817-334-2 94910 : ₩25000
ISBN 978-89-5817-308-3 (세트) 94910

중국 고대사[中國古代史]

912.03-KDC6
951.01-DDC23
CIP2015015659

通鑑節要增損校註

二

卷七～卷十五

江 贄 原著

社團法人 時習學舍 編著

도서출판
다운샘

目 次

通鑑節要增損校註 卷十二

漢紀

通鑑節要增損校註 卷十三

漢紀

通鑑節要增損校註 卷十四

漢紀

通鑑節要增損校註 卷十五

漢紀

附錄

凡 例

1. 本書以江贄所著通鑑節要, 爲增補刪削校勘集註, 使覽者便於讀解耳.
2. 本書所用底本, 用己卯新刊春坊藏板, 而其刊本之情況, 如下.
   通鑑節要(天地人3冊), 學民文化社, 1992. 大田. 影印本.
3. 文段過長者分之, 以資辨別焉.
4. 各文段之中, 抽出其小題目, 顯示於其文段之上, 以要約之文句, 使便於誦讀.
5. 本文之中, 摘取主要事件與文句, 而與小題目俱提示於該頁面之左側, 使便於考覽且誦讀.
6. 各句讀處, 皆標點之.
7. 甲子乙丑等各干支之後, 用括弧, 竝記西紀年度, 使備於參考.
8. 集註採錄於通鑑類, 在於同年度者, 不錄其年度. 而或在於不同年度者, 錄其公元年度, 使知其出處. 其例如'(胡前111年)'者, 謂在於資治通鑑胡註本之公元前111年, 如'(新33年)'者, 謂在於資治通鑑新註本之公元33年也.
9. 又添加附錄, 而主要記事以年度順配列之, 爲一覽表, 載於各冊之末, 以供一覽之資焉.
10. 出典表示亦用略號, 而其正名提示於參考文獻矣. 其例如下.
    (春) : ≪通鑑節要≫, 學民文化史, 春坊藏板, 1999. 影印本.(底本)
    (胡) : ≪資治通鑑≫, 司馬光 編撰, 胡三省 音注, 洪氏出版社, 臺北, 民國69.
11. 增損校註之實例, 各擧其一端, 如下.
    增補 : "葬始皇於驪山, 下⁋錮三泉⁋."(【辛卯(前210) 始皇帝三十七年】)
    (新注)云, "下錮, 灌熔銅使錮塞." 則下錮三泉者, 謂灌注銅液以塞深泉之水也. 而(春)作'葬始皇於驪山下', 則'下'謂'驪山之下', 其文義不合矣. 於是不可不增補於資治通鑑等書以完其文也.
    刪削 : "皇°˙子弗陵生."(【丁亥(前94) 太始三年】)
    (春)作'皇太子弗陵生', 則有一'太'字添書焉者. 此時皇太子, 卽衛太子

(戾太子)劉據也. 弗陵(衛太子之異母弟. 後日爲昭帝)之爲皇太子, 定於甲午(前87 後元二年), 則'太'字爲衍文, 當削.

校勘(特擧誤字之例) : "… 徙而從者七°千˙餘家."(【丙寅(前355) 顯王十四年】)

(春)作'徙而從者七十餘家', 則'十'是'千'之誤. 當改.

集註 : "諸生傳相告引, 乃自除犯禁者四百六十餘人, 皆坑之咸陽."(【己丑(前212) 始皇帝三十五年】)

(新注)云, "自, 始皇親自. 除, 判決." 則'乃自除犯禁者四百六十餘人'者, 謂于是始皇親自判決犯法之人四百六十餘名, 而非謂于是諸生親自脫出於犯法之人四百六十餘名也.

其外, 又有句讀彝整者, 頻頻有之, 而亦擧其一端, 如下.

"以司徒掾穎川韓韶爲嬴長. … 韶曰, '長活溝壑之人, 而以此伏罪, 含笑入地矣.'"(【丙申(156) 桓帝 永壽二年】)

漢語大詞典云, "長活, 使生存." 則長活溝壑之人者, 謂使生存瀕死之人也, 故長非謂縣長之長矣. 而諺解口訣與飜譯云, "長이 活溝壑之人ᄒᆞ고/長이 溝壑의 人을 活ᄒᆞ고" 則'長'謂'縣長之長', 其文義亦不合矣. 於是提示其註釋'使生存', 因以解之, 不使謂縣長使生存瀕死之人也.

12. 本書一帙編成六冊五十卷矣. 此爲其第二冊, 其收錄卷者, 自第七卷至第十五卷, 凡九卷, 而其年數者, 自漢文帝元年(公元前179)至漢淮陽王更始二年(公元後24), 凡二百三年間也.

符 號

【　】: 年度標示符.

○ : 文段標示符. 文段過長者分之之處, 則不標之, 使屬在上之○下.

【某】: 小題目符. 此與年度標示符同.

例如

【韓信背水陣】: 韓信與趙軍對敵時, 以背水陣大破趙軍, ………

此以'韓信背水陣'爲題目, 顯示於文頭也. 而以'韓信背水陣', 又提示於該頁面之左側.

⁋某¶ : 增補符

例如

⁋朝聞道¶ : 指以'朝聞道'爲增補焉者.

°˙ : 删削符

例如

百姓無°˙賦 : 指以°˙符爲删削焉者.

其被删削之字句, 則以脚註明示之.

°某˙ : 改正符

例如

°道˙ : 指以'道'爲改正焉者. °˙符指删削, 而°˙符中有字, 指其改正字加焉. 其被删削之字句, 則亦以脚註明示之. 此與删削符同, 而删削符則但有°˙符, 無改正字, 改正符則有°˙符, 又有改正字加焉.

°☜˙ °☞˙ ◤◥ : 移記符

例如

°☜˙ : 指以在此之文句移記於前面者. 其前面被移記之文句, 則以◤◥符標示之, 使知移記焉.

°☞˙ : 指以在此之文句移記於後面者. 其後面被移記之文句, 則以◤◥符標示之, 使知移記焉.

①②③… : 同一字句之重複註釋番號.

⊙ : 註釋者之自註符.

出典及略號

(春) : ≪通鑑節要≫(3冊), 學民文化社, 春坊藏板, 1999. 影印本. (底本)

(國) : ≪少微家塾點校附音通鑑節要≫(15冊), 江贄 編, 史炤 音譯, 王逢輯義, 劉剡 增校. 古活字本(戊申字), 刊寫者未詳[1674～1720 추정], 고서, 국립중앙도서관고전운영실(보존). 청구기호 한古朝50-163.

(國1) : ≪少微家塾點校附音通鑑節要≫, 江贄 編, 國立中央圖書館所藏本, 刊寫者未詳, 刊寫者未詳. 청구기호 한古鮮50-171. (此本間或有所缺漏處, 則以同種古書代用之.)

≪集註通鑑節要≫(2冊), 金都鍊 編著 亞細亞文化社, 1986.

(要) : ≪通鑑要解≫, 學民文化社, 1994.

≪標點索引 少微通鑑節要≫, 뿌리문화사, 1999.

(諺) : ≪註釋通鑑諺解≫, 池松旭, 唯一書館, 京城, 大正7. (學民文化社, 大田, 1992. 影印本, 3冊)

≪通鑑節要≫, 李忠九 譯註, 뿌리문화사, 1993.

≪懸吐完譯通鑑節要≫1, 金都鍊・鄭珉 譯註, 傳統文化研究會, 1997.

≪譯註通鑑節要≫(9冊), 成百曉 譯註, 傳統文化研究會, 2011.

≪資治通鑑≫(3冊), 金忠烈 譯解, 三省出版社, 1987.

≪新譯通鑑≫, 趙洙翼 譯解, 홍신문화사, 1991.

(資治) : ≪資治通鑑≫

(胡) : ≪資治通鑑≫(11冊), 司馬光 編撰, 胡三省 音注, 洪氏出版社, 臺北, 民國69.

(今) : ≪資治通鑑今註≫(15冊), 司馬光 著作, 李宗侗等 校註, 臺灣商務印書官, 臺北, 民國74.

(新) : ≪資治通鑑新註≫(10冊), 自治通鑑新註編纂委員會, 陝西人民出版社, 西安, 1998.

(目) : ≪資治通鑑綱目≫(4冊), 朱熹 撰(思政殿訓義), 保景文化社, 1987.

(目標) : ≪資治通鑑綱目≫(4冊), 朱熹 撰, 朱子全書(共27冊, 8・9・10・11冊. 標點本), 新華書店上海發行所, 2002.

(輯) : ≪歷代通鑑輯覽≫(4冊), 臺灣商務印書館股份有限公司, 民國61.

(綱鑑) : ≪綱鑑易知錄≫(10冊), 吳楚材 編纂, 新興書局, 臺北, 民國44.

(綱合) : ≪綱鑑合編≫(4冊), 北京市新華書店, 1985.

(中白) : ≪白話資治通鑑≫(20冊), 沈志華・張宏儒 主編, 中華書局, 北京, 1997.

(文白) : ≪傳世經典文白對照 資治通鑑≫(18冊), 沈志華・張宏儒 主編, 中華書局, 北京, 2012.

(岳白) : ≪白話資治通鑑≫(5冊), 周國林・顧志華 主編, 岳麓書社, 湖南省長沙市, 2005.

(白楊) : ≪資治通鑑≫(36冊), 白楊 譯(白楊白話版), 北岳文藝出版社, 太原市, 2006.

≪通鑑故事全集≫(4冊), 尹黎雲 主編, 崑崙出版社, 北京, 2006.

(日資) : ≪國譯資治通鑑≫(4冊), 加藤繁・公田連太郎 譯幷註, 景仁文化社, 1996.

≪二十四史全譯≫(88冊), 世紀出版集團・漢語大詞典出版社, 上海, 2004.1.

≪資治通鑑大辭典≫, 施丁・沈志華 主編, 吉林人民出版社, 1994.

(和) : ≪大漢和辭典≫(13冊), 諸橋轍次, 大修館書店, 東京, 昭和43年. 縮寫版第2刷.

(中) : ≪中文大辭典≫(10冊), 中文大辭典編纂委員會, 中國文化學院華岡出版有限公司, 臺北市, 民國 68年. 4版.

(漢) : ≪漢語大詞典≫(13冊), 漢語大詞典編輯委員會漢語大詞典編纂處, 漢語大詞典出版社, 上海, 1993. 1版.

(漢字典) : ≪漢語大字典≫(9冊), 漢語大字典編輯委員會, 湖北辭書出版社・四川辭書出版社, 湖北省・四川省, 1990. 1版.

≪中華字海≫(1冊), 冷玉龍 等, 中國友誼出版公司, 北京. 1994.

(檀) : ≪漢韓大辭典≫(16冊), 檀國大學校東洋學研究所, 檀國大學校出版部, 서울, 2008. 初版.

(形) : ≪正中形音義綜合大字典≫, 高樹藩, 正中書局, 臺北市, 民國18年, 增訂3版.

(人) : ≪中國歷代人名大辭典≫(2冊), 張撝之・沈起煒・劉德重 主編, 上海古籍出版社, 2006. 6.

(華典) : ≪重篇國語辭典修訂本≫, 中華民國教育部. 1994. http : //dict.revised.moe.edu.tw

百度百科, http : //www.baidu.com

어학사전, http : //www.naver.com

어학사전, http : //www.daum.net

通鑑節要增損校註 卷七

漢紀

▪ 太宗孝文皇帝[1)] 上

在位二十三年, 壽四十六.
名恒, 高祖中子.
漢興掃除煩苛, 與民休息, 至于孝文, 加之以恭儉, 專務以德化民. 是以海內富庶, 興於禮義, 斷獄數百, 幾致刑措.[2)] 至於制度禮樂, 則謙讓而未遑.[3)]

【壬戌(前179) 文帝元年】

○【文帝蚤建太子】

文帝蚤建太子 有司請蚤建太子曰,[4)] "豫建太子,[5)] 所以重宗廟社

1) 太宗孝文皇帝 : ① 字曰常. 母曰薄姬. 諡法, 經緯天地曰文.(胡) ② 前202~前157. 高帝十一年, 立爲代王, 高后八年, 被大臣迎立爲帝, 繼續執行與民休息政策, 促使經濟發展社會安定.(新)
2) 刑錯 : 亦作'刑措'. 亦作'刑厝'. 置刑法而不用.(漢)
3) 謙讓而未皇 : 皇, 暇也, 自以爲不當改制.(漢書 卷48 顔師古注)
4) 蚤 : 同'早'.(今)
5) 豫 : 同'預'. 先事而爲曰'豫'.(今)

稷,[6] 不忘天下也. 古者殷周有國,[7] 治安皆千餘歲,[8] 用此道也,[9] °˙子啓最長,[10] 純厚慈仁, 請建以爲太子.” 乃許之.

⁋三月, 立太子母竇氏爲皇后.⁋

○【文帝振貸】

文帝振貸

除收帑相坐律令

漢書本紀曰,[11] “⁋元年, 十二月⁋, ⁋盡除收帑相坐律⁋令⁋.[12]⁋ 三月, 詔曰, ‘方春和時, 草木羣生之物皆有以自樂, 而吾百姓鰥寡孤獨困窮之人或阽於°死˙亡,[13] 而莫之省憂.[14] 爲民父母將何如? 其議所以振貸之.’[15] 又曰, ‘老者非帛不煖, 非肉不飽, 今歲首,[16] 不時使人存問長老,[17] 八十已上, 賜米肉,

---

6) 重 : 增加, 加重.(新)
7) 殷周有國 : 謂商代周代.(新)
8) 治 : 直吏翻.(胡)
9) 用此道 : 意謂商周卽用了預建太子的辦法. 其實商王多有弟繼兄位者.(新)
10) °˙ : (春)有‘今’字, 當削.(◉) 啓 : 劉啓. 文帝之長子. 後來卽位, 是謂景帝.(新) 長 : 知兩翻.(胡)
11) 漢書本紀 : 漢書 卷4 文帝紀.(◉)
12) 盡除收帑相坐律令 : ① 帑, 子也. 秦法, 一人有罪, 幷其室家. 今除此律. 帑, 讀與‘奴’同, 假借字也.(漢書 卷4 文帝紀 顔師古注) ② 孥, 妻子也. 謂收錄其妻子, 沒爲官奴婢.(要) ③ 帑諸相坐律令, 應劭曰, 帑, 子也. 秦法一人有罪, 幷坐其室家, 今除此律. 帑, 音奴.(胡) ④ 帑, 史記(卷10 文帝紀)與(春)作‘孥’, ‘帑’與‘孥’通.(◉)
13) 阽 : ① 音反坫之坫. 阽, 近邊欲墮之意.(漢書 卷4 文帝紀 顔師古注) ② 與‘墊’通.(要) 死 : (春)作‘危’, 據漢書(文帝紀)改.(◉)
14) 省 : 視也.(漢書 卷4 文帝紀 顔師古注)
15) 振貸 : 賑濟. 振通‘賑’.(新) 振 : 起也, 爲給貸之, 令其存立也. 諸振救振贍, 其義皆同. 今流俗作字從貝者非也, 自別有訓.(漢書 卷4 文帝紀 顔師古注)

九十已上, 賜帛各二匹絮三斤.'"[18] ☜

○【文帝不受千里馬】

文帝不受千里馬

時有獻千里馬者. 帝曰, "鸞旗在前,[19] 屬車在後,[20] 吉行日五十里,[21] 師行三十里,[22] 朕乘千里馬, 獨先安之?"[23] 下詔曰, "朕不受獻也. 其令四方毋求來獻."[24]

○【陳平專爲丞相】

陳平專爲丞相

帝益明習國家事.[25] 朝而問右丞相勃曰,[26] "天下一歲決獄幾何?"[27] 勃謝不知,[28] 又問, "一歲錢穀出入幾何?" 勃又謝不知, 汗出沾背. 上問左丞相平.

陳平不對決獄錢穀之問

平曰, "有主者.[29] 陛下卽問決獄, 責廷尉, 問錢穀,

---

16) 歲首 : 春者, 歲之首.(春)
17) 不時使人存問長老 : 言不卽於此歲首, 時遣使者, 存問年長老人.(春) 存 : 省視也.(要)
18) 絮 : 綿也.(要)
19) 鸞旗 : 天子車上綉有鸞鳥編有羽毛之旗.(新)
20) 屬車 : 天子的侍從車.(新)
21) 吉行日五十里 : 行走順利, 每天只是五十里.(新) 吉行 : 如巡狩封禪之類.(要)
22) 師行三十里 : 按軍隊整齊地行進, 每天只是三十里.(新) 師行 : 征伐之行也.(要)
23) 獨先安之 : 安之, 何往. 謂鹵簿行緩, 雖有千里馬, 無所用之.(今)
24) 其令四方毋求來獻 : 命令全國不必要求前來進獻.(中白) 毋求來獻 : 不要請求來京獻物.(新)
25) 明習 : 精明鍊習也.(要)
26) 朝 : 臨朝也.(日)
27) 決獄 : 判決獄訟.(新) 幾何 : 多少.(新)
28) 謝 : 道歉, 認罪.(新)
29) 主 : 主掌其事者.(今)

責治粟內史."[30] 上曰, "君所主者何事也?"[31] 平謝曰, "◗陛下不知其駑下,[32] 使待罪宰相,◖[33] 宰相, 上佐天子, 理陰陽, 順四時,[34] 下遂萬物之宜,[35] 外鎭撫四夷諸侯, 內親附百姓, 使卿大夫各得任其職焉."[36] 帝稱善. 於是絳侯自知其能不如平.[37] 乃謝

周勃請歸相印

病,[38] 請歸相印,[39] 上許之. 平專爲丞相.[40]

○【吳公薦賈誼】

吳公薦賈誼

上聞河南守吳公治平爲天下第一,[41] 召以爲廷尉. 吳公薦洛陽人賈誼,[42] 帝召以爲博士.[43] 是時賈生

賈誼超遷

年二十餘. 帝愛其辭博,[44] 一歲中, 超遷至太中大

30) 問決獄 責廷尉 問錢穀 責治粟內史：廷尉掌刑辟, 決獄當問之, 治粟內史掌穀貨, 錢穀出入當問之, 故平謂各有主者. 責, 詰問.(今) 治粟內史：官名. 掌錢穀貨物.(新)
31) 君所主者何事：您所主管的是什麽事.(新)
32) 駑下：謂才能低下, 多用爲自謙詞.(新)
33) 待罪：臣對君於時自謙之詞, 意謂力不能勝任要職, 必將獲罪, 故稱待罪.(新)
34) 理陰陽 順四時：周官三公之職, 以論道經邦, 燮理陰陽爲務, 漢初猶守此說, 觀陳平對文帝, 丙吉問牛喘, 可以見焉.(史記 卷56 陳丞相世家 考證)
35) 遂：申也.(漢書 卷40 王陵傳 顔師古注)
36) '宰相者'等句：言宰相之職, 乃協助皇帝處理國家大事.(新)
37) 能：才能.(新)
38) 謝病：稱病謝罪.(新)
39) 請歸相印：請求歸還丞相之印, 卽請求辭丞相職.(新)
40) 專爲：① 專任, 卽一人擔任.(新) ② 惠帝五年, 始置二相, 至是只置一相.(要)
41) 守：郡守.(新) 吳公：姓吳.(新) 公：尊稱. 佚名.(新) 治平：政治和平.(今) 治：直吏翻.(胡)
42) 賈誼：(前200～前168), 洛陽人. 西漢著名政論家. 著有過秦論陳政事疏 等.(新)
43) 博士：按漢書百官表, 博士, 秦官, 掌通古今, 秩比六百石, 員多, 至數十人. 武帝建元五年, 初置五經博士, 宣帝黃龍元年, 增員十二人, 屬奉常.(今)

賈誼請改正朔文帝謙讓未遑

夫.[45] 賈生請改正朔,[46] 易服色,[47] 定官名,[48] 興禮樂,[49] 以立漢制, 更秦法,[50] 帝謙讓未遑也.[51]

【癸亥(前178) 文帝二年】

○【文帝求言】

文帝求言

冬, 十一月. 癸卯晦,[52] 日有食之.[53] 詔, "羣臣悉思朕之過失, 匄以啓告朕.[54] 及擧賢良方正能直言極諫者,[55] 以匡朕之不逮."[56]

○【賈山至言】

賈山至言

賈山上書言治亂之道,[57] 借秦爲喩, 名曰至言. 其

---

44) 辭博：贍于文辭, 博學多識.(新)
45) 超遷：越級提升.(新)
46) 改正朔：正朔, 歷法. 按三統說, 三代歷法, 夏正建寅, 商正建丑, 周正建子, 秦正建亥, 不符合三統說, 而漢因之, 故當改.(新)
47) 易服色：按五行說, 周以火德色尚赤, 秦德水, 色尚黑, 而漢繼周, 以土繼火, 色宜尚黃, 故當易.(新)
48) 定官名：周官齊備, 六卿各率其屬, 凡三白六十. 秦立百官之職名, 漢因循未改, 當修定.(新)
49) 興禮樂：秦人未興禮樂, 叔孫通草創未備, 當創興.(新)
50) 更秦法：更改秦的正朔服色官名禮樂之法.(新)
51) 謙讓未遑：遑, 暇. 謂文帝謙讓, 不敢當創制之主, 未暇採納賈誼之議.(今)
52) 癸卯：(十一月)三十日.(新) 晦：陰曆月末一天.(新)
53) 日有食之：日食.(新)
54) 匄：音丐, 乞也.(胡) 啓告：開導而陳告之.(今)
55) 及擧：并且推擧.(岳白) 賢良方正：皆漢代察擧科目. 賢良, 或稱賢良方正. 始于文帝二年.(新)
56) 匡：糾正.(新) 不逮：逮, 及也, 意慮之不及. 此制科之始.(國)
57) 賈山：西漢潁川(治所在今河南禹縣)人. 博學而不專. 初爲潁陰騎從. 向文帝上書, 名至言. 傳見漢書卷50.(新)

辭曰, "臣聞雷霆之所擊,58) 無不摧折者, 萬°鈞˙之所壓,59) 無不糜滅者.60) 今人主之威, 非特雷霆也, 埶重,61) 非特萬°鈞˙也. 開道而求諫, 和顔色而受之,62) 用其言而顯其身,63) 士猶恐懼而不敢自盡,64) 又況於縱欲恣暴惡聞其過乎!65) 震之以威, 壓之以重, 雖有堯舜之智, 孟賁之勇,66) 豈有不摧折者哉! 如此, 人主不得聞其過, 社稷危矣.67)

昔者周蓋千八百國,68) 以九州之民養千八百國之君,69) 君有餘財, 民有餘力, 而頌聲作.70) 秦皇帝以千八百國之民自養,71) 力罷不能勝其役,72) 財盡不能勝

58) 雷霆 : 疾雷.(新)
59) 萬鈞 : 形容重量之大. 三十斤爲鈞.(新) 鈞 : ① 三十斤, 〈朝鮮〉宣祖初諱, 當讀如斤己.(註解千字文) ② 鈞, (春)作'斤'. 今當作'鈞'. 下同.(◉)
60) 糜滅 : 碎滅, 粉碎.(新) 糜 : 毁也.(要)
61) 埶 : 同'勢'.(新)
62) 和顔色 : 和顔悅色.(新) 受之 : 接受諫議.(新)
63) 顯其身 : 使其人顯貴.(新)
64) 自盡 : 謂人盡其言.(新)
65) 又況於縱欲恣暴惡聞其過乎 : 又何況人主放縱任性恣肆暴虐不喜歡聽自己的過錯呢.(岳白) 惡聞 : 討厭聽到.(新) 過 : 過錯, 過失.(新)
66) 孟賁 : 古代的勇士.(新)
67) 社稷 : 指國家.(新)
68) 千八百國 : 九州, 州方千里. 八州, 州二百一十國, 天子之縣內九十三國, 凡九州, 千七百七十三國. 曰千八百國者, 擧成數也.(胡)
69) 九州 : 周職方氏所掌九州是揚荊豫青兖雍冀幷九州.(新)
70) 頌聲 : 稱頌盛德之聲.(新)
71) 自養 : 奉養自己一人.(新)
72) 罷 : 通'疲'.(新) 不能勝其役 : 謂徭役繁而人力少, 不能堪其役使. 勝, 堪.(今)

其求. ⁍一君之身耳,⁌ 所自養者馳騁弋獵之娛,[73] 天下弗能供也.

今陛下使天下擧賢良方正之士, 天下皆訢訢°焉˙曰,[74] '將興堯舜之道三王之功矣.'[75] 天下之士, 莫不精白以承休德.[76] 今選其賢者, 與之馳驅射獵, 一日再三出.[77] 臣恐朝廷之懈弛也.[78] 陛下卽位, 親自勉以厚天下,[79] 節用愛民, 平獄緩刑, 天下莫不說喜.[80] 臣聞山東吏布詔令, 民雖老羸癃疾,[81] 扶杖而往聽之, 願少須臾毋死,[82] 思見德化之成也. 今豪俊之臣, 方正之士, 直與之日日獵射,[83] 擊兎伐狐, 以傷大業,[84] 絶天下之望, 臣切悼之![85] 夫士, 脩之於家而壞之於天子之°廷˙,[86] 臣切愍之."[87] 上嘉

73) 弋獵 : 射鳥捕獸.(新) 弋 : 羊職翻, 繳射也.(胡)
74) 訢 : 讀曰'欣'.(胡) 焉 : (春)作'然'. 誤.(◉)
75) 三王 : 指夏禹王, 商湯王, 周文王武王.(新)
76) 莫不精白以承休德 : 厲精而爲潔白, 以奉承此休美之德.(春) 精白 : 潔白, 純潔.(新) 休德 : 美德.(新)
77) 一日再三出 : 一天出去兩三次.(新)
78) 解 : 讀曰'懈'.(胡)
79) 親自勉以厚天下 : 謂帝勤於政事, 使天下之民, 日漸殷富. 厚, 殷富.(今)
80) 說 : 讀曰'悅'.(胡)
81) 老羸癃疾 : 老弱病殘.(新)
82) 少須臾毋死 : 暫時不死. 少, 暫時, 稍微, 須臾, 片刻.(新)
83) 直 : 但.(今) 獵射 : (資治)作'射獵', 漢書(卷51 賈山列傳)作'獵射'.(◉)
84) 大業 : 謂治國平天下之事.(今)
85) 切 : (資治)作'竊', 竊, 與'切'通. 下同.(◉)

納其言.[88]

○【止輦受言】

止輦受言

上每朝, 郎從官上書疏,[89] 未嘗不止輦受其言.[90] 言不可用置之,[91] 言可用采之.[92]

○【袁盎諫馳峻阪】

袁盎諫馳峻阪

帝從霸陵上欲西馳下峻阪.[93] 袁盎曰, "有如馬驚車敗, 陛下縱自輕, 奈高廟太后何!"[94] 上乃止.

○【袁盎引卻愼夫人】

袁盎引卻愼夫人

上所幸愼夫人,[95] 在禁中常與皇后同席坐.[96] 袁盎引卻愼夫人,[97] 夫人怒, 上亦怒, 盎曰, "臣聞 '尊

---

86) 廷 : (春)作'庭'. 誤.(◉)
87) 愍 : 憐惜.(今)
88) 嘉 : 稱贊, 表揚.(新) 納 : 采納.(新)
89) 郎從官 : 郎官從官.(岳白)
90) 輦 : ① 帝後坐的車.(新) ② 駕人以行曰輦.(胡37年)
91) 置 : 擱下.(新)
92) 采 : 同'採'.(今)
93) 帝從霸陵上欲西馳下峻阪 : ① 文帝在霸陵上想向西馳下陡峭的山坡.(岳白) ② 漢文帝從霸陵上山, 想要向西縱馬奔馳下山.(中白) 霸陵 : 漢文帝陵墓. 在今陝西西安市東北.(新) 峻阪 : 陡坡.(新)
94) 奈高廟太后何 : 對高廟太后怎麽辦. 意思是劉氏皇位就斷絶了.(新)
95) 上 : 指文帝.(新) 幸 : 寵愛.(新)
96) 同席坐 : 高下齊同, 無差等也.(要) 常 : (春)作'嘗', (資治)作'常'. '常'通'嘗', 而以恒之義用之, 則似當作'常'.(◉)
97) 引卻愼夫人坐 : ① 引退愼夫人, 令不得與皇后同席坐.(今) ② 盎時爲中郎將, 天子幸署, 豫設供張待之, 故得引卻愼夫人坐也. 坐, 徂臥翻.(胡) 卻 : 謂退而卑之也.(要)

卑有序, 則上下和.' 今旣已立后, 愼夫人乃妾°·,[98]

妾主豈可與同坐 妾主豈可與同坐哉! 陛下獨不見人彘乎!"[99]

上說,[100] 乃召語愼夫人,[101] 夫人賜盎金五十斤.

○【賈誼說上積貯】

賈誼說上積貯 賈誼說上曰, "管子曰,[102] '倉廩實而知禮節, 衣食

倉廩實而知禮節 衣食足而知榮辱 足而知榮辱.' 民不足而可治者,[103] 自古及今, 未之嘗聞. 漢之爲漢, 幾四十年, 公私之積, 猶可哀痛.[104] 世之有饑穰, 天之行也,[105] 禹湯被之矣.[106] 卽不幸有方二三千里之旱, 國胡以相恤,[107] 卒然邊境

積貯者天下之大命 有急,[108] 數十百萬之衆, 國胡以餽之?[109] 夫積貯者, 天下之大命也,[110] 苟粟多而財有餘, 何爲而不成! 以攻則取, 以守則固, 以戰則勝, 懷敵附遠,[111] 何

98) °·:(春)有'耳', 當削.(◉)
99) 人彘:戚夫人. 事在惠帝元年.(春)
100) 說:讀曰'悅'.(胡)
101) 語:① 牛倨翻.(胡) ② 告訴.(新)
102) 管子:舊傳是管子之書, 實是戰國至漢初間的作品.(新)
103) 不足:不富裕.(新)
104) 公私之積, 猶可哀痛:謂漢之興, 年代已久, 而無蓄積, 是爲可哀痛者.(今)
105) 天之行:天氣影響, 天道所致.(新)
106) 被之:遭受到飢穰.(新) 被:遭遇.(今)
107) 胡以相恤:胡, 何. 謂何以相恤.(今)
108) 卒:通'猝'.(新)
109) 胡以餽之:如何供應粮餉.(新)
110) 大命:要害問題.(新)

招而不至！今毆民而歸之農,[112] 使天下各食其力, 末技游食之民轉而緣南晦,[113] 則蓄積足而人樂其所矣."[114]

文帝親耕

上感誼言, 春, 正月, 丁亥,[115] 詔開藉田,[116] 上親耕以率天下之民.[117]

○【除誹謗訞言之罪】

除誹謗訞言之罪

進善之旌 誹謗之木

五月, 詔曰, "古之治天下, 朝有進善之旌,[118] 誹謗之木,[119] 所以通治道而來諫也.[120] 今法有誹謗訞言之罪,[121] 是使衆臣不敢盡情而上無由聞過失也, 將何以來遠方之賢良！其除之！"[122]

---

111) 懷敵附遠：懷柔敵人而使遠方的人來歸附.(新) 懷：招徠而撫慰之.(今)
112) 毆：同'驅'.(今)
113) 末技游食之民：業商工業者不務農, 寄遊四方以爲生, 故稱遊食之民.(今) 末技：指技術手藝.(新) 游食：謂居處不定, 到處謀食.(漢) 緣：沿着, 附着.(新) 南晦：晦, 古'畝'字. 南晦, 田畝之統稱, 見於詩經.(今)
114) 樂：音洛.(胡)
115) 丁亥：十五日.(新)
116) 藉田：同'籍田'. 帝王于春耕前親耕農田, 以奉祀宗廟. 寓有勸農之意.(新) 藉：在亦翻.(胡)
117) 親耕：古禮. 天子于每年正月親自到田間耕作, 表示重農.(漢) 率：率先, 示範.(新)
118) 進善之旌：相傳堯在大路上設置旗幡, 讓人民在旌旗下進言.(新)
119) 誹謗之木：相傳堯設誹謗之木, 讓人民在木版上書寫政治過失.(新)
120) 通：通達.(今) 來：招致.(新)
121) 訞言之罪：高后元年曾詔除妖言令. 今又有妖言罪, 可見其間曾重設此條.(新) 訞：與'妖'同.(胡)
122) 除之：廢除誹謗, 妖言之罪.(新)

○【賜民田租之半】

賜民田租之半 九月，詔曰，“農°·，[123] 天下之大本也，民所恃以生也，而民或不務本而事末，故生不遂.[124] 今玆親率羣臣農以勸之，[125] 其賜民今年田租之半.”[126]

農天下之大本

【甲子(前177) 文帝三年】

○【袁盎薦張釋之】

袁盎薦張釋之 初，南陽張釋之爲騎郞，[127] 十年不得調，[128] 欲免歸.[129] 袁盎知其賢而薦之，爲謁者僕射.[130]

○【文帝以張釋之之諫 不拜嗇夫】

釋之從行，[131] 登虎圈，[132] 上問上林尉諸禽獸簿.[133]

---

123) °· : (春)有‘者’，當削. 詔書不當加減一字焉.(◉)
124) 生不遂 : 民生不順當.(新)
125) 今玆 : 現在.(新) 農 : 指親耕務農.(新)
126) 賜民今年田租之半 : 謂天下百姓今年只繳納半數田租.(新)
127) 張釋之 : 南陽堵陽(今河南方城東)人. 字季. 官至廷尉.(新) 騎郞 : 郞官之一，屬郞中令.(新)
128) 調 : 選充高職.(今)
129) 欲免歸 : 求免職歸家.(今)
130) 張釋之 … 爲謁者僕射 : 袁盎知其賢，惜其去，乃請徙釋之補謁者. 釋之既朝，因言便宜，帝曰，“卑之，無甚高論，令今可施行也.” 於是釋之言秦漢之間事，帝稱善，乃拜釋之爲謁者僕射.(春) 謁者僕射 : 官名. 謁者的長官.(新) 僕射 : 射，夤謝切. 僕射，官名. 射者武事，古者重武，以主射名官，關中語轉爲此音.(集韻)
131) 從行 : 隨從主上行也.(春)
132) 虎圈 : 養虎之處. 在上林苑中.(新) 圈 : 養獸閑也. 在上林苑中圈之，上有樓觀，故曰登.(春)
133) 上林尉 : 官名. 主管上林苑.(新) 禽獸簿 : 禽獸登記冊.(新)

文帝以張釋之之諫不拜嗇夫

尉左右視,[134] 不能對.[135] 虎圈嗇夫從旁代尉對.[136] 甚悉,[137] 帝曰, "吏不當若是邪!"[138] 詔釋之拜嗇夫爲上林令.[139] 釋之曰, "周勃張相如稱爲長者,[140] 兩人言事曾不出口,[141] 豈效此嗇夫喋喋利口捷給哉![142] 以嗇夫口辯而超遷之,[143] 恐天下隨風而靡,[144] 爭爲口辨而無其實." 帝曰, "善." 乃不拜嗇夫.

○【張釋之守法】

張釋之守法

釋之爲廷尉.[145] 上行出中渭橋,[146] 有一人從橋下走, 乘輿馬驚, 於是使騎捕之, 屬廷尉.[147] 釋之奏當,[148] "此人犯蹕,[149] 當罰金." 上怒曰, "此人親

---

134) 尉左右視 : 帝問之而不能對, 故倉皇失措而左右視也.(胡)
135) 不能對 : 一個問題也答不上來.(新)
136) 虎圈嗇夫 : 掌管虎圈的小吏.(新)
137) 悉 : 詳盡.(今)
138) 吏不當若是邪 : 言爲吏固當如此也.(目)
139) 上林令 : 官名. 掌管上林苑.(新)
140) 長者 : 厚德之稱.(今)
141) 言事曾不出口 : 談事情口齒不伶俐.(新)
142) 喋喋 : 多言.(新) 捷給 : 應對敏捷.(新)
143) 超遷 : 越級提升.(新)
144) 隨風而靡 : 相順從也.(綱鑑)
145) 廷尉 : 官名. 掌刑獄.(新)
146) 上行出中渭橋 : 今車駕之行出, 在橋中路.(春) 中渭橋 : 在長安故城北面渭河上的橋.(新)
147) 屬 : ① 交付.(今) ② 之欲翻. 下同.(胡)
148) 奏當 此人犯蹕 : 上奏按律抵此人以犯蹕之罪. 當, 按律抵罪. 蹕, 謂天子出行, 當辟止行人, 今旣蹕而不迴避, 是爲犯蹕.(今) 奏當 : ① 謂報告判罪.(新) ② 處斷人罪曰當, 言使法相當也.(要)
149) 犯蹕 : ① 違犯戒嚴令.(新) ② 衝犯皇帝的車駕.(漢)

驚吾馬, 馬賴和柔, 令他馬,[150] 固不敗傷我乎! 而廷尉乃當之罰金!" 釋之曰, "法者, 天下公共也.[151] 今法如是,[152] 更重之,[153] 是法不信於民也. 且方其時, 上使使誅之則已.[154] 今已下廷尉,[155] 廷尉, 天下之平也,[156] 壹傾,[157] 天下用法皆爲之輕重,[158] 民安所錯其手足!"[159] 上曰, "廷尉當是也."[160]

法者天下公共

廷尉天下之平

其後人有盜高廟坐前玉環,[161] 得,[162] 下廷尉治. 釋之奏當棄市.[163] 上大怒曰, "人無道, 盜先帝器! 吾欲致之族,[164] 而君以法奏之,[165] 非吾所以共承宗廟意也."[166] 釋之免冠頓首謝曰,[167] "法如是, 足也. 今

150) 令 : 若是, 如果.(新)
151) 天下公共 : 對天下人都一樣公平.(新)
152) 今法如是 : 現在的法令本來如此(指驚輿馬當罰金).(新)
153) 更重之 : 謂隨便加重他.(新)
154) 且方其時兩句 : 如果剛惊輿馬的時侯, 陛下派遣使者殺了這個人也就罷了.(新)
155) 下 : 交付.(今)
156) 廷尉 天下之平 : 廷尉掌平刑罰, 故謂爲天下之平.(今)
157) 壹傾 : 傾向一面.(新)
158) 皆爲之輕重 : 謂不依律令, 但隨心之喜惡而定其罪之輕重.(今)
159) 民安所錯其手足 : 安, 何. 錯, 同'措', 安置. 凡徬徨不知所從則手足無措. 此謂若不指法以平, 則民無保障, 勢將惶恐不知所措.(今)
160) 當是 : 判罪正確.(新)
161) 高廟 : 高祖廟.(新) 坐 : 同'座', 安置神主之處.(今)
162) 得 : 捕得盜玉環之人.(今)
163) 當棄市 : 判處死刑.(新)
164) 族 : 族誅. 卽誅三族(父族母族妻族).(新)
165) 以法奏之 : 意謂依法律而斷.(新)
166) 共 : 讀曰恭.(今)
167) 頓首 : 叩頭至地.(新) 謝 : 認罪.(新)

盜宗廟器而族之, 假令愚民取長陵一抔土,[168] 陛下且何以加其法乎?" 帝乃白太后許之.[169]

【乙丑(前176) 文帝四年】

○【文帝召季布】

文帝召季布

上召河東守季布,[170] 欲以爲御史大夫. 有言其勇使酒難近者,[171] 至,[172] 留邸一月,[173] 見罷.[174] 季布因進曰, "臣無功, 待罪河東,[175] 陛下無故召臣, 此人必有以臣欺陛下者.[176] 今臣至, 無所受事,[177] 罷去, 此人必有毁臣者. 陛下以一人之譽而召臣, 以一人之毁而去臣, 恐天下有以闚陛下之淺深也."[178] 上良久曰, "河東, 吾股肱郡,[179] 故特召君耳."

168) 長陵一抔土 : 長陵, 高祖陵寢. 抔, 以手掬物. 一抔土, 謂一掬土. 按取長陵一抔土, 乃暗指盜發陵寢, 張晏曰, "不欲指言, 故以取土喩之也".(今)

169) 太后 : 帝母薄氏.(要)

170) 季布 : 西漢楚人. 以任俠聞名于世. 曾爲河東郡守.(新)

171) 使酒難近 : 使酒, 酗酒. 難近, 令人畏而遠之.(今)

172) 至 : 到了京師.(新)

173) 邸 : 住處. 猶今招待所.(新)

174) 罷 : ① 謂無所受事. 劉攽曰, "猶言見逐見棄耳" 按帝召布, 本欲以爲御史大夫, 至是悔, 不欲授之, 故曰見罷.(今) ② 旣引見而罷令還郡也.(漢書 卷37 季布傳 顔師古注)

175) 待罪 : 古時大臣對帝王陳奏時的謙詞. 意謂身居要職而力不勝任, 必將獲罪, 故稱待罪.(新)

176) 欺 : 謂妄言不實, 故曰欺.(新)

177) 受事 : 謂接受任務.(新)

178) 闚陛下之淺深 : 闚測陛下識斷的深淺或高低.(新)

179) 股肱郡 : 河東乃京師附近之郡, 如左膀右臂, 故稱股肱郡.(新)

○【賈誼爲長沙王太傅】

賈誼爲長沙王太傅
大臣多短賈誼

上議以賈誼任公卿之位.[180] 大臣多短之曰,[181] "洛陽之人, 年少初學, 專欲擅權, 紛亂諸事." 於是天子後亦疏之,[182] 不用其議, 以爲長沙王太傅.[183]

○【賈誼爲梁懷王太傅】

賈誼爲梁懷王太傅
宣室問鬼神
文帝前席

後帝思誼, 召至入見,[184] 上方受釐,[185] 坐宣室.[186] 因感鬼神事, 而問鬼神之本. 誼具道其所以然之故. 至夜半, 帝前席.[187] 旣罷, 曰, "吾久不見賈生, 自以爲過之, 今不及也."[188] 乃拜爲梁◗懷王◖太傅.[189] ◗梁懷王, 上少子, 愛, 而好書, 故令誼傅之.◖[190]

○【下周勃廷尉】

180) 賈誼：洛陽(今河南洛陽東北)人.(新)　公卿：朝廷大臣. 漢有三公九卿.(新)
181) 短之：批評他的短處(缺點).(新)
182) 疏：疎遠.(新)
183) 長沙王：當時長沙王爲吳差. 諸侯王國的太傅職掌輔佐國王.(新)
184) 入見：入宮進見, 入朝謁見.(漢)
185) 受釐：漢制祭天地五畤, 皇帝派人祭祀或郡國祭祀後, 皆以祭餘之肉歸致皇帝, 以示受福, 叫受釐. '釐'卽'胙', 祭餘之肉.(漢)　釐：音禧. 禧, 福也, 借釐字爲之耳, 言受神之福也.(漢書 卷48 賈誼傳 顔師古注)
186) 宣室：未央宮前殿正室也. 齋則居之.(綱鑑)
187) 前席：① 愚案史商鞅傳, 衛鞅見孝公, 公與語, 不自知膝之前於席也.(史記 卷84 賈生列傳 考證) ② 漸迫近誼, 聽說其言也.(漢書 卷48 賈誼傳注)
188) 自以爲過之 今不及也：自以爲超過了他, 現在纔知道還是不如他.(二十四史全釋 史記 卷84 賈生列傳)
189) 梁懷王：名揖. 文帝子.(史記 卷84 賈生列傳 索隱)
190) 後帝思誼故 … 令誼傳之：據史記(卷84 賈誼傳)與漢書(卷48 賈誼傳)補.(◉)

下周勃廷尉 絳侯周勃就國, 每河東守尉行縣至絳,[191] 勃自畏恐誅, 常被甲,[192] 令家人持兵以見之.[193] 人有上書告勃欲反, 下廷尉.[194] 逮捕勃,[195] 治之. 薄太后曰,[196] "絳侯始誅諸呂, 綰皇帝璽,[197] 將兵於北軍,[198] 不以此時反, 今居一小縣, 顧欲反邪!"[199] 帝乃使使持節赦絳侯,[200] 復爵邑.

周勃知獄吏之貴 ⁋絳侯旣出曰, "吾嘗將百萬軍, 然安知獄吏之貴乎!"[201]⁋

【丙寅(前175) 文帝五年】

○【除盜鑄錢令 使民得自鑄】

初, 秦用半兩錢,[202] 高祖嫌其重, 難用, 更鑄莢

---

191) 守尉: 郡之長官. 守掌治其郡, 尉掌佐守管軍事.(新) 行縣: 循行屬縣.(新) 絳: ① 侯國名. 治所在今山西絳縣西北.(新) ② 河東郡, 縣二十四, 絳.(漢書 卷28上 地理志上)

192) 被甲: 穿着盔甲. 被, 通'披'.(新)

193) 兵: 武器.(新)

194) 下廷尉: 交給廷尉查辦.(新)

195) 逮: 逮, 及也. 辭之所及者則追捕之, 故謂之逮.(春)

196) 薄太后: ?~前155. 文帝母. 秦末爲魏王豹宮人. 楚漢戰爭中, 豹爲劉邦所殺, 姬輸織室. 高祖見而納之, 生劉恒, 立爲代王. 從子至代, 爲代太后. 代王立爲文帝, 尊爲皇太后. 景帝卽位. 尊爲太皇太后.(人)

197) 綰: 貫. 謂以綬貫璽而自佩之.(今) 璽: 卽高帝傳國璽.(春)

198) 將兵: 率領軍隊.(新) 北軍: 漢代屯戍京師的屯兵. 因其屯于未央長樂兩宮北, 故名.(新)

199) 顧: 反.(今)

200) 使使: 派遣使者.(新) 節: 符節. 使臣執以示信之物.(新)

201) 安知獄吏之貴: 怎知獄吏的權重. 貴, 貴重, 這裏指權重.(新)

202) 半兩錢: 秦半兩錢, 重如其文.(新) 半兩: 古代錢幣名. 秦始皇統一中國後, 以半兩錢爲全國統一的鑄幣. 每枚重量爲當時的半兩, 卽十二銖. 漢初所鑄的錢, 重量雖陸續減輕, 仍稱半兩.(漢)

除盜鑄錢令使民得自鑄

錢.[203] 於是物價騰踊,[204] 米至石萬錢.[205] 夏, 四月, 更造四銖錢,[206] 除盜鑄錢令,[207] 使民得自鑄.

○【賈誼諫令民鑄錢】

賈誼諫令民鑄錢

賈誼諫曰, "法使天下公得雇租鑄銅錫爲錢,[208] 敢雜以鉛鐵爲他巧者,[209] 其罪黥.[210] 然鑄錢之情, 非殽雜爲巧,[211] 則不可得贏,[212] 而殽之甚微, 爲利甚厚.[213]

事有召禍而法有起姦

夫事有召禍而法有起姦,[214] 今令細民人操造幣之埶,[215] 各隱屏而鑄作,[216] 因欲禁其厚利微姦,[217] 雖黥罪日報,[218] 其勢不止.[219] 故不如收之."[220] 賈山

---

203) 更 : ① 工衡翻. 下同.(胡) ② 改.(新)　鑄 : 熔金屬或以液態非金屬材料入模冷凝成器.(漢字典)　莢錢 : ① 一名楡莢錢. 銅質. 刑如楡莢. 面値半兩. 重三銖, 半徑五分, 文曰漢興.(新) ② 楡莢錢的簡稱, 又名五分錢. 漢初一種輕而薄的錢幣. 錢重三銖, 文爲'漢興'二字.(漢)

204) 騰踊 : 亦作'騰踴'. 物價飛漲.(漢)

205) 米至石萬錢 : 一石米價値一萬錢.(新)

206) 四銖錢 : 重四銖, 文曰半兩.(新)　兩 : 二十四銖爲兩.(要)

207) 除 : 取消.(新)　盜鑄錢令 : 漢初規定錢幣由官府鑄造, 禁止私鑄. 私鑄曰'盜鑄'. 定有'盜鑄錢令'. 是時除此令, 聽民私鑄.(新)

208) 公 : 公然, 公開.(新)　雇租 : ① 雇用之値.(漢) ② 謂雇用勞力租備資本.(新)　雇 : 雇傭以鼓鑄. 租, 租其本以鼓鑄, 猶今之謂承鑄.(今)

209) 他巧 : 其他弊端.(新)

210) 黥 : 刑名. 以墨黥面.(新)

211) 殽雜 : 謂以雜物滲鑄以爲巧利.(今)

212) 贏 : 餘利.(今)

213) 殽之甚微 爲利甚厚 : 微, 微細. 謂姦民鼓鑄, 殽雜爲巧, 所費甚微, 而獲利甚厚.(今)

214) 起姦 : 引起姦僞.(新)

215) 細民 : 小民.(新)　人操造幣之埶 : 謂人人皆持鑄錢之權. 操, 持. 埶, 勢.(今)

216) 各隱屏而鑄作 : 隱, 蔽藏. 屏, 與外界隔絶. 言各自蔽藏, 專於鑄作, 而與外界隔絶.(今)

217) 微姦 : 無有姦僞欺詐之事. 微, 同'無'.(今)

錢者亡用器

亦上書諫,[221] 以爲,“錢者, 亡用器也,[222] 而可以易富貴. 富貴者, 人主之操柄也.[223] 令民爲之, 是與人主共操柄, 不可長也.”[224] 上不聽.

【丁卯(前174) 文帝六年】

○【淮南厲王長謀反】[225]

淮南厲王長謀反

廢處蜀郡, 憤恚不食死. 本傳云, 民有作歌, 歌之曰, “一尺布尙可縫, 一斗粟尙可舂, 兄弟二人不相容!”[226]

○【賈誼上疏】

賈誼上疏

梁太傅賈誼上疏曰,[227] “臣竊惟今之事勢, 可爲痛哭

---

218) 日報：天天判決.(新) 報：論罪.(今)
219) 其勢不止：盜鑄的情勢不能制止.(新)
220) 收：收銅治爲官有而禁民私鑄錢.(今)
221) 賈山：西漢潁川(今河南禹縣)人. 著有至言等文.(新)
222) 亡用器：① 沒有的東西. 亡, 通‘無’.(新) ② 蓋言飢不可食, 寒不可衣也.(要)
223) 人主之操柄：君主所掌握的權柄.(新) 操柄：謂權勢所在, 如操持兵刃之柄.(今)
224) 不可長：意謂不能任其發展.(新)
225) 淮南厲王長：劉長, 前198~前174. 高祖第六子. 母爲趙王張敖美人. 高祖十一年封淮南王. 文帝卽位, 驕縱跋扈, 自作法令, 藏匿亡命, 又擅殺辟陽侯審食其. 文帝前六年, 圖謀叛亂, 事泄被拘, 謫徙蜀嚴道, 道中絶食而死. 諡厲.(人)
226) 歌之曰…：① 孟康曰, “尺帛斗粟猶尙不棄, 況於兄弟而更相逐乎!” 臣瓚曰, “一尺帛可縫而共衣, 一斗粟可舂而共食, 況以天下之廣, 而不相容也.” 師古曰, “瓚說是.”(漢書 卷44 淮南王傳 顔師古注) ② 又按縫舂容, 韻.(史記 卷118 淮南列傳 考證)
227) 梁太傅：誼自長沙徵爲梁懷王太傅.(胡) 梁：王國名. 都睢陽(今河南商丘南).(新) 上疏曰：是時, 匈奴彊侵邊, 諸侯王僭擬, 淮南濟北皆爲逆誅, 誼乃上疏曰.(春) 疏：卽陳政事疏, 又稱治安策.(新)

者一，可爲流涕者二，可爲長太息者六，[228] 若其他背理而傷道者，難徧以疏擧.[229] 進言者皆曰，[230] '天下已安已治矣,' 臣獨以爲未也. 夫抱火厝之積薪之下而寢其上，[231] 火未及然，[232] 因謂之安. 方今之勢，何以異此![233] 陛下何不壹令臣得熟數之於前，[234] 因陳治安之策，試詳擇焉![235]

夫建久安之勢，成長治之°業˙，[236] 以幸天下，以育群生，立經陳紀，[237] 輕重同得，後可以爲萬世法程，[238] 至明也. 以陛下之明達，因使少知治體者得佐下風，[239] 致此非難也.

夫樹國固必相疑之勢，[240] ᴾ下數被其殃，[241] 上數爽

228) 長太息：深深的嘆息.(新)
229) 疏擧：逐條列擧.(新)
230) 進言：陳設於天子之前.(今)
231) 厝：① 千故反，置也.(春) ② 厝，同'措'.(綱鑑)
232) 然：古'燃'字.(今)
233) 何以異此：與此有什麽不同.(新)
234) 孰數之：孰，古'熟'字. 熟，詳也. 孰數之，謂分條而詳陳之.(今)
235) 試詳擇：斟酌而仔細選擇.(新)
236) 業：(春)作'策'，據漢書(卷48賈誼傳)改.(◉)
237) 立經陳紀：建立綱紀.(新)
238) 輕重同得 後可以爲萬世法程：輕重緩急處理得意，而後可以成爲萬世的法式.(二十四史全譯 漢書 卷48 賈誼傳) 程：式也.(漢書 卷48 賈誼傳 顔師古注)
239) 少：稍許.(新) 佐下風：言在下面輔佐.(新) 下風：當風之下方，人臣對帝王之謙稱.(今)
240) 樹國：建立諸侯王國.(新) 樹：立也.(要) 固：本來.(新) 相疑之勢：指王國與朝廷的對立態勢.(新)
241) 下：指民衆.(新) 被其殃：遭受其禍殃.(新)

其憂,◖[242] 甚非所以安上而全下也.[243] 今或親弟謀爲東帝,[244] 親兄之子西鄕而擊,[245] 今吳又見告矣.[246] 天子春秋鼎盛,[247] 行義未過,[248] 德澤有加焉,[249] 猶尙如°是˙,[250] 況莫大諸侯,[251] 權力且十此者乎![252]

屠牛坦解牛

屠牛坦一朝解十二牛,[253] 而芒刃不鈍者,[254] °所˙排擊剝割皆衆理解也.[255] 至於髖髀之所,[256] 非斤則斧. 夫仁義恩厚, 人主之芒刃也, 權勢法制, 人主之斤斧也. 今諸侯王皆衆髖髀也, 釋斤斧之用, 而欲嬰以芒刃,[257] 臣以爲不缺則折.

欲天下之治安, 莫若衆建諸侯而少其力.[258] 力少則

---

242) 上 : 指帝王.(新) 數 : 所角翻.(胡) 爽 : 傷.(新)
243) 安上而全下 : 安定天子保全諸侯.(岳白)
244) 親弟 : 指文帝之弟淮南厲王劉長.(新)
245) 親兄之子 : 指文帝之侄濟北王劉興居.(新) 西鄕而擊 : 興居欲西擊滎陽. 鄕, 讀曰嚮.(胡)
246) 吳又見告矣 : 時吳王濞不循漢法, 有告之者.(胡) 吳 : ① 指吳王劉濞.(新) ② 劉濞, 前215~前154. 高祖兄劉仲之子.(人)
247) 春秋鼎盛 : 正當壯年. 春秋, 年齡.(新) 鼎盛 : 方盛.(今)
248) 行 : 去聲.(要) 未過 : 未有過失.(今)
249) 德澤 : 恩惠.(新) 有加 : 有所增加.(新)
250) 是 : (春)作'此', '是'與'此'義同, 而據(資治)改.(◉)
251) 莫大 : 謂無有大於其國者, 言最大也.(胡)
252) 十此 : 謂十倍於此.(胡)
253) 屠牛坦 : 孔子時人也. 坦, 屠牛者之名也.(漢書 卷48 賈誼傳 顔師古注)
254) 芒刃 : 謂刃之利如毫芒也.(漢書 卷48 賈誼傳 顔師古注)
255) 所 : (春)作'其', 據漢書(卷48賈誼傳)改.(◉)
256) 髖髀 : 髀, 股骨也. 髖, 髀上也. 言其骨大, 故須斤斧也.(漢書 卷48 賈誼傳 顔師古注)
257) 嬰 : 繞也, 加也.(國)
258) 衆建 : 多建立.(新) 少 : 削弱, 減少.(新)

易使以義,[259] 國小則亡邪心.[260] 令海內之勢, 如身之使臂, 臂之使指, 莫不制從,[261] 諸侯之君°不˙敢有異心,[262] 輻湊並進而歸命天子,[263] 割地定制, 地制一定, 宗室子孫莫慮不王. 下無背畔之心,[264] 上無誅伐之志, 法立而不犯, 令行而不逆, 臥赤子天下之上而安,[265] 植遺腹,[266] 朝委裘而天下不亂,[267] 陛下誰憚而久不爲此![268]

植遺腹 朝委裘

天下之勢方病大瘇,[269] 一脛之大幾如要,[270] 一指之大幾如股,[271] 平居不可屈伸,[272] 失今不治, 必爲痼疾,[273] 後雖有扁鵲,[274] 不能爲已,[275] 可爲痛哭

一脛之大幾如要 一指之大幾如股

259) 使以義 : 使之遵禮義也.(胡)
260) 亡 : 通'無'.(新)
261) 制從 : 從其節制.(今)
262) 不 : (春)作'莫', 據漢書(卷48賈誼傳)改.(◉)
263) 輻湊 : 輻, 車輪中之支木. 湊, 歸聚. 謂天下諸侯, 歸命於天子, 如車輻之歸聚於車轂.(今) 歸命天子 : 聽命於天子.(岳白)
264) 畔 : 同'叛'.(綱鑑)
265) 臥赤子天下之上 : 赤子, 謂尙在襁褓之幼孩. 謂使幼孩繼嗣爲帝, 以治天下. 幼孩不能坐, 故謂之臥.(今) 赤子 : 嬰兒體色赤, 故赤子. 韻書胸前謂之嬰, 置之胸前, 故曰嬰兒.(國)
266) 植遺腹 : 遺腹, 謂父死而子尙在母腹中未出產者, 植, 謂立之以繼嗣.(今) 植 : 音値.(胡) 遺腹 : ① 遺腹子.(新) ② 君未生者.(綱鑑)
267) 朝委裘 : ① 謂垂裘於朝廷而群臣謁之. 王先謙曰, "植遺腹, 故但朝先帝裘衣".(今) ② 以君所服之裘, 委之於位, 受群臣之朝也.(綱鑑)
268) 久不爲此 : 曠日持久而不爲衆建諸侯之事.(新)
269) 瘇 : 足腫.(新)
270) 脛 : 小腿.(新) 幾 : 幾乎.(新) 要 : 同'腰'.(今)
271) 指 : 脚趾.(新) 股 : 大腿.(新)
272) 平 : 睡.(新) 居 : 坐.(新)
273) 痼 : 通'錮'.(漢) 錮疾 : 久治難愈之病.(新)

者此也.

天下之勢方倒縣,[276] 天子者, 天下之首, 何也? 上也. 蠻夷者,[277] 天下之足, 何也? 下也. 今匈奴嫚侮侵掠, 至不敬也,[278] 而漢歲致金絮采繒以奉之.[279] 足反居上, 首顧居下,[280] 倒縣如此, 莫之能解,[281] 猶爲國有人乎?[282] 可爲流涕者此也.

足反居上 首顧居下

臣竊料匈奴之衆,[283] 不過漢一大縣, 以天下之大困於一縣之衆, 甚爲執事者羞之.[284] 陛下何不試以臣爲屬國之官而主匈奴?[285] 行臣之計, 請必繫單于之頸而制其命, 伏中行說而笞其背,[286] 擧匈奴之衆, 唯上所令.[287]

匈奴不過漢一大縣

---

274) 扁鵲 : 姓秦, 名越人. 戰國時名醫.(新)
275) 不能爲已 : 爲, 醫治. 已, 語終辭.(今)
276) 倒縣 : 倒掛. 縣, 通'懸'.(新)
277) 蠻夷 : 對少數民族之蔑稱.(新)
278) 至 : 極, 最.(新)
279) 奉之 : 奉送給他.(新)
280) 顧 : 反.(今)
281) 莫之能解 : 對此不能解救. 解, 解救.(新)
282) 猶爲國有人乎 : 此謂上下之序, 顚倒如此, 而不能解救, 是國中無明智之士, 而朝臣無匡濟之才.(今)
283) 料 : 量也.(漢書 卷48 賈誼傳 顔師古注)
284) 執事 : 辦事人員.(新30年)
285) 典屬國 : 本秦官, 掌歸義蠻夷, 漢因之.(胡前81年) 屬國 : 官名. 典屬國的省稱.(漢)
286) 中行說 : 奄人也. 漢使送公主妻匈奴, 說不肯行, 强之, 因以漢事告匈奴也. 中行, 姓也, 說, 名也. 行, 音胡剛反. 說, 讀曰'悅'.(漢書 卷48 賈誼傳 顔師古注)
287) 唯上所令 : 聽天子之命.(漢書 卷48 賈誼傳 顔師古注)

今不獵猛敵而獵田彘,[288] 不搏反寇而搏畜菟, 翫細娛而不圖大患,[289] 德可遠施, 威可遠加, 而直數百里外,[290] 威令不伸,[291] 可爲流涕者此也.

庶人屋壁得爲帝服

今庶人屋壁得爲帝服, 倡優下賤得爲后飾,[292] 且帝之身自衣皂綈,[293] 而富民牆屋被紋繡,[294] 天子之后以緣其領,[295] 庶人孽妾以緣其履,[296] 此臣所謂舛也.[297] 夫百人作之不能衣一人, 欲天下亡寒, 胡可得也?[298] 一人耕之, 十人聚而食之, 欲天下亡飢,[299] 不可得也. 飢寒切於民之肌膚, 欲其亡爲姦邪, 不可得也, 可爲長太息者此也.

---

288) 田彘 : 野猪.(新)

289) 今不獵猛敵 … 不圖大患 : ① 猛敵反寇, 皆指匈奴. 不征强敵而務田獵, 是爲翫細娛而不圖大患. 翫, 玩弄. 圖, 謀所以對付之策.(今) ② 田彘, 野豬. 反寇, 叛臣. 畜菟, 飼養的兎子, 卽家兎.(新)

290) 直 : 僅.(新)

291) 威令不伸 : 威令不行之意.(今)

292) '今庶人'兩句 : 言現在平民屋壁掛着只有皇帝才能穿的衣服, 倡優卑賤的人穿戴皇后的裝飾. 後, 後妃.(新)

293) 皂綈 : ① 黑色厚繒. 亦指用黑色厚繒做成的衣服.(漢) ② 皂, 黑色. 綈, 厚繒.(今)

294) 紋 : (資治)作'文', '紋'與'文'通.(◉) 牆屋被文繡 : 以錦繡張懸屋垣以爲飾, 喩其侈麗. 被, 讀曰披.(今)

295) 天子之後 : 皇后.(新) 緣 : 鑲邊.(新) 領 : 衣領.(新)

296) 孽妾 : 庶人婢妾.(新) 履 : 鞋子. 以上兩句是說, 皇后用來鑲衣領的花邊, 庶人的婢妾用來鑲鞋口.(新)

297) 舛 : 差錯.(新)

298) 胡可得 : 反問之詞, 意卽不可得.(今)

299) 亡 : 古'無'字通.(胡)

商君遺禮義 棄仁恩

商君遺禮義,[300] 棄仁恩, 并心於進取, 行之二歲, 秦俗日敗. 故秦人家富子壯則出分,[301] 家貧子壯則出贅,[302] 借父耰鉏, 慮有德色,[303] 母取箕箒, 立而誶語,[304] 抱哺其子, 與公併倨,[305] 婦姑不相說, 則反脣而相稽,[306] 其慈子耆利,[307] 不同禽獸者亡幾°耳˙.[308] 今其遺風餘俗, 猶尙未改, 棄禮義, 捐廉恥日甚,[309] 可謂月異而歲不同矣.[310] 今之盜者剟寢戶之簾,[311] 搴兩廟之器,[312] 白晝大都之中, 剽吏而奪

借父耰鉏 慮有德色 母取箕箒 立而誶語 抱哺其子 與公併倨

300) 商君 : 商鞅. 戰國時代秦國的改革家.(新) 遺 : 抛棄.(新)
301) 出分 : 分家産而出居, 不同堂而聚.(今)
302) 出贅 : 出家而爲贅婿. 秦時, 貧家子弟以身典于富家, 過期不贖, 便淪爲奴隸, 富人給於婚配, 稱其爲贅婿. 其身分地位仍然不變.(新) 贅 : 瘤也. 男附女家, 謂之贅壻, 言猶人身之有贅瘤也.(綱鑑)
303) 借父耰鉏 慮有德色 : 耰, 摩田器. 言以耰及鉏借與其父, 而容色自矜爲恩德也.(胡) 耰 : 古時用以擊碎土塊平整土地的農具.(新)
304) 母取箕箒 立而誶語 : 謂母取箕帚等細物, 頓時受到責罵. 誶, 責罵.(新)
305) 抱哺其子 與公併倨 : 謂兒媳婦抱哺小孩, 對着公公伸開兩脚坐着, 很不禮貌.(新) 哺 : 飤也. 言婦抱子而哺之, 乃與其舅併倨, 無禮之甚也.(胡) 公 : 丈夫之父.(今) 併倨 : 伸開兩脚坐着. 古時以爲這是對人不禮貌的恣態.(新) 倨 : 通'踞'. 箕踞.(漢)
306) 婦姑不相說 則反脣而相稽 : 謂婆媳關繫一旦不好, 就吵架頂嘴.(新) 說 : 讀曰'悅'.(胡) 反脣 : 謂脣動, 表示心中不服.(漢) 相稽 : 相互計較和爭論.(新) 稽 : 計也. 相與計校也.(胡)
307) 慈子 : 慈愛其子.(新) 耆利 : 貪利. 耆, 通'嗜'.(新)
308) 亡幾 : ① 言差不多. 亡, 通'無'.(新) ② 很少.(漢) 耳 : (春)作'矣', '耳'與'矣'同爲語助辭, 而據(資治)改.(◉)
309) 捐 : 棄.(新)
310) 月異而歲不同 : 謂時時在發展.(新)
311) 剟 : 謂割取也.(要) 寢 : 謂陵上之寢.(要)
312) 搴 : 取也.(漢書 卷48 賈誼傳 顏師古注) 兩廟 : 高祖惠帝廟也.(漢書 卷48 賈誼傳 顏師古注)

之金.[313] 此其無行義之尤至者也, 而大臣特以簿書不報期會之間以爲大故,[314] 至於俗流失, 世壞敗, 因恬而不知怪,[315] 慮不動於耳目,[316] 以爲是適然耳.[317] 夫移風易俗, 使天下回心而鄕道,[318] 類非俗吏之所能爲也. 俗吏之所務, 在於刀筆筐篋,[319] 而不知大體, 竊爲陛下惜之!

禮義廉恥 是謂四維 四維不張 國乃滅亡

筦子曰,[320] '禮義廉恥, 是謂四維,[321] 四維不張, 國乃滅亡', 使筦子愚人也則可, 筦子而小知治體, 則是豈可不爲寒心哉![322]

今四維猶未備也, ◖故姦人幾幸,[323] 而衆心疑惑,◗ 豈如今定經制,[324] 令君君臣臣,[325] 上下有差,[326] 父

---

313) 剽 : 劫也.(要)

314) 大臣特以簿書不報期會之間以爲大故 : 特, 但. 簿書, 行政報告書. 此謂大臣但以簿書期會爲急, 而不知厲節行以正風俗.(今)　期會 : 約定的期限. 間, 間斷.(新)

315) 恬 : 安然.(新)

316) 慮 : 大率.(今)

317) 適然 : 謂事理當然.(新)

318) 鄕 : 讀曰嚮.(胡)

319) 俗吏之所務, 在於刀筆筐篋 : 周壽昌曰, "刀筆以治文書, 筐篋以貯財幣." 此謂俗吏所務, 在於科條徵斂, 至於回風易俗, 則非其力所能爲.(今)　刀筆 : 書寫的工具. 筐篋, 盛文書或財幣的器具.(新)

320) 筦子 : 筦, 與'管'同. 管子, 管仲也.(漢書 卷48 賈誼傳 顔師古注)

321) 維 : 紀綱也.(要)

322) 筦子而少知治體 則是豈可不爲寒心哉 : 若以管子爲愚人, 其言不實, 則無禮義廉耻可也. 若以管子爲微識治體, 則當寒心而憂之.(漢書 卷48 賈誼傳 顔師古注)　寒心 : 凡人寒甚, 心戰恐慎, 亦戰以惧, 比寒也.(國)

323) 幾 : 讀曰冀.(漢書 卷48 賈誼傳 顔師古注)

子六親各得其宜![327] ⁋姦人亡所幾幸, 而羣臣衆信,[328] 上不疑惑.⁋ 此業壹定, 世世常安, 而後有所持循矣,[329] 若夫經制不定, 是猶渡江河亡維楫,[330] 中流而遇風波, 船必覆矣.[331] 可爲長太息者此也.

夏殷周爲天子皆數十世, 秦爲天子二世而亡. 人性不甚相遠也, 何三代之君有道之長而秦無道之暴也?[332] 其故可知也. 古之王者, 太子乃生,[333] 固擧以禮,[334] 有司齊肅端冕,[335] 見之南郊,[336] 過闕則下,[337] 過廟則趨,[338] 故自爲赤子而教固已行矣.[339] 孩提有識,[340] 三公三少固明孝仁禮義以道習之,[341]

---

324) 豈如今定經制 : 怎麼不現在就確定制度.(中白)　經制 : 常制.(今)
325) 君君臣臣 : ① 君爲君德 臣爲臣道.(漢書 卷48 賈誼傳 顔師古注) ② 君臣各守其道.(今)
326) 差 : 差別, 等級.(新)
327) 六親 : 謂父子兄弟夫婦.(新)
328) 衆信 : 謂共爲忠信也.(漢書 卷48 賈誼傳 顔師古注)
329) 持循 : 持以爲準而遵循之.(今)
330) 亡 : 通'無'.(新)　維楫 : ① 繩索和船槳.(新) ② 維, 所以繫舟, 楫, 所以進舟也.(春)
331) 覆 : ① 翻.(新) ② 音芳目反.(漢書 卷48 賈誼傳 顔師古注)
332) 暴 : ① 短促.(今) ② 疾也, 急也.(要)
333) 乃生 : 始生.(今)　乃 : 始.(新)
334) 擧以禮 : 孔廣森曰, "春秋左傳所謂以太子生之禮擧之, 按以太牢是也" 按此謂備太牢之禮以迎太子之生. 太子爲國之儲君, 故以太牢之禮迎之.(今)　擧 : 教養.(新)
335) 齊 : 讀'齋'. 齋肅, 認眞齋戒.(新)　端冕 : 端正衣冠.(新)
336) 見 : 戶電翻.(胡)　南郊 : 古時帝王祭天之處.(新)
337) 闕 : 古代宮殿祠廟陵墓前兩旁對峙的建築物.(新)　下 : 下車.(今)
338) 廟 : 宗廟.(新)　趨 : 俯身小步快走.(新)
339) 赤子 : 謂嬰兒.(新)
340) 孩提 : 嬰兒稍長, 雖在襁褓, 能知孩笑, 可提抱者.(今)
341) 三公 : 指古代的太師太傅太保.(新)　三少 : 指古代的少師少傅少保.(新)　固 : (資治)

逐去邪人，不使見惡行，於是皆選天下之端士孝悌博聞有道術者以衛翼之,[342] 使與太子居處出入. 故太子乃生而見正事，聞正言，行正道，左右前後皆正人也. 夫三代之所以長久者，以其輔翼太子有此具也. 及秦°而˙不然,[343] 使趙高傅胡亥而教之獄,[344] 所習者非斬劓人,[345] 則夷人之三族也.[346] 故胡亥今日卽位而明日射人,[347] 忠諫者謂之誹謗，深計者謂之妖言，其視殺人若艾草菅然,[348] 豈惟胡亥之性惡哉? 彼其所以道之者非其理故也.[349]

凡人之智 能見已然 不能見將然

凡人之智，能見已然,[350] 不能見將然.[351] 夫禮者禁於將然之前,[352] 而法者禁於已然之後,[353] 是故法之所爲用易見而禮之所爲生難知也.[354] 若夫慶賞以勸

無'固'字，漢書(卷48賈誼傳)有之.(◉) 以道習之：引導去實行. 道通'導'.(新)

342) 端士：行爲端正的人.(新) 衛翼：衛護，輔佐.(新)

343) 而：(春)作'則'，據(資治)改.(◉)

344) 趙高：秦朝宦者. 官至中丞相. 始皇死，陰謀立胡亥爲帝. 後又謀簒權，被殺.(新) 胡亥：秦二世皇帝.(新)

345) 劓：割鼻的刑罰.(新)

346) 夷：誅滅.(新) 三族：父族母族妻族.(新)

347) 射：而亦翻.(胡)

348) 草菅：野草. 這句言，他對待殺人如同割野草一樣.(新)

349) 道：讀曰'導'.(今) 非其理故：不合理的緣故.(新)

350) 已然：已經發生的事.(新)

351) 將然：將要發生的事.(新)

352) '夫禮者'句：這句言禮敎的作用在于將某一不正當的行爲在他發生之前予以制止.(新)

353) 而法者禁於已然之後：這句言法律則是對已發生的壞行爲進行懲罰.(新)

善，刑罰以懲惡，先王執此之政，堅如金石，[355] 行此之令，信如四時，[356] 據此之公，無私如天地，[357] 豈顧不用哉？[358] 然而曰禮云禮云者，[359] 貴絶惡於未萌而起教於微眇，[360] 使民日遷善遠°辠˙而不自知也.[361] 孔子曰，'聽訟，吾猶人也，必也使無訟乎.'[362] 爲人主計者，莫如先審取舍，[363] 取舍之極定於內而安危之萌應於外矣.[364]

秦王之欲尊宗廟而安子孫，[365] 與湯武同.[366] 然而湯武廣大其德行，六七百歲而弗失，秦王治天下十餘歲則大敗. 此亡他故矣.[367] 湯武之定取舍審而秦王

354) 法之所爲用易見：法律的作用顯而易見.(新)　禮之所爲生難知：禮教的預防作用就難以察覺.(新)

355) 堅如金石：堅定不移之意.(新)

356) 信如四時：① 準確無誤之意.(新) ② 春夏秋冬，謂之四時. 言如四時之運行，信而不爽.(今)

357) 無私如天地：如天覆地載一樣無私不偏.(新)

358) 豈顧不用哉：難道反而不用(慶賞和刑罰)嗎.(新)

359) 禮云禮云：謂一再稱道禮教.(新)　顧：反而.(今)

360) 微眇：微細.(新)　眇：細小.(今)

361) 日遷善：日益趨向于善.(新)　遷善遠罪：謂見善則遷就之，見罪則遠離之.(今)　辠：(春)作'辜'，據(資治)改. 辠，'罪'之古字.(◉)　遠罪：遠離罪惡.(新)　不自知：自己還不察覺.(新)

362) '聽訟'三句：見論語顔淵. 意思是，審理訴訟，我同別人差不多，必定要消滅訴訟事件才好. 聽訟，審理訴訟. 毋訟，消滅訴訟之事.(新)

363) 審：知道，明白.(新)　取舍：選擇什麽，拋棄什麽.(新)

364) 取舍之極定於內，而安危之萌應於外矣：極，至. 萌，朕兆. 此謂取捨之先，必經詳慮，詳慮之至，則定取捨. 取捨當則國安，取捨不當則國危，故取捨方定於內，而安危之兆，已應於外.(今)　定於內：思想上先確定.(新)

365) 秦王：指秦始皇.(新)

366) 湯武：商湯王，周武王.(新)

367) 亡：通'無'. 此亡他故，這沒有其他的緣故.(新)

之定取舍不審矣.[368] 夫天下,[369] 大器也, 今人之置器, 置諸安處則安, 置諸危處則危. 天下之情, 與器無以異, 在天子之所置之.[370] 湯武置天下於仁義禮樂, 累子孫數十世,[371] 此天下所共聞也, 秦王置天下於法令刑罰, 禍幾及身,[372] 子孫誅絕, 此天下之所共見也. 是非其明效大驗邪![373]

人之言曰, '聽言之道, 必以其事觀之, 則言者莫敢妄言.' 今或言禮義之不如法令,[374] 教化之不如刑罰, 人主胡不引殷周秦事以觀之也! 人主之尊譬如堂,[375] 群臣如陛,[376] 衆庶如地. 故陛九級上,[377] 廉遠地,[378] 則堂高, 陛無級, 廉近地, 則堂卑. 高者難攀, 卑者易陵,[379] 理勢然也. 故古者聖王制爲等列,[380] 內有公卿大夫士,[381] 外有公侯伯子男,[382] 然

368) 審 : 審愼, 愼重.(新)
369) 天下 : 指國家.(新)
370) 在天子之所置之 : 意謂在于天子把他安置在什麽地方.(新)
371) 累子孫數十世 : 子孫相傳幾十代.(新)
372) 禍幾及身 : 禍害幾乎牽累自身.(新)
373) 是非其明效大驗邪 : 這不是明顯的效驗嗎?(新)
374) 義 : (資治)作'誼', '誼'與'義'同.(◉)
375) 堂 : 殿堂.(新)
376) 陛 : ① 殿堂前階.(今) ② 堂基的邊側.(新)
377) 九級 : 九等也. 天子之堂九尺, 諸侯七尺, 大夫五尺, 士三尺.(要) 級 : 等也.(胡)
378) 廉 : 殿堂側隅.(今)
379) 陵 : 乘, 登.(新)

後有官師小吏,[383] 延及庶人, 等級分明而天子加焉, 故其尊不可及也.

欲投鼠而忌器

里諺曰,[384] '欲投鼠而忌器.'[385] 此善諭也. 鼠近於器, 尙憚不投, 恐傷其器, 況於貴臣之近主乎! 廉恥節禮以治君子, 故有賜死而亡戮辱.[386] 是以黥劓之°罪˙不及大夫,[387] 以其離主上不遠也. 臣聞之, 履雖鮮不加於枕,[388] 冠雖敝不以苴履.[389] 夫嘗已在貴寵之位, 天子改容而°禮˙貌之矣,[390] 吏民嘗俯伏以敬畏之矣, 今而有過,[391] 帝令廢之可也. 退之可也, 賜之死可也, 滅之可也, 若夫束縛之係緤之,[392] 輸之司寇,[393] 編之徒官,[394] 司寇小吏°詈罵˙而°搒˙笞

黥劓之罪不及大夫

380) 等列 : 等級.(新)
381) 公卿大夫士 : 朝廷的官名.(新)
382) 公侯伯子男 : 封爵名.(新)
383) 官師 : 一官之長. 猶今云某機關首長.(今)
384) 里諺 : 民間諺語.(漢)
385) 投鼠忌器 : 比喩欲除惡人而有所顧忌.(新)
386) 賜死 : 命令其自殺.(新)
387) 黥劓 : 黥, 文面也. 劓, 割鼻也.(春)　罪 : ① 秦以'辠'字似'皇'字, 改作'罪'.(國) ② (春)作'辠', 據(資治)改. 辠, '罪'之古字.(◉)
388) 鮮 : 平聲, 善也, 潔也.(國)
389) 苴 : 于余切, 履中之藉.(國)
390) 禮貌之 : 加禮容而敬之.(今)　禮 : (資治)作'禮', (春)與漢書(卷48賈誼傳)作'體'. 體, 通'禮'.(◉)
391) 過 : 罪過.(新)
392) 係緤 : 以長繩繫縛之.(今)
393) 司寇 : 疑是司空之誤. 漢無司寇之官. 漢有都司空令左右司空令, 均是管徒隸役作之官. 下

之,[395] 殆非所以令衆庶見也. 夫卑賤者習知尊貴者之一°旦˙吾亦乃可以加此也,[396] 非所以尊尊貴貴之化也.[397]

簠簋不飾

古者大臣有坐不廉而廢者,[398] 不°謂˙不廉,[399] 曰'簠簋不飾',[400] 坐汚穢淫亂男女無別者, 不曰汚穢, 曰

帷薄不脩

'帷薄不脩'[401] 坐罷軟不勝任者,[402] 不°謂˙罷軟,[403] 曰

下官不職

'下官不職'.[404] 故貴大臣定有其°辠˙矣,[405] 猶未斥然正以呼之也.[406]

上設廉恥禮義以遇其臣, 而臣不以節行報其上者,

文司冠疑亦誤.(新)

394) 編之徒官 : 謂編列爲刑徒, 服役於官府.(今) 徒官 : 猶役吏.(漢)

395) 詈罵 : (春)作'罵詈', 據(資治)改.(◉) 搒 : (春)作'榜', 據(資治)改.(◉) 搒笞 : 用棍子或竹板打.(新)

396) '夫卑賤者'句 : 卑賤的人習知尊貴的大臣一旦犯罪, 我也就可以這樣對待他.(新) 一旦 : 言或有一日.(今) 旦 : ①〈朝鮮〉太祖御諱, 當讀如朝조.(註解千字文) ② 旦, (春)作'朝', 今當作'旦'.(◉) 加此 : 謂加以詈罵搒笞之事.(今)

397) 尊尊 : 尊重尊者.(新) 貴貴 : 禮敬貴者.(新)

398) 坐 : 定罪.(新)

399) 謂 : (春)作'曰', 據(資治)改.(◉)

400) 簠簋不飾 : 簠簋, 盛飯之具, 故以簠簋不飾喩不廉.(今) 簠簋 : 商周時盛食物之器, 又盛稻粱以爲祭器. 不飾, 言操守不廉潔.(新)

401) 帷薄不脩 : ① 帷, 帳幔. 薄, 竹簾. 幔與簾俱以隔障內外, 故謂內外不肅爲帷薄不脩.(今) ② 謂行爲淫亂. 帷, 帳幔, 薄, 簾子, 用以遮隔內外.(新)

402) 罷軟 : 軟弱無能. 罷, 通'疲'.(新) 勝 : 音升.(胡)

403) 謂 : (春)作'曰', 據(資治)改.(◉)

404) 下官不職 : 下屬官吏不稱職.(新)

405) 貴大臣 : 高貴的大臣.(新) 辠 : (春)作'辜', 據(資治)改. 辠, '罪'之古字.(◉) 定有其罪 : 對他判罪.(新)

406) 未斥然正以呼之 : 不斥責正面宣布他的罪行.(新)

則非人類也. 故化成俗定,[407] 則爲人臣者皆顧行而忘利, 守節而仗義,[408] 故可以託不御之權,[409] 可以寄六尺之孤,[410] 此厲廉恥行禮義之所致也,[411] 此之不爲而顧彼之久行,[412] 故曰可爲長太息者此也."

○【大臣有罪 皆自殺 不受刑】

大臣有罪 皆自殺不受刑

誼以絳侯前逮繫獄,[413] 卒無事°˙,[414] 故以此譏上.[415] 上深納其言, 養臣下有節,[416] 是後大臣有罪, 皆自殺, 不受刑.[417]

【辛未(前170) 文帝十年】

○【文帝誅薄昭】

---

407) 化成俗定 : 敎化成, 風俗定.(新)
408) 仗 : (資治)作'伏', 漢書(卷48賈誼傳)作'仗'.(◉) 仗義 : 主持正義.(漢)
409) 託不御之權 : 言念主忘身, 憂國忘家, 可托權柄, 不須復制禦(御)也.(國)
410) 六尺之孤 : ① 指尙未能自立而父已死的幼小者.(新) ② 幼少之君.(論語 泰伯 '可以託六尺之孤' 何晏集解)
411) 厲 : 與'勵'通, 勉力也, 有修節振起意.(國)
412) 此之不爲而顧彼之久行 : 此, 謂以禮義廉恥遇其臣. 彼, 謂戮辱貴臣. 言不爲此而反以行彼也.(胡)
413) 絳侯前逮繫獄 : ① 人有告勃謀反, 逮繫長安獄治.(漢書 卷48 賈誼傳) ② 絳侯繫獄在乙丑年.(國) 逮繫 : 逮捕. 拘囚.(漢)
414) 卒 : 終于.(新) 無事 : 謂無罪行.(新) °˙ : (春)有'實'字, 當削.(◉)
415) 譏上 : 諷刺皇帝.(新)
416) 有節 : 謂不濫施刑罰.(今)
417) 是後大臣有罪 皆自殺 不受刑 : 漢人相傳以大臣不對理陳寃爲故事, 多有聞命而引決者. 然詣獄受刑者亦多有之, 史特大概言之耳.(胡)

文帝誅薄昭 將軍薄昭殺漢使者.[418] 帝不忍加誅, 使公卿從之飮酒, 欲令自引分,[419] 昭不肯, 使群臣喪服往哭之,[420] 乃自殺. 薄昭自殺

○【欲慰母心者 將愼之於始】

欲慰母心者將愼之於始 溫公曰, "李德裕以爲'漢文帝誅薄昭,[421] 斷則明矣, 於義則未安也. 秦康送晉文,[422] 興如存之感,[423] 況太后尙存,[424] 唯一弟薄昭, 斷之不疑, 非所以慰母氏之心也.' 臣愚以爲法者天下之公器,[425] 惟善持法者, 親疏如一, 無所不行,[426] 則人莫敢有所恃而犯之也. 夫昭雖素稱長者,[427] 文帝不爲置賢師傅而用之典兵,[428] 驕而犯上, 至於殺漢使者, 非有恃而

418) 薄昭：太后弟.(綱鑑)
419) 引分：猶言引決, 自殺.(新)
420) 往哭之：以示其不赦也.(要)
421) 李德裕：唐趙郡(郡治平棘, 今河北趙縣)人, 字文饒. 在唐朝牛李黨爭中, 爲李黨首領. 曾爲相, 力主削弱藩鎭. 遭牛黨打擊, 被貶而死.(新)
422) 秦康：秦康公, 春秋時人, 秦君.(新) 晉文：晉文公, 春秋時人, 晉君. 晉文公遭驪姬之難, 流亡于秦. 時秦康公爲太子, 其母乃晉獻公之女, 已亡. 秦康公與晉文公爲甥舅關係, 送其于渭之陽, 思念生母之不見, 見到舅氏生出如母猶存的感想.(新)
423) 興如存之感：發生(母親)好似尙存的感想.(新)
424) 太后：指竇太后. 薄昭之姐. 薄昭乃文帝之舅.(新)
425) 公器：共同遵守的準繩.(中白)
426) 無所不行：意思是, 不論什麽情況都一樣處理.(新)
427) 長者：謹厚的人.(新)
428) 典兵：掌管軍隊.(新)

然乎![429] 若又從而赦之, 則與成哀之世何異哉![430] 魏文帝嘗稱漢文帝之美,[431] 而不取其殺昭,[432] 曰, "舅後之家, 但當養育以恩而不當假借以權, 旣觸罪法, 又不得不害."[433] 譏文帝之始不防閑昭也,[434] 斯言得之矣. 然則欲慰母心者, 將愼之於始乎!

---

429) 非有恃而然乎 : 不是有恃無恐所致嗎.(新)

430) 成哀 : ① 春秋時魯成公魯哀公. 其時魯政衰敗.(新) ② 孝成荒于酒色, 委政外家. 孝哀嬖幸滿朝, 莽遂簒位.(國) ③ 兩說是非, 待後考.(◉)

431) 魏文帝 : 曹丕. 曹操之子.(新)

432) 不取 : 不同意, 不認可.(新)

433) 害 : 加害, 處治.(新)

434) 文帝 : 指漢文帝.(新) 防閑 : 防, 堤, 用以制水. 閑, 闌, 用以制獸. 引申爲防備和禁阻.(新) 昭 : 薄昭.(新)

通鑑節要增損校註 卷八

漢紀

▪ 太宗孝文皇帝 下

【壬申(前169) 文帝十一年】

○【鼂錯上言兵事】

鼂錯上言兵事

匈奴數爲邊患,[1] 鼂錯上言兵事曰,[2] "臣聞, 用兵臨戰合刃之急°者˙三,[3] 一曰得地形, 二曰卒服習,[4] 三曰器用利.[5] 故兵法⁋曰,¶ '器械不利, 以其卒予敵也, 卒不可用, 以其將予敵也,[6] 將不知兵, 以其主予敵也, 君不擇將, 以其國予敵也.' 四者, 兵之至要也.[7]

---

1) 數 : 所角翻.(胡)

2) 鼂錯 : ① 音朝'厝'. 史記錯又如字讀.(春) ② 鼂, 與'朝'同. 風俗通, 衛大夫史鼂之後. 姓譜王子朝之後. 錯, 倉故翻, 音錯雜之錯者非.(胡)

3) 合刃 : 交兵, 交鋒.(新) 急 : 最要緊之意. 這句言在戰場上與敵交鋒有三件最要緊的事.(新) 者 : (春)作'有', 誤.(◉)

4) 服習 : 訓練有素.(新) 服 : 亦習也.(國)

5) 器用利 : 武器鋒利.(新)

6) 予 : 讀曰'與'.(胡)

7) 兵之至要 : 用兵的關鍵.(新)

臣又聞, 以蠻夷攻蠻夷, 中國之形也.[8] 今匈奴地形技藝與中國異, 上下山阪, 出入溪澗, 中國之馬弗與也,[9] 險道傾仄,[10] 且馳且射, 中國之騎弗與也, 風雨罷勞,[11] 飢渴不困, 中國之人弗與也, 此匈奴之長技也. 若夫平原易地輕車突騎,[12] 則匈奴之衆易撓亂也,[13] 勁弩長戟射疏及遠,[14] 則匈奴之弓弗能格也,[15] 堅甲利刃, 長短相雜, 遊弩往來,[16] 什伍俱前,[17] 則匈奴之兵弗能當也, 材官騶發,[18] 矢道同的,[19] 則匈奴之革笥木薦弗能支也,[20] 下馬地鬪,

---

8) 以蠻夷攻蠻夷 中國之形也 : 不煩華夏之兵, 使其同類自相攻擊也.(胡) 中國 : 中原之國. 當時指漢朝.(新)
9) 弗與 : 猶言不如也.(胡)
10) 仄 : 古'側'字.(胡)
11) 風雨罷勞 : 意謂敢冒風雨不怕疲勞.(新) 罷 : 讀曰'疲'.(胡)
12) 易 : 音異.(綱鑑) 輕車 : 輕便的戰車.(新)
13) 突騎 : 言其驍銳可用衝突敵人也.(胡) 撓 : ① 攪也, 音火高翻, 其字從手. 一曰, 橈, 曲也, 弱也, 音女教翻, 其字從木.(胡) ② 撓, (資治)作'橈', '撓'與'橈'通.(◉)
14) 射疏及遠 : ① 射得寬, 刺得遠.(新) ② 疏, 亦濶遠也. 長戟恐誤. 或者勁弩如今九牛大弩, 以槍爲矢歟, 故可射疏及遠也, 然戟有鉤, 又不可射. 余謂文意各有所屬, 勁弩, 所以射疏, 長戟, 所以及遠也.(胡)
15) 格 : 捍拒.(今)
16) 長短相雜 遊弩往來 : 長短兵器互相配合, 弓箭手伺機攻擊.(岳白)
17) 什伍俱前 : 士兵按編制按指揮統一進攻. 古代軍隊編制, 五人爲伍, 二伍爲什.(新)
18) 材官 : ① 漢代能使用强弩的步兵.(新) ② 騎射之官也.(胡) 騶 : ① 利箭.(新) ② 如淳曰, 騶, 矢也. 處平易之地, 可以矢相射也. 射者騶發, 其用矢者同中一的, 言其工妙也. 騶, 側鳩翻.(胡)
19) 矢道同的 : 衆箭射向同一目標. 的, 目標.(新) 同的 : 謂同中一的, 喩其善射.(今)
20) 革笥 : ① 皮制的鎧甲.(新) ② 以皮作如鎧者被之.(胡) 木薦 : ① 木制的盾牌(新) ② 以木板作如楯. 一曰革笥木薦之以當人心也.(胡) 弗能支 : 招架不住.(新)

劍戟相接，去就相薄，[21] 則匈奴之足弗能給也，[22] 此中國之長技也．以此觀之，匈奴之長技三，中國之長技五．帝王之道，出於萬全．今降胡義渠來歸義者，[23] 數千，長技與匈奴同．可賜之堅甲利°矢˙，[24] 益以邊郡之良騎，平地通道，則以輕車材官制之，兩軍相爲表裏，此萬全之術．" 帝嘉之，賜書，寵答焉．[25]

帝王之道出於萬全

○【募民徙塞下】

募民徙塞下

錯又上言曰，"胡貉之人，[26] 其性耐寒，揚粵之人，[27] 其性耐暑．秦之戍卒不耐其水土，戍者死於邊，輸者僨於道．[28] 秦民見行，[29] 如往棄市，『因以讁發之，[30] 名曰讁戍．』[31] 陳勝先倡，[32] 天下從之者，秦

---

21) 去就相薄：謂近身搏鬪．薄，迫.(新)
22) 匈奴之足弗能給也：此謂匈奴習於騎騁而不慣於步行，若離去其馬，則其足力不能應步戰之所求.(今)　弗能給：跟不上.(新)　給：謂相連及.(胡)
23) 胡：指匈奴.(新)　義渠：漢代西北地區的一個少數民族.(新)　蠻夷：指南方的少數民族.(新)　來歸誼者：來歸順漢朝的.(新)　義：(資治)作'誼'，'誼'與'義'同'.(◉)
24) 矢：(春)作'兵'，據(資治)改.(◉)
25) 寵答：指皇帝對臣下有嘉許之意的答復.(漢)
26) 貉：同'貊'．古代東北地區的一個少數民族.(新)
27) 揚粵：卽南越．有說是指揚州一帶，有說是揚州和南越.(新)　粵：與'越'通.(國)
28) 僨：仆倒而死.(新)
29) 見行：秦朝百姓被徵發.(岳白)
30) 讁：古代官民因罪而被降職或流放.(新)　發：徵發.(新)
31) 讁戍：以罪譴送至邊地擔任守衛.(新)

以威劫而行之之敝也. 不如選常居者,[33] 爲室屋, 具田器, 乃募民, 免罪, 拜爵,[34] 復其家,[35] 予冬夏衣廩◤食,◥[36] 胡人入驅而能止所驅者, 以其半予之,[37] 如是, 則邑里相救助, 赴胡不避死. 非以德上也,[38] 欲全親戚而利其財也, 此與東方之戍卒不習地勢而心畏胡者功相萬也."[39] 上從其言, 募民徙塞下.[40]

○【鼂錯智囊】

鼂錯智囊 ◤錯爲人陗直刻深,[41] 以其辯得幸太子, 號曰, "智囊◥."[42]

【癸酉(前168) 文帝十二年】

---

32) 倡 : 讀曰'唱'. 謂唱義以滅秦.(今)
33) 不如選常居者 : 謂不如令於邊地立家置田, 爲久居之計, 使習知胡人之技以備禦之.(今)
34) 免罪拜爵 : 謂有罪者免其罪, 無罪者拜爵以勸其徙.(胡)
35) 復其家 : 謂民之欲往者, 復除其家征役. 復, 方目翻.(胡) 復 : 除也.(國)
36) 予 : 讀曰'與'. 下同.(胡) 稟食 : 以官倉之糧供給移民. 稟, 通'廩'.(新)
37) 胡人入驅 … 予之 : 言胡人入爲寇, 驅略漢人及畜産也. 人能止得其所驅者, 令其本主以半賞之.(胡)
38) 非德上 : 并不是對皇上感恩對德而報答.(新)
39) 東方之戍卒 : 如淳曰, "東方諸郡民不習戰鬪當戍邊者也."(漢書 卷49 鼂錯傳 顔師古注) 相萬 : 言其功萬倍於東方之戍卒也.(胡)
40) 塞下 : 邊塞附近. 亦泛指北方邊境地區.(漢)
41) 陗直刻深 : 嚴峻, 剛直, 苛刻. 陗, 同'峭'.(新)
42) 智囊 : ① 言其一身所有皆是智算, 若囊橐之盛物也.(胡) ② 指足智多謀的人.(新) ③ 時錯爲太子家令.(要)

○【入粟受爵免罪】

入粟受爵免罪

錯復言於上曰,[43] “堯有九年之水, 湯有七年之旱, 而國亡捐瘠者,[44] 以蓄積多而備先具也.[45] 今海內爲一, 土地人民之衆不減湯禹,[46] 加以無天災數年之水旱, 而蓄積未及者,[47] 何也? 地有遺利,[48] 民有餘力,[49] 生穀之土未盡墾, 山澤之利未盡出,[50] 游食之民未盡歸農也.

堯有九年之水湯有七年之旱

夫寒之於衣,[51] 不待輕暖,[52] 飢之於食, 不待甘旨,[53] 飢寒至身, 不顧廉恥. 人情, 一日不再食則飢, 終歲不製衣則寒. 夫腹飢不得食, 膚寒不得衣, 雖慈父不能保其子, 君安能以有其民哉! 是故明君貴五穀而賤金玉.[54]

飢寒至身 不顧廉恥

明君貴五穀而賤金玉

欲民務農 在於貴粟

方今之務, 莫若使民務農而已. 欲民務農, 在於貴

43) 言於上 : 卽 論貴粟疏, 下文卽是.(新)
44) 亡 : 古'無'字通.(胡) 捐瘠 : 捐, 遺棄. 瘠, 瘦弱, 這裏是餓死餓瘦之意.(新)
45) 備先具 : 事先有所准備.(新)
46) 不減湯禹 : 不備湯禹時少.(新)
47) 畜積未及者 : 但蓄積却沒有那時多.(中白)
48) 遺利 : ① 尙有潛力.(新) ② 未盡其用的利益.(漢)
49) 民有餘力 : 民力并未完全投入.(岳白)
50) 山澤之利 : 山林湖泊中的物產.(新)
51) 夫寒之於衣 : 嚴寒之時人們急需衣服.(中白)
52) 不待輕暖 : 輕暖, 衣飾之輕麗和暖者. 此謂但求禦寒, 而不求美麗.(今)
53) 不待甘旨 : 甘旨, 美食. 此謂飢餓之甚, 則但求充腹, 而不擇美食.(今)
54) 五穀 : 禾黍菽麥稷也.(國)

粟,[55] 貴粟之道, 在於使民以粟爲賞罰. 今募天下入粟縣官,[56] 得以拜爵, 得以除罪.[57] 如此, 富人有爵, 農民有錢, 粟有所渫.[58] 爵者, 上之所擅,[59] 出於口而无窮,[60] 粟者, 民之所種, 生於地而不乏. 夫得高爵與免罪, 人之所甚欲也, 使天下人入粟於邊以受爵免罪, 不過三歲, 塞下之粟必多矣." 帝從之, 令民入粟邊, 拜爵各以多少級數爲差.[61]

爵者上之所擅

○【賜農民租稅之半】

賜農民租稅之半

鼂錯請入粟拜爵

錯復奏, "陛下幸使天下入粟以拜爵, 甚大惠也. 邊食足以支五歲, 可令入粟郡縣,[62] 郡縣足支一歲以上, 可時赦,[63] 勿收農民租. 如此, 德澤加於萬民, 民愈勤農, 大富樂矣."[64] 上復從其言, 詔曰,

55) 貴粟 : 珍貴粮食.(新)
56) 縣官 : 指朝廷或官府.(新)
57) 除 : 免.(新)
58) 渫 : 流通, 疏通.(新)
59) 上之所擅 : 君主所掌握. 擅, 專有之意.(新)
60) 出於口而無窮 : 意謂愿意封多少爵就是多少, 沒有限額.(新)　无 : (資治)作'無', '无'與'無'同.(◉)
61) 拜爵各以多少級數爲差 : ① 時令入粟六百石爵上造, 稍增至四千石爲五大夫, 萬二千石爲大庶長.(胡) ② 拜爵按入粟多少劃分不同的等級. 爲差, 分等級.(新)
62) 入粟郡縣 : 令輸粟入諸郡縣, 以備凶災.(今)
63) 可時赦 : 可以隨時下詔書.(中白)
64) 樂 : 音洛.(胡)

“其賜農民今年租稅之半.”[65]

【甲戌(前167) 文帝十三年】

○【除肉刑】

除肉刑 齊太倉令淳于意有罪,[66] 當刑,[67] 詔獄逮繫長安.[68]

緹縈上書 其少女緹縈上書曰,[69] “妾父爲吏, 齊中皆稱其廉平,[70]

刑者不可復屬 今坐法當刑.[71] 妾傷夫死者不可復生,[72] 刑者不可復屬,[73] 雖後欲改過自新,[74] 其道無繇也.[75] 妾願沒入爲官婢,[76] 以贖父刑罪, 使得自新.” 天子憐悲其意, 詔除肉刑.[77]

---

65) 賜租：謂蠲免賦稅.(漢) 賜：給予.(新) 租稅之半：收一半租稅.(新)
66) 太倉令：齊王國官也.(胡) 淳于意：史記(孝文本紀)作'淳于公', 司馬貞索隱曰, “名意, 爲齊太倉令, 故謂太倉公也.” 則公非名而尊稱也. 漢書(刑法志第3)亦作'淳于公'.(◉) 淳于：複姓.(要)
67) 當刑：判刑.(新)
68) 詔獄：奉詔令而設的監獄.(新) 逮：及也. 辭之所及, 則追捕之, 故謂之逮. 一曰, 逮者, 在道將送, 防禦不絶, 若今之傳送囚.(胡)
69) 少女：小女兒.(新) 緹縈：① 人名. 姓淳于, 淳于的小女兒.(新) ② 緹, 他弟翻, 索隱音啼. 縈, 於營翻.(胡)
70) 齊中：齊王國之中.(新) 平：廉潔公平.(新)
71) 坐法：犯法獲罪.(漢)
72) 傷：悲哀, 哀思.(新) 夫：語氣詞.(新) 復：扶又翻.(胡)
73) 刑者不可復屬：受了刑, 不可能再聯結起來. 屬, 聯接.(新) 屬：之欲翻.(胡)
74) 自新：重新做人.(新)
75) 其道無繇：意謂無法改過自新.(新) 繇：古'由'字通用.(胡)
76) 沒入：謂沒收財物人口等入官.(漢) 官婢：胡三省曰, “漢制, 永巷令典官婢.” 按官婢, 沒入官府爲婢以充勞役.(今)
77) 肉刑：殘害肉體的刑罰. 古指墨劓剕宮大闢等. 今泛指對受審者肉體上的處罰.(漢)

○【玄默化民】

玄默化民

上旣躬修玄默,[78] 而將相皆舊功臣, 少文多質.[79] 懲惡亡秦之政,[80] 論議務在寬厚, 恥言人之過失, 化行天下, 告訐之俗易.[81] 吏安其官, 民樂其業,[82] 畜積歲增,[83] 戶口寖息.[84] 風流篤厚,[85] 禁罔疏闊,[86] 罪疑者予民,[87] 是以刑罰大省,[88] 至於斷獄四百,[89]

有刑錯之風

有刑錯之風焉.[90]

○【除田稅】

除田稅

農天下之本

六月, 詔曰, "農, 天下之本, 務莫大焉.[91] 今勤身從事而有租稅之賦, 是爲本末者無以異也,[92] 其於

---

78) 上 : 指文帝.(新) 上旣躬修玄默 : 文帝謹守自持, 深沈不語.(岳白) 玄默 : 沈靜寡言.(今)
79) 少文多質 : 缺乏文雅而大多質朴.(新)
80) 惡 : 烏路翻.(胡)
81) 告訐 : ① 自下告上.(新) ② 告發他人之私事. 訐音節.(今) 易 : 改變.(新)
82) 樂 : 音洛.(胡)
83) 歲增 : 年年增加.(新)
84) 寖 : 逐漸.(新) 息 : 生息, 生長.(新)
85) 風流 : 風俗, 風氣.(新)
86) 禁罔 : 指各種禁令.(新) 罔 : 古'網'字.(今) 疏闊 : 粗略, 不周密.(漢) 疏 : 與'疎'同.(胡)
87) 罪疑者予民 : ① 從輕斷. 予, 讀曰'與'.(胡) ② 罪疑, 所犯之罪, 可重可輕, 擬似不決者. 罪疑者予民, 謂所犯之罪, 擬似不能決者, 則與民以便, 從輕處斷.(今)
88) 省 : 減少.(今)
89) 斷獄 : 犯重罪而處以死刑者.(今) 四百 : 謂天下之死罪人不過四百也.(要)
90) 刑錯 : ① 无所用刑.(新) ② 棄置刑罰而不用, 言民不犯法, 故刑罰無所用.(今) 錯 : 置也, 千故翻.(胡)
91) 務莫大焉 : 再沒有比農業更大的事啊.(新)
92) 本末者無以異 : 本, 農也. 末, 賈也. 言農與賈俱出租無異也, 故除田租.(胡)

勸農之道未備. 其除田之租稅!"[93]

【乙亥(前166) 文帝十四年】

○【征匈奴】

征匈奴

冬, 匈奴老上單于十四萬騎入朝那蕭關,[94] 殺北地都尉,[95] 遂至彭陽,[96] 上親勞軍, 自欲征匈奴. 皇太后固要,[97] 乃止. 於是以張相如爲大將軍, 擊之. 逐出塞卽還.

○【文帝雖得頗牧 弗能用】

文帝雖得頗牧弗能用

上輦過郎署,[98] 問馮唐曰,[99] "父家安在?"[100] 對曰, "臣大父趙人,[101] ˹父徙代."˺[102] 上曰, ˹"吾居代時, 吾尙食監高袪數˺爲我言趙將李齊之賢,[103] 戰於鉅鹿下.[104] 今吾每飯意未嘗不在鉅鹿也."[105] 唐對曰,

93) 除 : 免.(新)
94) 老上 : 匈奴號也.(要) 朝那 : 縣名. 治所在今寧夏高原東南.(新) 蕭關 : 關名. 在今寧夏固原東南.(新)
95) 北地 : 郡名. 治所馬領, 在今甘肅慶陽西北.(新) 都尉 : 官名. 郡都尉, 掌郡之軍事.(新)
96) 彭陽 : 縣名. 治所在今甘肅鎭原東南.(新)
97) 固要 : 力止也. 要, 讀曰'邀'.(胡)
98) 上輦 : 皇帝的車輿.(新) 輦 : 駕人以行曰'輦'.(春) 郎署 : 郎官府署.(綱鑑)
99) 馮唐 : ① 內史安陵人, 曾對文帝談用將之道.(新) ② 時馮唐爲郎中署長.(春)
100) 父家 : 您的家. 父, 對老年男子的敬稱.(新)
101) 大父 : 祖父.(今)
102) 父徙代 : 父遷居代國.(中白)
103) 尙食監 : 主膳食之官.(胡) 高袪 : 人名.(新) 數 : 所角翻.(胡) 爲 : 于僞翻(胡)

拊髀思頗牧

"尙不如廉頗李牧之爲將也."[106] 上拊髀曰,[107] "嗟乎, 吾獨不得廉頗李牧爲將![108] 吾豈憂匈奴哉!"唐曰, "陛下雖得廉頗李牧, 弗能用也."

○【魏尙復爲雲中守】

魏尙復爲雲中守

推轂遣將

閫以內寡人制之 閫以外將軍制之

上怒讓唐,[109] 唐曰, "上古王者之遣將也, 跪而推轂,[110] 曰, '閫以內,[111] 寡人制之, 閫以外, 將軍制之.' 軍功爵賞皆決於外, 李牧是以北逐單于,[112] 破東胡,[113] 滅澹林,[114] 西抑强秦, 南支韓魏.[115] 今魏尙爲雲中守,[116] 其軍市租盡以饗士卒,[117] 匈奴遠避, °不近雲中之塞˙.[118] 虜曾一入,[119] 尙率車騎

104) 鉅鹿：城名. 在今河北鉅鹿西南.(新) 下：用在名詞後, 表示一定的處所範圍時間等.(漢)

105) 每飯：每食時, 念高祛所言, 其心未嘗不在鉅鹿.(胡) 意未嘗不在鉅鹿：言盡想着鉅鹿之事.(新)

106) 廉頗李牧：皆戰國時趙國的名將.(新)

107) 拊：搏拊也.(春)

108) 獨不得：意謂只要能得到.(新)

109) 讓：責備.(新)

110) 推轂：天子親爲推其車轂.(綱鑑)

111) 閫：① 苦本翻, 門橛也.(胡) ② 門檻. 這裏特指郭門的門檻.(新)

112) 單于：指匈奴單于.(新)

113) 東胡：古代遊牧民族. 因處於匈奴族之東, 故稱東胡.(新)

114) 滅澹林：胡三省曰, "澹林, 卽襜襤." 按史記李牧傳, "滅襜襤, 破東胡, 降林胡, 單于奔走," 卽襜襤亦胡之一支.(今) 澹：丁甘翻.(胡)

115) 支：抗拒.(新)

116) 雲中：郡名. 郡治雲中, 在今內蒙古托克托東北.(新) 守：郡的長官.(新)

117) 軍市租：軍中立市, 市有稅, 稅卽租也.(胡) 軍市：軍中的交易市場. 租, 市稅.(新) 饗：泛指請人享用.(新)

118) 不近雲中之塞：(春)作'不敢近塞', 而據(資治), 補'雲中', 則尤詳矣.(◉)

擊之,[120] 所殺甚衆. 上功幕府,[121] 一言不相應,[122]

賞太輕 罰太重 文吏以法繩之,[123] 其賞不行, 陛下賞太輕, 罰太重. 魏尙坐上功首虜差六級,[124] 陛下下之吏,[125] 削其爵, 罰°作˙之.[126] 由此言之, 陛下雖得廉頗李牧, 弗能用也."上說.[127] 是日, 令唐持節赦魏尙,[128] 復以爲雲中守, 而拜唐爲車騎都尉.[129]

○【增諸祀壇場珪幣】

增諸祀壇場珪幣 春, 詔廣增諸祀壇場珪幣,[130] 且曰, "吾聞祠官祝釐,[131] 皆歸福於朕躬, 不爲百姓,[132] 朕甚愧之. 夫以朕之不德, 而專饗獨美其福,[133] 百姓不與焉,[134] 是重吾

119) 虜 : 指匈奴.(新)
120) 車騎 : 泛指軍隊. 車, 指戰車. 騎, 指騎兵.(新)
121) 上功 : ① 呈報功勞.(漢) ② 上斬首捕虜之功.(綱鑑) 幕府 : 軍旅無常處, 居於帳幕之中, 所在開府爲治, 故稱將軍府爲幕府.(今)
122) 不相應 : 斬捕之數不合.(綱鑑) 應 : 謂數不同也.(胡)
123) 文吏 : 文法之吏. 指執法吏.(漢) 繩 : 制裁.(新)
124) 坐 : 由於.(新) 上功首虜差六級 : 呈報戰功相差六個首級.(新) 首虜 : ① 首級和俘虜. 偏指首級.(漢) ② 秦法, 以斬敵一首拜爵一級, 故因爲一首爲一級.(春)
125) 下之吏 : 將他交付司法的官吏.(新) 下 : 遐嫁翻.(胡)
126) 作 : (春)作'及', 誤.(◉) 罰作之 : 一歲刑爲罰作.(胡)
127) 說 : 讀曰'悅'.(胡)
128) 節 : 符節之節.(新)
129) 唐爲車騎都尉 : 詳考班表, 漢無車騎都尉官. 時使唐主中尉及郡國車士.(胡) 車騎都尉 : 武官名. 掌車騎, 位次於車騎將軍.(新)
130) 祀壇場 : 祭祀用的壇場. 築土爲壇, 除土爲場.(新) 珪幣 : 謂祭神之玉帛.(春)
131) 祠官 : ① 掌祭祀之官.(新) ② 攝行祀事者.(綱鑑) 祝釐 : 祝福.(新) 釐 : 福也. 釐, 本作'禧', 假借用耳, 音'禧'.(胡)
132) 爲 : 于僞翻.(胡)

不德也.[135] 其令祠官致敬, 無有所祈."[136]

【丁丑(前164) 文帝十六年】

○ 得玉杯, ⁋刻曰, "人主延壽."⁋ 於是始更以十七年爲元年.

【戊寅(前163) 文帝後元年】[137]

○ 【求直言】

求直言 詔曰, "間者數年不登,[138] 又有水旱疾疫之災, 朕甚憂之. 愚而不明, 未達其咎,[139] 意者朕之政有所失而行有過與?[140] 乃天道有不順, 地利或不得, 人事多失和, 鬼神廢不享與? 何以致此?[141] 將百官之奉養或廢,[142] 無用之事或多與? 何其民食之寡乏

133) 專饗 : 專享祠官之祝福. 饗, 同'享'.(今)
134) 與 : 讀曰'預'.(今)
135) 重 : 加重.(新)
136) 無有所祈 : 意謂不要專爲我個人祈禱. 祈, 祈禱.(新)
137) 後元年 : 張晏曰, 新垣平候日再中, 以爲吉祥, 故改元年, 以求延年之祚也. 宋祁曰, 按紀年通譜云, 史記文紀17年, 書得玉杯, 曰人主延壽. 於是天子更始爲元年, 而不著後字, 至班固, 則於此題後元年. 然則當時玉杯冊中之異, 但稱元耳. 史家追書後字, 以別初元.(漢書 卷4 文帝紀 顔師古注)
138) 間者 : 近來.(新) 數年不登 : 謂穀物數歉不收.(今) 不登 : 歉收. 登, 豊收.(新)
139) 未達其咎 : 不明白錯在哪里. 達, 明白. 咎, 過錯.(新)
140) 意者 : 想是.(新) 與 : '歟'同. 下同.(胡)
141) 何以致此 : 爲何造成這種情況.(新)
142) 奉養 : 指生活待遇.(漢) 奉 : 通'俸'.(新)

也? 夫度田非益寡,[143] 而計民未加益,[144] 以口量地, 其於古猶有餘,[145] 而食之甚不足者, 其咎安在?[146] 無乃百姓之從事於末以害農者蕃,[147] 爲酒醪以靡穀者多,[148] 六畜之食焉者衆與?[149] 細大之義,[150] 吾未得其中,[151] 其與丞相列侯吏二千石博士議之.[152] 有可以佐百姓者, 率意遠思,[153] 無有所隱!"[154] ☞

【己卯(前162) 文帝後二年】

○【匈奴和親】

匈奴和親 本紀曰,[155] "二年. 匈奴和親. 詔曰. '朕既不明, 不能遠德,[156] 使方外之國或不寧息.[157] 憂苦萬民,

143) 度:謂量計之. 度, 徒各翻.(胡) 非益寡:沒有減少. 益寡, 更少.(新)
144) 未加益:沒有增加. 加益, 加多.(新)
145) 於古:比之古代.(新) 猶有餘:尙有餘.(新)
146) 安:何.(新)
147) 無乃百姓之從事於末以害農者蕃:恐怕是百姓從事商業, 拋棄農業的太多. 指商賈. 蕃, 多.(新)
148) 爲酒醪以靡穀者多:① 釀酒靡費粮食的太多.(新) ② 醪, 汁滓酒也. 靡, 散也. 醪, 來高翻. 靡, 音糜.(胡)
149) 六畜之食焉者衆與:飼養六畜的太多吧. 六畜, 馬牛羊雞犬豕. 食(sì), 級吃. 與, 同'歟'.(新) 食(sì):(漢)云, "祥吏切." 則國音'사'.(◉)
150) 細大之義:這些大大小小的原因.(中白)
151) 未得其中:謂未得其要.(今) 中:去聲.(國)
152) 吏二千石:俸祿二千石的官吏. 多指郡守, (新)
153) 率意遠思:① 暢開思想的意思.(新) ② 謂循各人意見之所及而深思之. 率, 循也.(今)
154) 無有所隱:不要有什麽隱瞞.(新)
155) 本紀:漢書 卷4 文帝紀.(◉)
156) 遠德:謂德行播及遠方.(漢)

爲之惻怛不安,[158] 故遣使者冠蓋相望,[159] 結轍於

單于棄過

道,[160] 以諭朕志於單于. 今單于, 新與朕俱棄細過, 偕之大道,[161] 以全天下元元之民.[162] 和親已定, 始於今年."

○【申屠嘉辱鄧通】

申屠嘉辱鄧通

帝以皇后弟竇廣國賢有行,[163] 欲相之,[164] 曰, "恐天下以吾私廣國,[165] 久念不可." 乃以申屠嘉爲相,[166] 嘉爲人廉直,[167] 門不受私謁.[168] 是時, 鄧通方愛幸,[169] 賞賜累鉅萬.[170] 寵幸無比, 嘉嘗入朝, 而通居上旁, 有怠慢之禮, 嘉奏事畢, 因言曰, "陛下幸愛群臣, 則富貴之, 至於朝廷之禮, 不可以不

157) 方外 : 域外. 邊遠地區.(漢)
158) 惻怛 : 惻, 痛也. 怛, 恨也.(漢書 卷4 文帝紀 顔師古注)
159) 冠蓋相望 : 指使者或仕宦富豪之人, 一路上往來不絶. 冠蓋, 泛指官員的冠服和車乘. 冠, 禮帽. 蓋, 車蓋.(漢)
160) 結轍 : 使車往還, 故轍如結也.(漢書 卷4 文帝紀 顔師古注)
161) 偕之 : 偕, 亦俱也. 之, 往也, 趣也.(漢書 卷4 文帝紀 顔師古注)
162) 元元之民 : 衆百姓, 善良的百姓.(漢) 元元 : 善意也.(漢書 卷4 文帝紀 顔師古注)
163) 有行 : 有行德 品行端正.(新)
164) 欲相之 : 欲任他爲相.(新)
165) 私廣國 : 對竇廣國有私心.(新) 私 : 偏愛.(今)
166) 申屠嘉 : 申屠, 複姓, 嘉, 名也.(要)
167) 廉直 : 廉潔正直.(新)
168) 門 : 指家.(新) 私謁 : 以私事謁見請託.(新)
169) 幸 : 親愛也.(要)
170) 累 : 堆積, 積累.(新) 鉅萬 : ① 形容爲數極多.(漢) ② 鉅, 大也. 大萬, 謂萬萬也.(要)

肅."[171] 罷朝, 嘉坐府中, 爲檄召通詣丞相府,[172] 不來, 且斬通.[173] 通恐, ▸入◂言上, 上曰, "汝第往,[174] ▸吾令使人召若.◂"[175] 通詣丞相府, 免冠徒跣,[176] 頓首謝.[177] 嘉坐自如,[178] 弗爲禮, 責曰, "夫朝廷者, 高帝之朝廷也. 通小臣, 戲殿上, 大不敬,

鄧通頓首出血

當斬. 吏! 今行斬之!"通頓首出血, 不解.[179] 上度丞相已困通,[180] 使使持節召通而謝丞相, 曰, "此

鄧通文帝弄臣

吾弄臣,[181] 君釋之!"鄧通既至, 爲上泣曰,[182] "丞相幾殺臣!"[183]

【癸未(前158) 文帝後六年】

○【文帝勞軍細柳】

文帝勞軍細柳

冬, 匈奴三萬騎入上郡, 三萬騎入雲中, 烽火通

171) 肅 : 嚴肅.(新)
172) 檄 : 木製的文書.(新)　詣 : 往.(今)
173) 且 : 將要.(新)
174) 第 : 但, 只.(新)
175) 若 : 你.(新)
176) 免冠 : 脫去帽子.(新)　徒跣 : ① 赤脚步行.(新) ② 徒步行也. 跣, 徒足履地.(要)
177) 頓首 : 叩頭.(新)　謝 : 請罪.(新)
178) 自如 : 猶自若. 神態鎭定自然.(漢)
179) 解 : 釋放.(新)
180) 度 : ① 料.(今) ② 度, 徒洛翻.(胡)　困 : 困辱.(新)
181) 弄臣 : 供戲弄的小臣.(新)
182) 爲 : 對.(新)
183) 幾殺臣 : 幾乎殺了我.(新)　幾 : 居希翻.(胡)

匈奴入上郡雲中

於甘泉長安.[184] 以周亞夫爲將軍,[185] 次細柳,[186] 劉禮爲將軍, 次霸上,[187] 徐厲爲將軍,[188] 次棘門,[189] 以備胡,[190] 上自勞軍,[191] 至霸上及棘門軍, 直馳入,[192] 將以下騎送迎.[193] 已而之細柳軍,[194] 軍士吏被甲,[195] 銳兵刃,[196] 彀⁋弓⁋弩持滿,[197] 天子先驅至,[198] 不得入. 先驅曰, "天子且至!"軍門都尉曰,[199]

軍中聞將軍令不聞天子之詔

"將軍令曰, '軍中聞將軍令, 不聞天子之詔.'"[200] 上至, 又不得入. 於是上乃使使持節詔將軍, "吾欲

---

184) 烽火 : 邊方備胡寇作高土, 櫓上作桔槔, 桔槔頭兜零, 以薪草置其中, 常低之. 有寇, 卽燃火擧之以相告, 曰烽. 又多積薪, 寇至卽燃之, 以望其烟, 曰燧.(胡) 通 : 一直傳到.(中白) 甘泉 : 山名, 在雲陽. 甘泉宮因山名宮.(國)

185) 周亞夫 : 勃之子也.(要)

186) 次 : ① 駐扎.(新) ② 一宿曰宿, 再宿曰信, 過信爲次.(胡) 細柳 : 地名. 在今陝西咸陽市西南渭水北岸.(新)

187) 霸上 : 地名. 在今陝西西安市東, 霸水西岸高原上.(新)

188) 徐厲 : 高祖功臣, 呂后四年封祝玆侯. 史記表作松滋. 班志, 松滋縣屬廬江郡.(胡)

189) 棘門 : ① 地名. 在今陝西咸陽市東北.(新) ② 棘門在長安北, 秦時宮門也. 棘門在橫門外. 橫門, 長安城北出西頭第一門.(胡)

190) 備胡 : 防備匈奴侵擾.(新)

191) 勞軍 : 慰問軍隊.(新)

192) 直馳入 : 文帝一行人直接馳馬進入營壘.(中白)

193) 將以下騎送迎 : 將軍和他的部屬都騎着馬迎送文帝出入.(中白)

194) 已而 : 隨後.(新) 之 : 往也.(胡)

195) 被甲 : 披着鎧甲.(新)

196) 銳兵刃 : 武器鋒利.(新)

197) 彀弓弩持滿 : ① 弓弩上弦, 力拽之以使滿, 以壯軍容.(今) ② 彀, 張也. 持滿, 但引滿而不發.(春)

198) 先驅 : ① 先導騎兵隊.(新) ② 先驅導駕, 若今之武侯隊矣.(胡)

199) 軍門都尉 : 守衛營門的武官.(新)

200) 軍中聞將軍令 不聞天子之詔 : 六韜云, "軍中之事 不聞君命." 又管子司馬兵法曰, "將在軍君命有所不受"(春)

入營勞軍."亞夫乃傳言,[201] "開壁門."[202] 壁門士請車騎曰,[203] "將軍約, 軍中不得馳驅."[204] 於是天子

介胄之士不拜

乃按轡徐行.[205] 至營, 將軍亞夫持兵揖曰,[206] "介胄之士不拜,[207] 請以軍禮見."[208] 天子改容,[209] 式車,[210] 使人稱謝,[211] "皇帝敬勞將軍." 成禮而去. 旣

眞將軍

出軍門, 群臣皆驚. 上曰, "嗟乎, 此眞將軍矣! 曩者霸上棘門軍若兒戲爾,[212] 其將固可襲而虜也.[213] 至於亞夫, 可得而犯耶!"[214] 稱善者久之. 月餘, 漢兵至邊, 匈奴亦遠塞,[215] 漢兵亦罷.[216] 乃拜周亞夫爲中尉.[217]

201) 亞夫乃傳言 : 周亞夫才傳達軍令說.(中白)
202) 壁門 : 營壘之門.(新)
203) 請車騎 : 對皇帝的衛隊提出要求.(新)
204) 馳驅 : 驅馬疾馳.(新)
205) 按轡徐行 : 拉着韁繩慢行.(新)
206) 持兵 : 持帶武器.(新) 揖 : 拱手行禮.(新)
207) 介胄之士不拜 : ① 禮, 介者不拜.(胡) ② 介胄之士, 穿甲戴盔的將士. 拜, 跪下行禮.(新)
208) 見 : 賢遍翻.(胡)
209) 改容 : 表情變得嚴肅.(新)
210) 式車 : 俯身憑軾(車前橫木), 表示敬意. 式, 通軾.(新)
211) 稱謝 : ① 宣示之意.(新) ② 稱謝, 猶言答謝也.(中) 稱 : 告也.(要)
212) 曩者 : 前時.(今)
213) 襲而虜 : 襲擊而俘虜.(新)
214) 可得而犯耶 : 可能侵犯嗎.(新)
215) 遠塞 : 謂離漢邊塞.(今)
216) 罷 : 撤兵.(新)
217) 中尉 : ① 官名. 掌管京師的治安.(新) ② 武帝更名執金吾.(春)

【甲申(前157) 文帝後七年】

○ 夏, 六月, 帝崩.

▪ 孝景皇帝

在位十六年, 壽四十八.

名啓, 文帝之子.

⁌漢興, 掃除煩苛, 與民休息, 至于孝文, 加之以恭儉, 孝景遵業.⁍[218] 五六十載之間, 至於移風易俗, 黎民醇厚,[219] 周云成康, 漢言文景, 美矣! 然稽古禮文之事, 猶多闕焉.

【乙酉(前156) 景帝元年】

○【復收民田半租】

復收民田半租 五月, 復收民田半租,[220] 三十而稅一.[221]

---

218) 漢興 … 孝景遵業 : 據(資治)前141年班固贊之文補.(◉)

219) 黎 : 衆也.(胡前141年) 醇 : 不澆雜.(胡前141年)

220) 復收民田半租 : ① 文帝十二年, 賜民田租之半, 次年, 盡除田之租稅, 今復收半租.(胡) ② 朝廷恢復向百姓徵收田稅的一半.(中白)

221) 三十而稅一 : ① 稅率是三十分之一.(新) ② 當作'始三十稅一', '復收半租'句可刪.(綱目續麟 卷3)

○【減笞法】

減笞法

文帝除肉刑

初，文帝除肉刑，[222] 外有輕刑之名，內實殺人，斬右趾者又當死，[223] 斬左趾者笞五百，當劓者笞三百，率多死。[224] 是歲，下詔曰，"加笞與重罪無異，[225] 幸而不死，不可爲人。[226] 其定律，笞五百曰三百，笞三百曰二百。"

【丙戌(前155) 景帝二年】

○ 秋，與匈奴和親.

○ 梁孝王以竇太后少子故，[227] 有寵，王四十餘城，[228] 居天下膏腴地.[229] 賞賜不可勝道.[230]

【丁亥(前154) 景帝三年】

---

222) 肉刑：殘害肉體的刑罰，古指墨劓剕宮大辟等．今泛指對受審者肉體上的處罰．(漢)
223) 趾：(資治)作'止'，趾，與'止'通．下同．(◉) 又當死：又改爲判處死刑．(新)
224) 率多死：斬右趾者棄市，故人多死．以笞五百代斬左趾，笞三百代劓，笞數既多，亦不活也．(要) 率：大多．(中白)
225) 加笞重罪無異：重罪謂死刑笞而致死，是與重罪無異．(今) 加笞：增加笞打數．(新) 重罪：謂死刑．(胡)
226) 幸而不死 不可爲人：謂雖死，亦將傷殘．(今) 不可爲人：謂不能自起居也．(要)
227) 梁孝王：① 名武，景帝同母弟．(要) ② 文帝之子．(新) ③ 梁孝王，文帝二年，封代王，四年，徙封淮陽王，十二年，徙封梁王．(今) 少：(春)作'幼'，據(資治)改．(◉)
228) 王四十餘城：謂梁孝王擁有四十多个縣城．(新)
229) 膏腴地：腹之下肥曰腴，故取以喻肥饒之地．(春)
230) 不可勝道：言非常之多．(新) 道：① 謂言．(漢書 卷47 文三王傳 顔師古注) ② 道，(春)作'紀'，誤．(◉) 勝：音升．(胡)

○【梁孝王益驕】

梁孝王益驕

梁孝王來朝. 時上未置太子, 與王宴飮, 從容言曰, "千秋萬歲後傳於王."[231] 王辭謝,[232] 雖知非至言,[233] 然心內喜,[234] 太后亦然之.[235] 詹事竇嬰引巵酒進上曰,[236] "天下者, 高祖之天下, 父子相傳, 漢之約也,[237] 上何以得傳梁王?"太后由此憎嬰. 王以此益驕.

竇嬰諫傳梁王

父子相傳 漢之約

○【吳王有反謀】

吳王有反謀

初, 孝文時, 吳太子入見,[238] 得侍皇太子飮博.[239] 吳太子博爭道,[240] 不恭, 皇太子引博局提,[241] 殺之. 吳王由此稍失藩臣之禮,[242] 稱疾不朝.[243] 京師知

飮博爭道

博局提殺吳太子

231) 千秋萬歲後：謂死後. 千秋萬歲, 諱死之詞.(新)
232) 辭謝：推辭謝絶.(漢)
233) 至言：誠直之言.(今)
234) 然心內喜：喜者, 外境會心之謂.(胡)
235) 太后：竇氏, 文帝皇后.(新)
236) 詹事：官名. 掌皇后太子家.(新) 竇嬰：?~前131. 信都觀津人. 字王孫. 文帝竇皇后之從兄子. 平定吳楚七國之亂有功, 封魏其侯.(新) 引巵酒進：胡三省曰, "引酒進之, 蓋罰爵也." 竇嬰以帝失言, 故進酒罰之.(今) 巵：古代一種盛酒器.(新) 上：指景帝.(新)
237) 約：約法, 規定.(新)
238) 吳太子：名賢, 字德明, 吳王劉濞之子.(新) 入見：入京朝見皇帝.(新) 見：賢遍翻.(胡)
239) 侍：侍從.(新) 皇太子：指劉啓.(新) 博：一種棋類遊戲.(新)
240) 爭道：謂爭行棊之路.(春)
241) 博局：猶棋盤.(新) 提：擲擊.(新)
242) 吳王：濞. 高帝兄仲之子.(國)
243) 朝：入京朝拜.(新)

其以子故,[244] 繫治驗問吳使者,[245] 吳王恐,◖ 始有反謀.[246] 文帝賜吳王几杖,[247] 老,[248] 不朝.[249] 吳得釋其罪, 謀亦益解.[250] 然其居國, 以銅鹽°˙故,[251] 百姓無°˙賦,[252] ◗佗◖郡國吏欲來捕亡人者,[253] 公共禁弗予.[254] 如此者四十餘年.

○【鼂錯請削諸侯國】

鼂錯請削諸侯國

鼂錯數上書言吳過,[255] 可削,[256] 文帝寬, 不忍罰, 以此吳日益橫.[257] 及帝卽位,[258] 錯說上曰,[259] "昔高帝初定天下, 昆弟少,[260] 諸子弱,[261] 大封同姓,[262] 齊

---

244) 京師知其以子故 : 京城知道吳王是爲了兒子的緣故.(中白)
245) 繫治 : 逮捕法判.(新) 驗問 : 按驗審訊.(新)
246) 反謀 : 反叛的陰謀.(新)
247) 賜几杖 : ① 送給伏几和手杖, 以示敬老, 且有年邁不必來朝之意.(新) ② 几, 所以凭而坐, 杖, 所以倚而行, 賜之, 所以養其身體.(要)
248) 老 : 年老.(新)
249) 不朝 : 不必來朝見.(新)
250) 謀亦益解 : 謂反謀漸釋.(今)
251) 銅鹽 : 吳王國出産銅鹽, 有鑄錢煮鹽之利.(新) 無賦 : ① 吳國有鑄錢煮鹽之利, 故百姓不別徭賦也.(胡) ② 吳有銅山, 招致天下亡命, 以爲鑄錢, 煮海水爲鹽, 故無賦而國用足.(要) °˙ : (春)有'爲資', 當削.(◉)
252) °˙ : (春)有'佗', 當削.(◉) 賦 : 稅.(新)
253) 捕亡人 : 謂避禍而逃亡者討捕之也.(春) 亡人 : 逃亡的人.(新)
254) 共禁弗予 : 都加以阻止而不交出去.(新) 公 : ① 公然, 無所顧忌.(新) ② 顯然也.(要) 共 : 皆也.(要)
255) 數 : 所角翻.(胡)
256) 言吳過可削 : 謂吳數有過失, 可因其罪而削其國土.(今) 削 : 削弱, 削藩.(新)
257) 橫 : ① 驕橫.(新) ② 去聲, 不順理恣橫也.(要)
258) 帝 : 指景帝.(新)
259) 說 : 式芮翻.(胡)

七十餘城,[263] 楚四十餘城,[264] 吳五十餘城, 封三庶孽,[265] 分天下半.[266] 今吳王前有太子之郤,[267] 詐稱病不朝, 於古法當誅. 文帝不忍, 因賜几杖, 德至厚也, 當改過自新, 反益驕溢,[268] 卽山鑄錢,[269] 煮海爲鹽, 誘天下亡人謀作亂. 今削之亦反, 不削亦反. 削之,[270] 反亟,[271] 禍小, 不削, 反遲,[272] 禍大."上令公卿列侯宗室雜議,[273] 莫敢難.[274]

○ °☞˙ 【七國反】

七國反 楚王戊來朝,[275] 錯因言,"戊往年爲薄太后服,[276] 私奸服舍."[277] 削東海郡,[278] 前年趙王有罪,[279] 削其常

260) 少：詩沼翻.(胡)
261) 諸子弱：兒子們年幼.(中白)
262) 大封同姓：大封同姓諸侯王.(中白)
263) 齊：肥. 高帝外婦之子.(要)
264) 楚：元王交, 高帝弟.(要)
265) 庶孽：卽庶子, 謂非嫡出者. 此指齊王肥楚王交及吳王濞而言.(今)
266) 分天下半：分去全國一半的土地.(新)
267) 太子之郤：指吳太子與劉啓爭博被殺事件.(新) 郤：與'隙'同.(胡)
268) 驕溢：驕傲自滿.(漢)
269) 卽山鑄錢：謂就山採礦以鑄錢.(今) 卽：就.(新)
270) 削之：削奪其地.(新)
271) 反：反叛.(新) 亟：急促.(新)
272) 遲：遲緩.(新)
273) 雜議：共同議論.(新)
274) 莫敢難：沒有人敢責難晁錯.(新) 難：責難.(新)
275) 楚王戊：劉戊, 楚王劉交之孫.(新)
276) 薄太后：文帝劉恒的生母.(新) 服：服喪.(新)
277) 奸：(資治)作'姦', '奸'與'姦'通.(◉) 私姦服舍：爲姦於服舍也.(要) 服舍：居喪之所.(今)

山郡, 膠西王卬以賣爵事有奸, 削其六縣. 廷臣方議削吳. 吳王恐削地無已, 因發謀擧事, ◖乃身自爲使者, 至膠西面約之.[280] 膠西羣臣或聞王謀, 諫, 王不聽, 遂發使約齊菑川膠東濟南,[281] 皆許諾.◗

○【醴酒不設穆生去】

醴酒不設穆生去

『初, 楚元王好書,[282] 與魯申公穆生白生俱受詩於浮丘伯,[283] 及王楚,[284] 以三人爲中大夫.[285] 穆生不嗜酒, 元王每置酒, 常爲穆生設醴.[286] 及子夷王孫王戊卽位,[287] 常設, 後乃忘設焉. 穆生退, 曰, "可以逝矣.[288] 醴酒不設, 王之意怠, 不去, 楚人將鉗我於市."[289] 遂謝病去.[290]』

278) 東海郡 : 東海郡, 卽秦郯郡, 高帝更名.(胡)
279) 趙王 : 名遂.(春)
280) 面約之 : 與他當面訂約.(新)
281) 齊菑川膠東濟南 : 皆諸侯王國名. 齊王名將閭, 菑川王名賢, 膠東王名雄渠, 濟南王名辟光, 都是漢文帝所封.(新)
282) 楚元王 : 劉交.(新) 好書 : 喜歡讀書.(新)
283) 魯申公穆生白生浮丘伯 : 皆儒生.(新) 詩 : 卽詩經.(新) 浮丘伯 : ① 複姓浮丘, 名伯.(今) ② 漢初詩學大家.(新)
284) 王楚 : 爲楚國之王.(新)
285) 中大夫 : 官名. 此指王國之官.(新)
286) 爲 : 于僞翻.(胡) 醴 : 甛酒.(新)
287) 夷王 : 劉郢客. 楚元王劉交之子.(新) 戊 : 楚元王劉交之孫.(新)
288) 逝 : 去.(新)
289) 鉗 : 以鐵圈束頸.(新)
290) 謝病 : 托病引退或謝絶賓客.(漢)

○【諸王罪狀鼂錯】

諸王罪狀鼂錯

「○膠西膠東菑川·濟南楚趙皆反.[291] 『吳王起兵于廣陵,[292] 西涉淮, 因幷楚兵,』 發使遺諸侯書,[293] 罪狀鼂錯,[294] 欲合兵誅之.」

○【周亞夫擊吳楚】

周亞夫擊吳楚

亞夫可任大將

初, 文帝且崩, 戒太子曰,[295] "卽有緩急,[296] 周亞夫眞可任將兵." 及七國反書聞,[297] 上乃拜中尉周亞夫爲太尉,[298] 將三十六將軍往擊吳楚,[299] 遣酈寄擊趙,[300] 欒布擊齊.[301]

○【袁盎以計殺鼂錯】

錯素與吳相袁盎不善,[302] 盎夜見竇嬰, 爲言吳所以

---

291) 膠西膠東菑川 : (春)作'說膠西王約齊膠東', 誤.(◉)
292) 廣陵 : 吳都.(胡)
293) 遺 : 送給.(新)
294) 罪狀 : ① 列擧罪行.(新) ② 狀, 容之也, 其書形狀鼂錯之罪.(春)
295) 戒 : 告誡.(新) 太子 : 指劉啓.(新)
296) 卽 : 假若.(中白) 緩急 : 偏義復詞. 急難.(新)
297) 七國 : 指漢景帝時吳楚趙膠西濟南甾川膠東七個諸侯國, 因于公元前一四五年同時發動武裝叛亂, 史稱'七國之亂.'(漢) 聞 : 指使君主聽見, 謂向君主報告. 亦泛指向上級或官府報告.(漢)
298) 上 : 指景帝.(新) 周亞夫 : 周勃之子.(新) 太尉 : ① 官名. 掌全國軍事.(新) ② 自上安下曰尉, 武官悉以爲稱.(國)
299) 將 : 帶領.(新)
300) 酈寄 : 酈尙之子. 傳附見史記(卷95)漢書(卷41).(新)
301) 將軍欒布擊齊 : 按是時, 齊王背約爲漢城守, 此謂擊齊, 當指膠東膠西濟南菑川等齊地諸國之反漢者.(今)

袁盎以計殺鼂錯

反,[303] 願至上前, 口對狀.[304] 嬰入言, 上乃召盎. 盎入見,[305] 上方與錯調兵食.[306] 上問盎, "今吳楚反, 於公意何如?" 對曰, "願屛左右."[307] 錯趨避東廂,[308] 甚恨. 上卒問盎,[309] 對曰, "吳楚相遺書, 言高帝王子弟各有分地,[310] 今賊臣鼂錯擅適諸侯,[311] 削奪其地,[312] 以故反, 欲共誅錯, 復故地而罷.[313] 方今計獨有斬錯, 發使赦七國, 復其故地, 則兵可毋血刃而俱罷."上默然良久, 曰, "顧誠何如?[314] 吾不愛一人以謝天下."[315] 錯殊不知. 上使中尉召錯, 紿載行市,[316] 錯衣朝衣斬東市.[317]

鼂錯衣朝衣斬東市

302) 袁盎：字絲. 曾爲吳王國相. 與晁錯有矛盾.(新)
303) 爲：于僞翻.(胡)
304) 口對狀：① 親自說明原委.(新) ② 言不用奉章, 願至主上前口對說也.(綱合)
305) 見：賢遍翻.(胡)
306) 調兵食：① 調度軍糧.(新) ② 調, 計也, 謂計發兵食也.(要)
307) 願屛左右：① 屛, 除也. 謂請屛除左右侍臣, 與帝獨語.(今) ② 左右, 近侍之人. 這是暗指鼂錯.(新)
308) 東廂：正殿東邊之側殿.(今)
309) 卒：竟也.(要)
310) 言高帝王子弟各有分地：說高皇帝分封子弟爲王, 各自有封地.(中白) 分地：指原先分封到的土地, 分, 同'份'.(新)
311) 適：讀'謫', 這裏指削地.(新)
312) 削奪其地：① (資治)作'削奪之地'.(◉) ② 削奪之地, 卽削奪其地. 之, 同'其'.(今) ③ 之：(春)作'其', '之'與'其'同義字, 非音與義皆同字.(◉)
313) 罷：罷休, 休兵.(新)
314) 顧誠何如：顧, 但. 誠, 實在. 謂吾非愛錯一人, 但念斬錯之後, 其結果是否誠如所言耳.(今)
315) 謝天下：得罪天下人.(岳白)
316) 紿：欺騙.(新) 載：車載.(新) 行市：巡行市中.(新)

○【景帝恨鼂錯斬】

景帝恨鼂錯斬

謁者僕射鄧公,[318] 上書言軍事, 曰, "吳爲反計數十歲矣,[319] 發怒削地, 以誅錯爲名, 其意不在錯也. 夫鼂錯患諸侯彊大不可制, 故請削之以尊京師,[320] 萬世之利也. 計畫始行, 卒受大戮,[321] 內杜忠臣之口, 外爲諸侯報仇, 臣竊爲陛下不取也.[322]" 帝喟然曰, "吾亦恨之."[323]

鄧公訟鼂錯

○【周亞夫得吳伏兵】

周亞夫得吳伏兵

亞夫言於上曰, "楚兵剽輕,[324] 難與爭鋒, 願以梁委之,[325] 絶其食道,[326] 乃可制也."[327] 上許之. 亞夫乘『六乘』傳,[328] 將會兵滎陽.[329] 發至霸上,[330] 趙

317) 衣朝衣：穿着朝服.(新)　東市：漢代在長安東市處死罪人, 後因以東市指刑場.(新)
318) 謁者僕射：官名, 掌管接待賓客和傳達事務, 屬郎中領.(新)　鄧公：① 姓鄧, 佚名. 公, 指尊稱.(新) ② 漢書作鄧先, 孔文祥曰, 姓鄧名先.(春)
319) 爲反計數十歲：謂蓄反謀已數十歲.(今)
320) 京師：指朝廷.(漢)
321) 卒受大戮：卒, 竟. 或讀曰猝, 謂猝然受戮, 義亦可通. 錯受族夷之誅, 故曰大戮.(今)
322) 爲：于僞翻.(胡)
323) 恨：悔恨.(今)
324) 剽輕：凶悍輕捷.(新)
325) 以梁委之：委, 棄也. 謂棄梁不救, 使承吳楚之攻擊.(今)
326) 食道：糧道. 運輸補給線.(新)
327) 制：控制. 制服.(新)
328) 六乘傳：① 六匹馬拉的傳車.(新) ② 張晏曰, 傳車六乘也. 乘, 繩證翻. 傳, 張戀翻. 余據漢有乘傳馳傳, 文帝之自代入立也, 張武等乘六乘傳, 今亞夫乘六乘傳, 六乘傳之見於史者二, 蓋又與傳不同也.(胡)
329) 會兵：謂集大兵.(胡)

趙涉遮說亞夫

涉遮說亞夫曰,[331] "吳王知將軍且行, 必置⁌間⁍人於殽澠⁌阸陿⁍之間,[332] 且兵事尙神密, 將軍何不右去,[333] 走藍田,[334] 出武關,[335] 抵洛陽! ⁌間不過差一二日,⁍[336] 直入武庫,[337] 諸侯聞之,[338] 以爲將軍從天而下也."[339] 太尉如其計, 至洛陽, 喜曰, "今吾據滎陽, 滎陽以東, 無足憂者." 使使搜殽澠間,[340] 果得吳伏兵.

○【周亞夫破吳楚兵】

周亞夫破吳楚兵

吳攻梁急, ⁌上使告條侯救梁,⁍ 亞夫⁌不奉詔,⁍ 堅壁不出,[341] 使⁌弓高侯等將輕騎兵⁍出淮泗口,[342] 絶吳楚兵後, 塞其饟道.[343] 吳糧絶卒飢, 數挑戰,[344]

---

330) 發 : 出發.(新)
331) 遮說 : 攔路進言.(新)
332) 間人 : 間諜.(新) 殽澠阸陿之間 : 阸同'阨'. 陿同'狹'. 殽山澠池之間, 其道阸陿, 易於埋伏.(今) 澠 : 彌兗翻.(胡)
333) 右去 : 謂偏西道而走. 按自覇上趨藍田, 出武關, 其道在逕趨殽澠池之西, 故曰右去.(今)
334) 藍田 : 縣名. 治所在今陝西藍田西.(新)
335) 武關 : 關名. 在今陝西商縣東南.(新)
336) 間不過差一二日 : 時間不過相差一兩天.(岳白) 間 : 時間.(新)
337) 武庫 : ① 指洛陽之武庫.(今) ② 在未央宮, 蕭何造以藏兵器.(春)
338) 諸侯 : 參與叛亂的諸侯王.(中白)
339) 以爲將軍從天而下也 : 不見其出殽澠之道而不意其猝至, 故謂從天而下.(今)
340) 使吏 : 派遣將吏.(新) 搜 : 搜索.(新)
341) 堅壁 : 深溝高壘.(新) 不出 : 不出兵.(新)
342) 弓高侯 : 韓頹當. 韓王信之子. 自匈奴中來歸, 封弓高侯.(新) 淮泗口 : 泗水入淮河之處.(新)
343) 塞 : ① 阻塞.(新) ② 悉則翻.(胡) 饟道 : 運輸軍糧之道.(新) 饟 : 古'餉'字.(胡)

終不出. 條侯軍中夜驚,[345] 內相攻擊, 擾亂至帳下,[346] 亞夫堅臥不起,[347] 頃之, 復定. 吳犇壁東南陬,[348] 亞夫使備西北,[349] 已而⁋其精兵⁋果犇西北, 不得入. 吳楚士卒多飢死叛散, 乃引去. 亞夫出精兵追擊, 大破之. 吳王棄軍, °·⁋與壯士數千人夜亡走,⁋[350] ⸢楚王自殺.⸣

○【七國平】

七國平 ⁋吳王度淮, 走丹徒,⁋[351] 保東越,[352] °☜·東越殺之. ⁋齊王飮藥⁋自殺. 膠西王自殺. 膠東菑川濟南王皆伏誅.

【辛卯(前150) 景帝七年】

○【劉徹爲皇太子】

---

344) 數 : 所角翻.(胡)
345) 條侯 : 指周亞夫.(新)
346) 帳下 : 指主帥的中軍帳下.(新)
347) 堅臥 : 安睡.(新) 不起 : 不起床((新)
348) 壁東南陬 : 營壘的東南角. 陬, 角.(新)
349) 備西北 : 防備西北角.(新)
350) °· : (春)有'走度淮', 當刪.(◉)
351) 丹徒 : 縣名. 治所在今江蘇丹徒.(新)
352) 保東越 : 欲依東越以自保也.(胡) 東越 : 古族名. 古代越人的一支. 相傳爲越王勾踐的後裔. 秦漢時分布在今浙江省東南部福建省北部一帶. 漢武帝元鼎六年(公元前111年)東越王餘善反漢, 旋被其部屬所殺. 部分族人被迫遷入江淮地區.(漢)

劉徹爲皇太子 ⁋十一月,⁋ 廢太子榮爲臨江王. ⁋四月,⁋ 立膠東王徹爲皇太子.

【丁酉(前144) 景帝中六年】[353)]

○【更減笞法定箠令】

更減笞法定箠令 上旣減笞法,[354)] 笞者猶不全,[355)] 乃更減笞三百曰二百, 笞二百曰一百. 又定箠令,[356)] 自是笞者得全.[357)] 然死刑旣重而生刑又輕,[358)] 民易犯之.[359)]

【戊戌(前143) 景帝後元年】[360)]

○【直不疑償金】

直不疑償金 直不疑爲御史大夫.[361)] 初, 不疑爲郞,[362)] 同舍有告

353) 中六年 : 謂景帝改元而値六年也. 綱目壬辰中元年(前149年)云, "爲立太子而改元也." 則有吉祥而改元年矣. 漢書卷4文帝紀戊寅(前163)漢文帝後元年註曰, "於是天子更始爲元年, 而不著後字, … 但稱元耳. 史家追書後字, 以別初元." 則於此亦但稱元耳. 史家追書中字, 以別初元.(◉)
354) 上旣減笞法 : 減笞法事, 見上卷景帝前元年.(今)
355) 笞者猶不全 : 謂猶因笞而殘廢或致死.(今)
356) 箠令 : 棍打的法令.(新) 箠 : 策也, 所以擊者也.(胡)
357) 笞者得全 : 受笞刑的人得以保全生命.(新)
358) 生刑 : 死刑以外的一切刑罰.(漢)
359) 易 : 以豉翻.(胡)
360) 後六年 : 謂景帝又改元而値六年也. 後元之說, 已見上.(◉)
361) 直不疑 : ① 姓直, 名不疑. 西漢南陽郡治人. 官至御史大夫.(新) ② 姓譜, 楚人直弓之後.(胡)
362) 郞 : 官名. 侍從皇帝. 屬郞中令.(新)

歸,[363] 誤持其同舍郎金去.[364] 已而同舍郎覺亡,[365] 意不疑,[366] 不疑謝有之,[367] 買金償.[368] 後告歸者至而歸金,[369] 亡金郎大慙.[370] 以此稱爲長者.[371]

○【周亞夫歐血而死】

周亞夫歐血而死

帝召周亞夫賜食, 獨置大胾,[372] 無切肉, 又不置箸,[373] 亞夫心不平, 顧謂尙席取箸.[374] 上視而笑曰, "此非不足君所乎?"[375] 亞夫免冠謝上,[376] 上曰, "起!" 亞夫因趨出, 上目送之曰, "此鞅鞅非少主臣也."[377] 居無何,[378] 亞夫子爲父買工官尙方甲楯可葬者.[379]

---

363) 同舍 : 共居一舍. 舍, 館舍或官舍.(漢) 告歸 : 告假歸家.(新)
364) 同舍郎 : 同居一舍的郎官. 後亦泛指僚友.(漢)
365) 已而 : 過了不久.(新) 覺亡 : 亡, 遺失. 謂發覺其金遺失.(今)
366) 意不疑 : 意, 同'疑'. 謂疑其金爲不疑所盜取.(今)
367) 謝有之 : ① 謂謝過而自云金爲己所取.(今) ② 告云實取.(胡)
368) 償 : 賠償.(新)
369) 歸金 : 歸還金.(新)
370) 亡金郎 : 遺失金的郎.(新)
371) 長者 : 誠實之人.(新)
372) 胾 : 大臠. 胾, 側吏翻.(胡)
373) 箸 : 筷子.(新)
374) 尙席 : 主管筵席者.(新) 取箸 : 要取筷子.(新)
375) 此非不足君所乎 : ① 這樣君意不滿意嗎. 所, 猶'意'.(新) ② 此, 指賜食之事. 景帝言賜君大胾而無切肉, 又不設箸, 皆由我意, 於君豈有所不足乎?(今)
376) 免冠 : 古時大臣自以爲有過失則脫冠而謝罪.(今)
377) 此鞅鞅非少主臣也 : 鞅鞅, 意氣不滿貌. 韓信失王, 居常鞅鞅, 亦此意. 鞅, 通怏. 意常鞅鞅, 必恃功傲上, 不能臣事少主, 故謂非少主之臣.(今) 非少主臣 : 不是將來新帝之順臣.(新)
378) 居無何 : 不久以後.(今)
379) 工官 : 營造器物之官署.(今) 尙方 : 主管制造皇家所用武器的官署.(新) 甲楯 : 鎧甲和盾

爲人所告, 事連汙亞夫,[380] 召詣廷尉, 不食五日,[381] 歐血而死.[382] ¶

【庚子(前141) 景帝後三年】

○【劉徹年十六卽位】

劉徹年十六卽位

°春, 正˙月,[383] 帝崩. 太子卽皇帝位, 年十六.

○【物盛而衰 固其變】

物盛而衰 固其變

°˙[384] "漢興,[385] 接秦之弊,[386] 自天子不°能˙具°鈞˙駟,[387] 而將相或乘牛車,[388] 齊民無蓋藏.[389] 天下已平, 高祖乃令賈人不得衣絲乘車,[390] 重租稅以困辱之.[391] 孝惠高后時,[392] 爲天下初定,[393] 復弛商賈

牌.(新) 可葬者：可以爲葬器者.(今)

380) 連汙：連累, 玷汙.(新)

381) 不食：絶食.(新)

382) 歐：吐也, 亦作'嘔'.(今)

383) 春 正月：(春)作'十二月', 誤.(◉)

384) °˙：(春)有'漢書曰'三字, 當削. '漢興云云'之文, 全載於(資治)之當年條, 亦載於史記(卷30平準書第8)及漢書(卷24上食貨志第4), 則'漢書曰'三字, 當爲衍文耳.(◉)

385) 漢興：漢朝興起之時.(新)

386) 弊：凋弊.(新)

387) 自：卽使.(新) 能：(春)作'得', 誤.(◉) 鈞駟：四匹車的馬毛色一様. 鈞, 同均, 卽一様. 駟, 四馬.(新) 鈞：①〈朝鮮〉宣祖初諱, 當讀如斤근.(註解千字文) ② 鈞, (春)作'斤'. 今當作'鈞'.(◉)

388) 將相或乘牛車：① 以牛駕車. 時馬少, 故雖將相之尊, 亦乘牛車.(今) ② 牛車, 以牛駕車也. 余據漢時以牛車爲賤, 魏晉以後, 王公始多乘牛車.(胡)

389) 齊民：平民.(新) 無藏蓋：謂無物可資蓋藏. 言其貧乏之甚.(今) 蓋藏：①(胡)注作'藏蓋', (今)注作'蓋藏', 則'藏蓋'與'蓋藏'相倒用焉者.(◉) ② 積蓄.(新)

390) 賈：① 坐販曰賈, 此爲商賈之總稱.(今) ② 音古.(胡) 衣絲：穿絲綢之衣.(新)

之律,[394] 然市井之子孫,[395] 亦不得仕宦爲吏. 量吏祿, 度官用, 以賦於民.[396] 而山川園池市井租稅之入, 自天子以至於封君湯沐邑,[397] 皆各爲私奉養焉,[398] 不領於天下之經費.[399] 漕轉山東粟以給中都官,[400] 歲不過數十萬石.[401] 繼以孝文孝景, 淸淨恭儉, 安養天下, 七十餘年之間, 國家無事, 非遇水旱之災, 民則人給家足. 都鄙廩庾皆滿,[402] 而府庫餘貨財, 京師之錢累巨萬,[403] 貫朽而不可校,[404] 太倉之粟陳陳相因,[405] 充溢露積於外, 至腐敗不可食.[406] 衆庶街巷有馬,[407] 而阡陌之間成

391) 重租稅 : 加重租稅. 漢代算賦(人頭稅), 商人加倍.(新) 困辱之 : 使其困辱.(新)
392) 孝惠高后時 : 惠帝呂后統治之時.(新)
393) 爲 : 因爲.(新)
394) 弛商賈之律 : 謂許其衣錦乘車.(今)
395) 市井 : 猶市場. 這裏指商賈.(新)
396) 量吏祿 度官用 以賦于民 : 此謂量出爲入以徵賦稅, 纔取足用而已.(今) 度 : 徒洛翻.(胡) 官用 : 官府的經費.(新)
397) 封君 : 指受有封邑的列侯和公主.(新) 湯沐邑 : 指封邑. 意謂封邑是供列侯和公主齋戒沐浴之用.(新)
398) 私奉養 : 私人之生活費用.(新)
399) 不領於天下之經費 : 領, 理也. 經, 常也. 此謂自封君以下, 皆以封邑私奉養, 不領入漢朝之倉廩府庫爲天下.(今) 經費 : 舊指國家經常費用.(漢)
400) 漕轉 : 水陸運輸.(新) 山東 : 指崤山或華山以東廣大地區.(新) 中都官 : 京都各官府.(新)
401) 歲 : 年, 每年.(新)
402) 都鄙 : 京都及各地城邑.(新) 廩庾 : 糧倉.(新)
403) 累 : 積累.(新) 巨 : (資治)作'鉅', '鉅'與'巨'同'.(◉) 鉅萬 : 萬萬.(新)
404) 貫 : 串錢之繩.(今) 校 : 計數.(新)
405) 太倉 : 京師積穀之倉.(今) 陳陳相因 : ① 陳, 久舊. 謂舊者未盡, 而新者復來.(今) ② 陳糧加陳糧, 層層堆積.(新)

群,[408] 乘字牝者擯而不得聚會.[409] 守閭閻者食粱肉,[410] 爲吏者長子孫,[411] 居官者以爲姓號.[412] 故人人自愛而重犯法,[413] 先行義而後°詘˙辱焉.[414] 當此之時, 罔疏而民富,[415] 役財驕溢,[416] 或至兼并,[417] 豪黨之徒,[418] 以武斷於鄉曲.[419] 宗室有土,[420] 公卿大夫以下, 爭°於˙奢侈,[421] 室廬°輿˙服僭于上,[422] 無限度. 物盛而衰,[423] 固其變也.[424] 自是之後, 孝武

---

406) 充溢露積於外 至腐敗不可食：積粟既多, 倉小不能容, 遂至露積腐敗.(今)
407) 衆庶：民衆.(新)
408) 阡陌之間成群：田野間馬匹成群結隊.(岳白) 阡陌：田間小路.(新)
409) 乘字牝者 擯而不得聚會：牝, 指雌馬, 字指乳馬. 此言當時民間富饒, 故皆乘雄馬, 凡乘牝馬或字馬, 則衆恥之, 擯棄而不與聚會.(今) 擯：排斥.(新)
410) 閭閻：指里巷.(漢) 粱肉：謂美食.(新)
411) 爲吏者長子孫：時太平無事, 吏至於生長子孫, 而不轉職.(今)
412) 居官者以爲姓號：在職既久, 遂以官名爲姓氏, 漢書貨殖列傳有倉氏庫氏, 皆是.(今)
413) 重：難也. 言人人自愛其身而不肯輕易犯法.(今)
414) 先行義而後詘辱焉：先, 尚. 詘, 同'黜'. 謂以行義相尚而以媿辱相黜. 此據史記之文, 漢書食貨志作先行誼而詘媿辱焉, 無後字. 按詘字卽先字之對文, 後字或爲後人所妄加. 按史記平準書太史公曰, 作先本絀末, 而不作先本後絀末, 明後字爲後人所妄加.(今) 先行義：以行義爲先. 先, 首要之義.(新) 後詘辱：以屈辱爲末. 詘, 通'屈'. '先後'二字是對文.(新) 詘：(春)作'絀', 詘與'絀'通.(◉)
415) 罔：通'網'. 法網.(新) 疏：寬松.(新)
416) 役：① 使用. 憑借之意.(新) ② 役, 使也, 爲財所使.(國) 驕溢：驕恣.(新)
417) 兼并：指兼并土地.(新)
418) 豪黨：豪强之人所結成的朋黨.(漢)
419) 以：則.(新) 武斷：① 橫行霸道.(新) ② 師古曰, 恃其豪富則擅行威罰也. 斷, 丁亂翻.(胡) 鄉曲：鄉里.(新)
420) 宗室：與皇帝同宗之貴族.(新) 有土：指有封邑的封君.(新)
421) 於：(春)作'事', 誤.(◉)
422) 室廬輿服僭于上：室廬車服僭上.(漢書 卷24上 食貨志 第4) 輿：(春)作'與', 誤.(◉) 僭上：謂越分冒用尊者的儀制或宮室器物等.(漢) 僭：超越本分.(新)
423) 物盛而衰：事物達于極盛, 便趨向衰落.(新)
424) 固：本來.(新)

內窮侈靡,[425] 外攘夷狄,[426] 天下蕭然,[427] 財力耗矣![428]

425) 窮侈靡：極爲奢侈浪費.(新)
426) 攘：排斥，征伐.(新)
427) 蕭然：猶騷然．紛亂貌.(新)
428) 耗：損耗.(新)

通鑑節要增損校註 卷九

漢紀

■ 世宗孝武皇帝 上[1)]

在位五十四年，壽七十.
名徹，景帝之子.
征伐四夷，海內虛耗，末年，不免輪臺之悔.[2)] 如武帝之雄才大略，使其不改文景之恭儉，以濟斯民，雖詩書所稱，何以加焉?[3)]

【辛丑(前140) 建元元年[4)]】

1) 武：禮謚法，威强叡德曰武.(胡)
2) 輪臺之悔：謂輪臺詔.(◉) 輪臺詔：漢武帝一生，致力開拓西域，國力大損．至晚年深悔之，遂棄輪臺之地，並下詔罪己，謂之'輪臺詔'.(漢) 輪臺：古地名．在今新疆輪臺南．本侖頭國(一作輪臺國)，漢武帝時爲李廣利所滅，置使者校尉，屯田於此．武帝晚年頒發輪臺罪己詔中的輪臺卽此．後並於龜兹.(漢)
3) 雖詩書所稱 何以加焉：美其雄材大畧，而非其不恭儉也.(漢書 卷6 武帝紀 顔師古註)
4) 建元元年：自古帝王未有年號，始起於此.(胡) 建元：漢武帝第一个年號．年號之起，始于元鼎，元鼎以前的年號，乃有司追命.(新)

○【擧賢良方正】

擧賢良方正

冬, 十月, 詔擧賢良方正直言極諫之士,[5] 上親策問以古今治道.[6]

○【董仲舒對策】

董仲舒對策

廣川董仲舒對曰,[7] "臣觀天人相與之際, 甚可畏也. 自非°大˙亡道之世,[8] 天盡欲扶持全安之, 事在彊勉而已,[9] 彊勉學問, 則聞見博而知益明,[10] 彊勉行道, 則德日起而大有功. 道者, 所繇適於治之路也,[11] 仁義禮樂皆其具也.[12] 故聖王已沒, 而子孫長久, 安寧數百歲, 此皆禮樂敎化之功也.

夫周道衰於幽厲,[13] 非道亡也,[14] 幽厲不繇也,[15] 至

---

5) 詔擧賢良方正直言極諫之士 : 詔擧賢良方正直言極諫之士, 以董仲舒爲江都相, 治申韓蘇張之言者, 皆罷之.(目)　詔 : 皇帝命令.(新)　擧 : 推擧.(新)　賢良方正 : 漢代選拔官吏的科目之一. 又稱'賢良'.(新)

6) 上 : 指武帝.(新)　親策問 : 親自策問對策者.(新)　策文 : 發策試士, 命應試者因問而陳其所見.(今)

7) 董仲舒 : 前179-前104. 西漢廣川(今河北淶强東)人. 箸名的儒者, 主張罷黜百家, 獨尊儒術. 宣揚天人感應學說及"天不變, 道亦不變"的思想. 傳見史記卷121, 漢書卷56.(新)

8) 大 : (春)作'太', 據漢書(卷56董仲舒傳)改.(◉)　亡 : 同'無'.(綱鑑)

9) 彊勉 : 猶云勉强, 强勉也.(中)　强勉 : 努力, 盡力而爲.(漢)

10) 知 : 智通.(要)

11) 繇 : 古'由'字.(胡)　適 : 往.(新)　治 : ① 指政治淸明安定.(新) ② 直吏翻.(胡)

12) 仁義禮樂 皆其具也 : 謂仁義禮樂爲使國家到達治平 所必用之工具. 具, 工具.(今)

13) 幽厲 : 周幽王周厲王.(新)

14) 亡 : 消亡.(新)

15) 不繇 : 謂不由正道.(新)

於宣王,[16] 思昔先王之德[17] 興滯補敝,[18] 明文武之功業,[19] 周道粲然復興,[20] 此夙夜不懈行善之所致也.[21]

正心以正朝廷

爲人君者, 正心以正朝廷,[22] 正朝廷以正百官, 正百官以正萬民, 正萬民以正四方. 四方正, 遠近莫敢不壹於正, 而亡有邪氣奸其間者,[23] 是以陰陽調而風雨時, 羣生和而萬民殖, 諸福之物, 可致之祥, 莫不畢至,[24] 而王道終矣.[25]

今陛下貴爲天子, 富有四海, 居得致之位,[26] 操可致之勢, 又有能致之資,[27] 行高而恩厚,[28] 知明而意美,[29] 愛民而好士, 可謂誼主矣.[30] 然而天地未

---

16) 宣王 : 周宣王. 西周中興的君主.(新)
17) 先王之德 : 先世聖王之德教.(今)
18) 興滯補敝 : 滯, 廢. 敝, 壞. 廢者使興復, 壞者加以報救.(今)
19) 文武 : 周文王周武王. 興建西周之主.(新)
20) 復 : 扶又翻.(胡)
21) 夙夜不懈 : 朝晚都不懈怠.(新)
22) 正心 : 端正思想.(新)
23) 亡 : 通'無'.(新) 奸 : 犯.(新)
24) 畢 : 完全.(新)
25) 王道終矣 : ① 終, 盡. 謂王道之致治, 至此而止, 無以復加.(今) ② : 王道的終極.(新)
26) '居得致之位' 兩句 : 居于可以招致祥瑞的尊位, 操持可以招致祥瑞的權勢. 操, 執持.(新)
27) 能致之資 : 能據致祥瑞的材質.(新) 資 : 才質.(今)
28) 行 : 品行.(新)
29) 知 : 通'智'.(新) 意美 : 心地純潔.(新)
30) 誼 : 通'義'.(新) 誼主 : 有道之君.(新)

應而美祥莫至者,[31] 何也? 凡以教化不立而萬民不正也.

夫萬民之°從˙利也,[32] 如水之走下, 不以教化隄防之, 不能止也. 古之王者明於此, 故南面而治天下,[33] 莫不以教化爲大務. 立太學以教於國, 設庠序以化於邑,[34] 漸民以仁,[35] 摩民以誼,[36] 節民以禮,[37] 故其刑罰輕而禁不犯者, 教化行而習俗美也. 聖王之繼亂世也, 掃除其迹而悉去之,[38] 竊譬之,[39] 琴瑟不調,[40] 甚者必解而更張之,[41] 乃可鼓也,[42] 爲政而不行, 甚者必變而更化之,[43] 乃可理也.[44] 故漢得天下以來, 常欲治而至今不可善治者, 失之於當更化而不更化也.[45]

教化爲大務

31) 美祥 : 吉兆.(漢)
32) 從 : 趍.(春)
33) 南面 : 面向南也. 古人君聽治之位居北, 其面向南, 故稱人君曰南面也.(中)
34) 庠序 : 古之教者, 家有塾, 黨有庠, 遂有序, 國有學也.(胡) 化 : 開導, 教化.(新)
35) 漸民以仁 : 用仁感化民衆. 漸, 感化.(新) 漸 : 浸潤也.(要)
36) 摩民以誼 : 用義勉勵民衆. 摩, 勉勵.(新) 摩 : 砥礪之也.(要)
37) 節 : 節制.(新)
38) 悉去 : 全部掃除.(新)
39) 竊 : 私意.(漢) 譬 : 比喩.(漢)
40) 不調 : 音節不協.(今)
41) 甚者 : 嚴重之時.(新) 必解而更張之 : 一定要把琴弦去舊更新.(新) 更 : 工衡翻.(胡)
42) 鼓 : 彈奏.(今)
43) 必變而更化之 : 一定要使政治革新變化.(新)
44) 理 : 治理.(新)

古人有言曰, '臨淵羨魚,[46] 不如退而結網.'[47] 今臨政願治, 不如退而更化, 更化則可善治, 善治則災害日去, 福祿日來.

更化則善治

臣聞聖王之治天下也, 爵祿以養其德刑罰以威其惡, 故民曉於禮義而恥犯其上.[48] 武王行大誼, 平殘賊,[49] 周公作禮樂文之,[50] 至於成康之隆,[51] 囹圄空虛四十餘年.[52] 此亦教化之漸而仁義之流也.[53] 今陛下幷有天下,[54] 而功不加於百姓者, 殆王心未加焉. 曾子曰, '尊其所聞,[55] 則高明矣, 行其所知, 則光大矣. 高明光大, 不在乎他, 在乎加之意而已.'[56] 願陛下設誠於內而致行之, 則三王何異哉![57]

45) 更化 : ① 改革. 按其上文內容, 主要旨'教化'.(新) ② 謂權時之宜, 以質代忠, 以忠代文, 以更化之.(要)
46) 羨魚 : 喻空存想望.(漢)
47) 臨淵羨魚 不如退而結網 : 言當自求之.(漢書 卷56 董仲舒傳顏師古注)
48) 恥犯其上 : 以犯上謂恥.(今)
49) 殘賊 : 謂紂也.(要)
50) 周公 : 姬旦.(新) 文之 : 文飾政治.(新)
51) 成康之隆 : 周成王周康王之世安定隆盛, 史稱'成康之治'.(新)
52) 囹圄 : 監獄. 禮月令省囹圄. 疎囹, 牢也, 圄, 止也. 所以止出入, 皆罪人所舍也.(今)
53) 教化之漸 : 教化的逐漸感染.
54) 幷有天下 : 統治全國.(新)
55) 尊 : 同遵.(今)
56) '尊其所聞'等句 : 見大戴禮曾子疾病. 清代阮元輯有曾子四卷.(新) 光大 : 廣大.(新) 加之意 : 多加注意.(新)
57) 三王何異 : 與夏禹王商湯王周文王武王等有什麽不同.(新)

夫不素養士而欲求賢,[58] 譬猶不琢玉而求文采也. 故養士之大者, 莫大乎太學, 太學者, 賢士之所關也.[59] 數考問以盡其材,[60] 則英俊宜可得矣. 徧得天下之賢人, 則三王之盛易爲,[61] 而堯舜之名可及也.[62]

得賢則堯舜可及

道者, 萬世亡敝,[63] 敝者, 道之失也.[64] 夏上忠,[65] 殷上敬, 周上文者, 所繼之捄當用此也.[66] 道之大原出於天, 天不變, 道亦不變,[67] 是以禹繼舜, 舜繼堯, 三聖相°受˙而守一道,[68] 亡捄敝之政,[69] 故不言其所損益也. 繇是觀之, 繼治世者其道同, 繼亂世者其道變. 今漢繼大亂之後, 若宜少損周之文致,[70] 用夏之忠者.[71]

道之大原出於天

三聖相受守一道

---

58) 素 : 平常.(新)
59) 關 : 由也.(胡)
60) 數 : 所角翻.(胡)
61) 三王 : 夏禹商湯周文.(新)　易爲 : 容易做到.(新)　易 : 以豉翻.(胡)
62) 可及 : 可以比得上.(新)
63) 敝 : 與'弊'通.(◉)　道者 萬世亡敝 : 循道行事, 千年萬載也無弊害. 亡通'無'.(新)
64) 敝者道之失也 : 言有敝非道, 由失道故有敝.(胡)
65) 上 : ①(資治)作'尙', 漢書(卷56董仲舒傳)作'上', 上通'尙'.(◉) ②尙, 崇尙. 提倡.(新)　忠 : 忠直.(新)
66) 所繼之捄 : 謂所受先代之偏而救其弊.(新)
67) 道亦不變 : 中庸天命之謂性, 率性之謂爲道, 道出於性, 性出于天, 仲舒此言, 卽中庸之意也.(要)
68) 受 : (春)作'授', 誤.(◉)
69) 亡捄敝之政 : 沒有需要改革的弊政.(新)　言政和平 : 不須救弊也.(胡)　捄 : 與'救'同.(要)

春秋大一統

春秋大一統者,[72] 天地之常經,[73] 古今之通誼也.[74] 今師異道, 人異論, 百家殊方,[75] 指意不同,[76] 是以上無以持一統, 臣愚以爲諸不在六藝之科孔子之術者,[77] 皆絶其道, 勿使並進,[78] 然後統紀可一而法度可明, 民知所從矣."

○【董仲舒爲江都相】

董仲舒爲江都相

及爲江都相, 事易王.[79] 王帝兄, 素驕, 好勇. 仲舒以禮匡正, 王敬重焉. °久之, 王問仲舒˙曰,[80] "粵王句踐與大夫泄庸種蠡伐吳,[81] 滅之. 寡人以爲越有三仁.[82] ◦·"[83] 仲舒對曰, "◤粵本無一仁.[84]◥ 夫仁

70) 少損 : 略爲改變.(新) 文致 : ① 文弊(過分强調禮儀)之極.(新) ② 致, 至極也. 貢父曰, "致當屬下句."(胡)
71) 用夏之忠 : 採用夏尙忠之道以治天下.(今)
72) 大一統 : ① 謂萬物之統, 皆歸于一. 春秋隱公元年, 春 王正月, 公羊傳何言乎王正月. 大一統也. 此言諸侯皆系統於天子, 不得自專. 按董生治春秋公羊學, 故每引用公羊家說.(今) ② 追崇天下一統.(新)
73) 天地之常經 : 天地之間通行的原則.(新)
74) 古今之通誼 : 古往今來一致的道義. 誼同'義'.(新)
75) 百家殊方 : 百家學說各有一套.(新)
76) 指 : 同'旨'. 指意, 旨趣.(新)
77) 六藝 : 卽六經, 包括詩書易禮春秋樂.(新) 藝 : 種也, 學者用功於六經, 猶農者用功於種藝也.(國) 科 : 科條, 範圍.(新) 孔子之術 : 孔子的學術思想.(新)
78) 並進 : 並存, 平行發展.(新)
79) 事 : 侍奉, 輔佐.(新) 易王 : 江都易王非, 景帝子, 帝之兄也. 謚法, 好更故舊曰易, 音亦.(胡)
80) 久之 王問仲舒曰 : (春)作'嘗問之曰', 據漢書(卷56董仲舒傳)改.(◉)
81) 粵 : 與'越'通.(要) 泄庸 : 或作洩容, 姓名也.(要) 大夫種 : 種, 名也. 姓文, 字子禽.(要) 蠡 : 范蠡也.(要)

正誼明道二條最有功於學者仲舒識得本原

人者, 正其誼不謀其利, 明其道不計其功, 是以仲尼之門, 五尺之童羞稱五伯,[85] 爲其先詐力而後仁義也. °☜˙[86] ⁋苟爲詐而已, 故不足稱於大君子之門也,[87] 五伯比於他諸侯爲賢, 其比三王, 猶武夫之與美玉也."[88] 王曰, "善!"⁋

○【武帝雅向儒術 竇嬰田蚡好儒】

武帝雅向儒術竇嬰田蚡好儒

上雅向儒術,[89] 丞相太尉田蚡,[90] 俱好儒術, 推轂趙綰爲御史大夫,[91] 王臧爲郎中令. 綰請立明堂以朝諸侯,[92] 且薦其師申公.[93] 天子使使束帛加璧安車駟馬以迎申公.[94] 旣至, 天子問治亂之事, 申公

82) 三仁 : 泄庸一也, 大夫種二也, 范蠡三也.(漢書 卷56 董仲舒傳顔師古注)

83) °˙ : (春)有'何如'. 按, 漢書卷56董仲舒傳, '仲舒對曰'之下, 有"臣愚不足以奉大對. 聞昔者魯君問柳下惠, '吾欲伐齊, 何如?' 柳下惠曰, '不可'. 云云"之句, 則'何如'者, 魯君與柳下惠問答之辭, 而與三仁無關, 當削.(◉)

84) 粵本無一仁 : 據漢書(卷56董仲舒傳), 移置於此而改錄之.(◉)

85) 五尺之童 : 指尙未成年的兒童. 古尺短, 故稱.(漢) 伯 : 讀曰'霸'. 次下亦同.(漢書 卷56 董仲舒傳顔師古注)

86) °☜˙ : (春)有'繇此言之, 則越未嘗有一仁也'之句, 據漢書(董仲舒傳)移置於'夫仁人者'之前, 而改錄'粵本無一仁.'(◉)

87) 大君子 : 仲尼之門, 故稱大也.(漢書 卷56 董仲舒傳顔師古注)

88) 武夫 : 卽碔砆. 似玉的美石.(漢)

89) 雅 : 平素.(今) 向 : ① (資治)作'鄕', 向同'嚮'.(◉) ② 嚮, 慕.(今)

90) 田蚡 : ? ~前131. 西漢內史長陵人. 景帝王皇后同母異父弟. 武帝封武安侯, 拜太尉, 後遷丞相. 未貴時以父輩事竇嬰. 旣貴而嬰失勢, 以事誣殺竇嬰及灌夫, 未幾病死.(人)

91) 推轂 : ① 升薦之若爲推車轂然.(今) ② 推車前進. 比喩推薦人才.(新) 推 : 吐雷翻.(胡)

92) 明堂 : 王者之堂, 所以正四時, 出敎化, 自秦滅先王之禮, 其制不存. 朝, 直遙翻.(胡)

93) 申公 : ① 漢初儒生.(新) ② 楚元王之客也.(要)

94) 束帛加璧 : 束帛之上又加玉璧, 古代貴重的禮物.(新) 安車 : ① 以蒲裹輪, 以減少震動的

爲治不在多言

年八十餘, 對曰, "爲治者不在多言,[95] 顧力行何如耳!"[96] 是時, 天子方好文詞, 見申公對, 默然, 然已招致, 則以爲太中大夫, 舍魯邸,[97] 議明堂巡狩改歷服色事.[98]

【壬寅(前139) 建元二年】

○【竇太后好黃老言 不悅儒術】

竇太后好黃老言 不悅儒術

太皇竇太后好黃老言,[99] 不悅儒術. 趙綰王臧以文學獲罪. 竇太后以爲儒者文多質少,[100] 今萬石君家不言而躬行,[101] 乃以其長子建爲郎中令, 少子慶爲內史.

乘車.(新) ② 古者, 高車立乘, 安車坐乘. 據申公傳, 安車以蒲裹輪. 安車, 若今小車者. 古者乘四馬之車, 立乘, 旣老, 故乘一馬小車, 坐乘也. 余按孔氏所謂小車, 乃古之大夫致事者適四方所乘私車也, 今加禮申公, 迎以駟馬安車, 非小車也.(胡)

95) 在 : (資治)作'至', 史記(卷121儒林傳)與漢書(卷88儒林傳)皆作'在', 則(春)從史記與漢書者.(◉) 治 : 直吏翻.(胡)

96) 顧 : 念.(新) 力行 : 實行, 實踐.(新)

97) 舍魯邸 : 舍, 安置. 漢制, 郡國皆立邸於京師. 申公, 魯人, 故使於魯邸.(今) 舍 : 住宿. 魯邸, 魯王國在京的公館.(新)

98) 歷 : 謂筭數, 所以記歲月日時之分數.(國)

99) 太皇竇太后 : 卽太皇太后竇氏.(新) 好 : 喜愛.(新) 黃老言 : 卽黃老之學, 主張淸靜無爲.(新)

100) 文 : 文采.(新) 質 : 質朴.(新)

101) 萬石君 : 本指漢石奮. 後亦稱一家五人官至二千石者或一家多人爲大官者爲萬石君. 漢書石奮傳, "奮長子建, 次甲, 次乙, 次慶, 皆以馴行孝謹, 官至二千石. 於是景帝曰, '石君及四子皆二千石, 人臣尊寵乃擧集其門.' 凡號奮爲萬石君." 後因以'萬石'指漢石奮.(漢)

【癸卯(前138) 建元三年】

○【司馬相如以辭賦得幸】

司馬相如以辭賦得幸

招選文學材智之士

上書自鬻

上自初卽位，招選天下文學材智之士，待以不次之位.[102] 四方上書言得失，自衒鬻者以千數,[103] 上簡拔其俊異者寵用之.[104] 莊助最先進,[105] 後又得吳人朱買臣趙人吾丘壽王蜀人司馬相如平原東方朔吳人枚皐濟南終軍等,[106] 並在左右,[107] 每令與大臣辨論，中外相應以義理之文,[108] 大臣數屈焉.[109] 然相如特以辭賦得幸，朔皐不根持論,[110] 好詼諧,[111] 上以俳優畜之,[112] 雖數賞賜,[113] 終不任以事也.[114] 朔亦觀上顏色，時時直諫，有所補益.

朔時時直諫

---

102) 不次：不拘常格，可越級.(新)
103) 衒鬻：衒，通'衒'. 衒鬻，漢書東方朔傳作眩鬻. 衒，行賣，鬻，亦售賣之意.(今)
104) 簡拔：挑選.(新)　俊異者：英俊的人才.(新)
105) 莊助：漢書作嚴助，避後漢明帝諱.(春)
106) 枚皐濟南終軍：姓譜，枚姓出於周官銜枚氏，其後以官爲姓. 風俗通，六國有賢人枚被. 終姓出於顓頊裔孫陸終.(胡)　終軍：姓名.(國)
107) 並在左右：都在皇帝身邊. 卽侍從之官.(新)
108) 中外：指皇帝左右的中朝官，朝廷大臣的外朝官. 武帝時有內朝(中朝)外朝之分.(新)　相應以義理之文：意謂互相以義理駁難.(新)
109) 數屈：屢次失敗.(新)
110) 不根持論：言其議論，隨心而發，無所根據.(今)
111) 好詼諧：言其議論無所根據. 詼，嘲也.(胡)
112) 俳優畜之：以藝人待遇收留他們.(新)　俳優：倡伶.(今)
113) 數：所角翻.(胡)
114) 不任以事：不委以重要政務.(新)

【乙巳(前136) 建元五年】

○【五經博士】

五經博士 置五經博士.[115]

【丙午(前135) 建元六年】

○【田蚡專權】

田蚡專權 武安侯田蚡爲丞相. 蚡驕侈, 治宅甲諸第,[116] 田園極膏腴,[117] 市買郡縣物,[118] 相屬於道,[119] 多受四方賂遺,[120] 其家金玉婦女狗馬聲樂玩好,[121] 不可勝數.[122] 每入奏事, 坐語移日,[123] 所言皆聽, 薦人或

權移主上 起家至二千石,[124] 權移主上.[125] 上乃曰, "君除吏

武帝亦欲除吏 已盡未?[126] 吾亦欲除吏." 嘗請考工地益宅,[127]

---

115) 置五經博士 : 設詩書易禮春秋的博士, 博士各專攻一經.(新)
116) 治宅 : 修建住宅.(新)　甲諸第 : 甲爲天干諸數之首, 甲諸第, 謂爲諸第之最.(今)
117) 膏腴 : ① 謂肥厚之處.(胡) ② 腹之下肥曰腴, 取以喩肥膏之地.(要)
118) 市買 : 收買.(新)
119) 屬 : 之欲翻.(胡)
120) 婦女 : 美女.(中白)　聲樂 : 歌妓舞女.(中白)　賂遺 : 賄賂贈品.(新)
121) 玩好 : 言玩好之物.(新)
122) 勝 : 音升.(胡)
123) 移日 : 日影移動, 言歷時甚久.(今)
124) 起家至二千石 : 言爬上二千石的大官.(新)
125) 權移主上 : 言竊取天子之權.(新)
126) 除吏 : 任命官吏曰除. 謂除其故官而任以新職.(今)　已盡未 : 已完了沒有.(新)
127) 嘗請考工地益宅 : 考工, 少府屬官, 工作器械. 此言田蚡嘗請考工官府之地以廣大其私宅.(今)

上怒曰,“君何不遂取武庫!”[128] 是後乃稍退.

○【汲黯矯制賑民】

汲黯矯制賑民

東海太守汲黯爲主爵都尉.[129] 始, 黯爲謁者,[130] 以嚴見憚.[131] 河內失火,[132] 延燒千餘家, 上使黯往視之, 還, 報曰,“家人失火,[133] 屋比延燒,[134] 不足憂也. 臣過河南,[135] 貧人傷水旱萬餘家, 或父子相食, 臣謹以便宜,[136] 持節發倉粟以賑貧民.[137] 請歸節,[138] 伏矯制之罪.”[139] 上賢而釋之. 其在東海, 治官理民, 好淸靜,[140] 其治務在無爲,[141] 引大體,[142] 不拘

汲黯以嚴見憚

汲黯開倉

---

128) 君何不遂取武庫：此是指責田蚡貪求過分. 武庫, 國家之武器倉庫.(新)

129) 主爵都尉：① 漢書百官表, 主爵中尉, 秦官, 掌列侯. 景帝中六年, 更名都尉. 武帝太初元年, 更名右扶風, 治內史右地.(今) ② 按汲黯傳, 其先有寵於衛君, 至黯十世, 世爲卿大夫. 蓋食采於汲, 因以爲氏. 班表, 主爵中尉, 秦官, 掌列侯, 景帝中六年, 更名都尉, 武帝太初元年, 更名右扶風, 治內史右地.(胡)

130) 謁者：官名. 掌宮廷收發傳達之事. 屬郎中令.(新)

131) 以嚴見憚：以嚴肅而爲衆所敬畏. 嚴, 嚴肅. 憚, 敬畏.(新)

132) 河內：郡名. 郡治懷縣, 在今河南武陟西南.(新)

133) 家人：謂庶民之家.(新)

134) 屋比延燒：比, 隣近. 言屋相隣近, 故連延而燒延燒.(今)

135) 河南：郡名. 郡治洛陽, 在今河南洛陽東北.(新)

136) 謹：表敬副詞.(新) 便宜：相機行事.(新)

137) 持節：拿着漢朝之節.(新) 發：徵發.(新)

138) 歸節：向天子奉還漢節.(新)

139) 伏矯制之罪：① 謂願服假托聖命之罪. 伏通‘服.’ 矯制, 假托皇帝之命.(新) ② 矯, 託也, 託言奉制詔而行之也. 漢律, 矯制者, 論棄市罪.(胡)

140) 淸靜：老氏無爲之學也.(春)

141) 務在：力求.(新) 無爲：任其自然, 不矯情造作.(新)

142) 引：當作‘弘’.(新) 大體：原則.(新)

文法.[143)]

○【汲黯社稷臣】

汲黯社稷臣 黯爲人, 性倨少禮,[144)] 面折,[145)] 不能容人之過.[146)] 時天子方招文學儒者,[147)] 上曰, "吾欲云云."[148)] 黯對曰, "陛下內多欲而外施仁義,[149)] 奈何欲效唐虞之治乎?"[150)] 上默然, 怒, 變色而罷朝,[151)] 公卿皆爲黯懼. 上退, 謂左右曰,[152)] "甚矣汲黯之戇也!"[153)] 羣臣或數黯,[154)] 黯曰, "天子置公卿輔弼之臣, 寧令從諛承意,[155)] 陷主於不義乎?[156)] 且已在其位, 縱愛身,[157)] 奈辱朝廷何?"黯多病, 莊助爲請告,[158)] 上

(margin: 外施仁義; 汲黯之戇)

143) 拘 : 拘泥.(新) 文法 : 法令條文.(新)
144) 倨 : 簡傲也.(胡)
145) 面折 : 當面屈辱之.(今)
146) 容人之過 : 寬容別人的過錯.(新) 過 : 過錯.(新)
147) 文學 : 卽賢良文學.(新)
148) 云云 : ① 猶今日如此如此, 史略其辭.(今) ② 張晏曰, 所言欲施仁義也. 師古曰, 云云, 猶言如此如此也, 史略其辭耳.(胡)
149) 欲 : 同'慾'.(今)
150) 陛下內多欲兩句 : 陛下內心非常貪慾而表面施行仁義, 怎麽想要效法唐虞的政治呢. 奈何, 怎麽. 唐虞, 上古的唐堯虞舜. 儒家傳說唐虞時代是太平盛世.(新) 治 : 直吏翻.(胡)
151) 變色 : 變了臉色.(新) 罷朝 : 朝會休止.(新)
152) 左右 : 指皇帝的近侍之臣.(新)
153) '甚矣'句 : 汲黯的剛正太過分了.(新) 戇 : 剛直, 魯莽.(新)
154) 或 : 有人.(新) 數 : 指責, 批評.(新)
155) 寧 : 難道.(新) 從諛承意 : 阿諛奉承.(新)
156) 陷主於不義 : 使君主陷入不仁不義的地步.(新)
157) 縱愛身 : 如果只想顧全自身性命.(中白) 縱 : 縱令. 卽使.(漢)
158) 爲請告 : 代爲請假.(新)

曰,“汲黯何如人哉?”助曰,“使黯任職居官,無以踰人,[159] 然至其輔少主,守成深堅,[160] 招之不來,麾之不去,[161] 雖自謂賁育亦不能奪之矣.”[162] 上曰,“然.古有社稷之臣,[163] 至如黯,[164] 近之矣.”[165]

【丁未(前134) 元光元年】

○【初令郡國擧孝廉】

初令郡國擧孝廉

冬,十一月,初令郡國擧孝廉各一人,[166] 從董仲舒之言也.

【戊申(前133) 元光二年】

○【遣方士求神仙】

遣方士求神仙

李少君以祠竈却老方見上,[167] 上尊之.少君言,“祠竈則致物,[168] 而丹砂可化爲黃金,[169] 壽可益,蓬萊

159) 無以踰人:沒有可以超過別人.踰人,超過別人.(新)
160) 守成深堅:維護旣定國策,沉着堅定.或謂守衛城邑,牢不可破.(新)
161) '招之不來'兩句:意謂利誘或威嚇,都不能改變他的態度.麾通'揮'.(新)
162) 賁育:孟賁夏育兩位古代的勇士.(新) 不能奪之:不能改變他的忠誠正直.(新)
163) 社稷之臣:謂與國家同患難共存亡的忠臣.(新)
164) 至如:至於.(新)
165) 近之矣:接近(社稷之臣)標準了.(新)
166) 孝廉:漢代選擧官吏的科目之一.孝,孝順父母.廉,淸廉有方.(新)
167) 祠竈却老:① 祠竈,祭竈神,可以致福.却老,延年益壽,長生不老.(今) ② 祠竈者,祭竈以致鬼物,化丹砂以爲黃金,以爲飮食器,可以延年.方士之言云爾.(胡) 上:指武帝.(新)

仙者可見,[170] 見之, 以封禪則不死."[171] 於是天子始親祠竈,[172] 遣方士入海求蓬萊安期生之屬.[173] 李少君病死, 天子以爲化去, 不死, 而海上燕齊怪迂之方士多更來言神仙事矣.[174]

○【聶壹請誘擊匈奴】

聶壹請誘擊匈奴

鴈門馬邑豪聶壹,[175] 因大行王恢言,[176] "匈奴初和親,[177] 親信邊, 可誘以利致之,[178] 伏兵襲擊, 必破之道." 上召問公卿. 韓安國曰, "臣聞高皇帝嘗圍於平城,[179] 七日不食, 及解圍反位而無忿怒之心.[180]

---

168) 致物 : ① 使物, 役使鬼物.(今) ② 致, 招來. 物, 指鬼神.(新)
169) 丹砂 : 亦作'丹沙. 卽朱砂. 礦物名. 色深紅, 古代道敎徒用以化汞煉丹, 中醫作藥用, 也可制作顔料.(漢) 化 : 煉製.(新)
170) 蓬萊 : 方士傳說在渤海中的仙山, 山上有神仙.(新)
171) 封禪 : 古代帝王在泰山作壇以祭天, 稱封. 在泰山下梁父山劃區以祭地, 稱禪.(新)
172) 天子 : 指武帝.(新)
173) 安期生 : 列仙傳. 琅邪人, 賣藥東海邊, 時人皆言千歲.(今) 屬 : 猶輩.(新)
174) 怪迂 : ① 怪異迂闊.(漢) ② (春)作'迂怪', '怪迂'與'迂怪'相倒用之, 而據(資治)改.(◉) 更 : 工衡翻.(胡)
175) 馬邑 : 縣名. 治所在今山西朔縣.(新) 豪 : ① 猶帥.(新) ② 以貲財武力稱雄於鄕里之人.(今) 聶壹 : 姓聶, 名壹.(新)
176) 因 : 依賴.(新) 大行 : 秦稱典客, 漢因之, 爲九卿之一, 掌賓客朝覲之事, 景帝中六年更名大行令, 武帝太初元年更名大鴻臚.(今) 言 : 謂言於上也.(要)
177) 匈奴初和親 : 前年與匈奴和親.(綱鑑)
178) 親信邊 可誘以利致之 : ① 親近信任邊境吏民, 可用財利引誘他們前來.(中白) ② 對我們親近信任, 可以在邊境以財利引誘他們前來.(岳白) 致 : 招來.(新)
179) 高皇帝嘗圍於平城 : 漢高祖七年, 匈奴圍高祖於白登七日, 事見11卷高祖7年. 白登在平城東南十餘里, 平城在今山西省大同縣東.(今)
180) 反 : 同'返'.(新)

夫聖人以天下爲度者也,[181] 不以己私怒傷天下之°公.[182] 故遣劉敬結和親,[183] 至今爲五世利.[184] 臣竊以爲勿擊便." 恢曰, "不然. 高帝身被堅執銳,[185] 行幾十年,[186] 所以不報平城之怨者, 非力不能. 所以休天下之心也.[187] 今邊境數驚,[188] 士卒傷死, 此仁人之所隱也.[189] 故曰擊之便."上從恢議.

王恢不主和親之議 武帝從之

○【王恢馬邑之詐】

王恢馬邑之詐

使韓安國李廣公孫賀王恢李息, 將車騎材官三十餘萬匿馬邑旁谷中,[190] 陰使聶壹爲間,[191] 亡入匈奴,[192] 謂單于曰, "吾能斬馬邑令丞,[193] 以城降, 財物可盡得." 單于以爲然而許之. 聶壹乃詐斬死罪

---

181) 以天下爲度：言當隨天下之人心, 而寬大自己之度量.(今)
182) 公：(春)作'功', 據(資治)改. 漢書韓安國列傳作'功'.(◉) 不以己私怒傷天下之公：王念孫曰, 公下奪一義字, 公義與私怒相對爲文, 報讎雪恥, 一己之私怒也, 案兵恤民, 天下之公義也.(今)
183) 劉敬：卽婁敬, 以首建都關中之功, 賜姓劉氏.(今)
184) 五世：自高帝以來, 經過惠帝高后文帝景帝, 共五世.(新)
185) 被堅執銳：被堅甲, 執利兵. 被, 通'披'.(新)
186) 行：經過.(新) 幾：幾乎.(新)
187) 所以休天下之心也：而是出于所讓天下人休息的仁心.(中白)
188) 數：所角翻.(胡)
189) 隱：惻隱之隱, 悲痛.(今)
190) 材官：勇武之士.(新) 匿：藏匿.(新)
191) 陰使：暗中派遣.(新) 間：間諜.(新)
192) 亡：逃亡.(新)
193) 令丞：令, 縣令. 丞, 縣丞.(今)

囚,[194] 縣其頭馬邑城下,[195] 示單于使者爲信.[196] 於是單于穿塞,[197] 將十萬騎入武州塞.[198] 得鴈門尉史,[199] 欲殺之, 尉史乃告單于漢兵所居,[200] 單于大驚, 引兵還. 漢兵追至塞, 度不及,[201] 乃皆罷兵. 上怒, 下恢廷尉,[202] 自殺. 自是匈奴絶和親, 然尙貪樂關市,[203] 嗜漢財物, 漢亦關市不絶以中其意.[204]

○【興利之臣自此而始】

興利之臣自此而始

食貨志云,[205] 帝承文景之蓄, 憤胡粤之害,[206] 卽位數年, °˙嚴助朱買臣等,[207] 招東甌,[208] 事兩越,[209] 江

---

194) 斬死罪囚 : 就斬殺死刑囚犯.(中白)
195) 縣 : 縣通'懸'.(新)
196) 示 : 顯示.(新)
197) 穿塞 : ① 塞指長城, 穿塞謂越過長城.(今) ② 穿, 通也, 荒梗始開通之, 故言穿.(國)
198) 武州塞 : 在今山西省左雲縣南.(今)
199) 尉史 : ① 漢於近塞郡皆置尉, 百里一人, 士史尉史各二人. 此云乃攻亭, 得鴈門尉史者, 蓋是雁門尉史巡行邊塞, 見寇敵已至, 因保此亭, 而單于攻擒之.(今) ② 小吏名.(新)
200) 所居 : 所埋伏的地方.(新)
201) 度 : 徒洛翻.(胡)　弗及 : 追不上.(新)
202) 下 : 交付.(新)　廷尉 : 官名. 掌刑獄.(新)
203) 樂 : 喜歡.(新)　關市 : ① 邊界的交易市場.(新) ② 匈奴與漢人於邊爲互市, 如今之回易場也.(胡) ③ 漢於邊關, 與夷通市, 故謂之關市.(要)
204) 中 : ① 合上.(新) ② 竹仲翻.(胡)
205) 食貨志 : 漢書 卷24下 食貨志 第4下
206) 憤 : 漢書食貨志作'忿', '忿'與'憤'通.(◉)
207) °˙ : (春)有'用'字, 當削.(◉)　嚴助 : 莊助. 避後漢明帝諱'莊', 以'嚴'代之.(◉)
208) 招徠 : 亦作'招來'. 招引, 延攬.(漢)　東甌 : 閩中地.(要)
209) 事兩越 : 對兩越用兵.(二十四史 史記30 平準書 白話飜譯)　兩越 : ① 漢初兩個南方小國南越和東越的合稱. 地在今廣東廣西福建.(漢) ② 閩越南越也. 閩越, 後東越.(國) ③ 兩越, 與'兩粤'同.(中)

淮之間蕭然煩費.[210] 唐蒙司馬相如開西南夷, 鑿山通道千餘里, 以廣巴蜀, 巴蜀之民罷焉.[211] 彭吳穿穢貊朝鮮,[212] 置滄海郡, 燕齊之間靡然騷動.[213] 及王恢謀馬邑, 匈奴絶和親, 侵擾北邊, 兵連而不解.[214] 天下共其勞,[215] 干戈日滋,[216] 行者齎,[217] 居者送, 中外騷°擾˙,[218] 百姓玩敝,[219] 財°賂˙衰耗.[220] 法嚴令具, 興利之臣自此而始.[221]

【°辛亥(前130) 元光五年˙】[222]

○【作見知法】

作見知法 上以張湯爲太中大夫,[223] 與趙禹共定諸律令, 務在

210) 江淮：長江和淮河. 泛指長江與淮河之間的地區.(漢)　蕭然：猶騷然, 勞動之貌.(漢書 卷24下 食貨志 顔師古注)
211) 罷：與'疲'通.(要)
212) 彭吳：人姓名也.(漢書 卷24下 食貨志 顔師古注)　穿穢貊朝鮮：本皆荒梗, 始開通之也, 故言穿也.(漢書 卷24下 食貨志 顔師古注)　穢貊：在朝鮮地.(要)
213) 靡然：頽靡貌.(漢)
214) 兵連而不解：戰事連年不止(二十四史 漢書 卷24下 食貨志 白話飜譯)　兵：戰也.(中)
215) 共：猶'同'.(漢書 卷24下 食貨志 顔師古注)
216) 干戈：指戰爭.(漢)
217) 齎：謂將衣食之具, 以自隨也. 音子奚反.(漢書 卷24下 食貨志 顔師古注)
218) 擾：(春)作'然', 誤.(◉)
219) 玔：① 或作'抏'.(中) ② 抏, 訛也, 謂摧挫也. 抏, 音五官反.(漢書 卷24下 食貨志 顔師古注)　抏敝：亦作'抏弊'. 疲困. 凋敝. 衰敗.(漢)
220) 賂：(春)作'力', 誤.(◉)　財賂：錢財貨物.(漢)　衰耗：衰落困乏.(漢)　耗：減也.(漢書 卷24下 食貨志 顔師古注)
221) 興利之臣：謂桑弘羊東郭咸陽孔僅之屬也.(漢書 卷24下 食貨志 顔師古注)
222) 辛亥 五年：(春)作'己酉 三年', 誤.(◉)

張湯趙禹深刻

深文.[224] 拘守職之吏,[225] 作見知法,[226] 吏傳相監司.[227] 用法益刻自此始.[228]

○【公孫弘對策】

公孫弘對策

是歲, 徵吏民有明當世之務, 習先聖之術者, 縣次續食,[229] 令與計偕.[230] 菑川人公孫弘對策曰,[231] "臣聞上古堯舜之時, 不貴爵賞而民勸善, 不重刑罰而民不犯, 躬率以正而遇民信也.[232] 末世貴爵厚賞而民不勸, 深刑重罰而姦不止, 其上不正, 遇民不信也.[233] 夫厚賞重°刑,[234] 未足以勸善而禁非, 必信而已矣.[235] 是故因能任官, 則分職治,[236] 去無用

---

223) 太中大夫：官名. 掌議論. 屬郎中令.(新)
224) 深文：援用法律條文, 苛細周納, 陷人以罪.(新)
225) 拘守職之吏：言以文法律令拘制守職無所改作之吏, 使不得出入.(今)
226) 見知法：見知人犯法而不擧告, 謂之故縱(故意放縱犯人).(新)
227) 傳相監司：互相監察.(新)
228) 益刻：更加苛刻.(新)
229) 縣次續食：① 所徵吏民詣京師者, 令各縣依次第, 接續供給飮食也. 食, 音飼.(春) ② 言每到之縣均供給飮食. 續, 似當作'給'.(新)
230) 令與計偕：① 令膺徵之人與上計者俱來.(新) ② 計者, 上計簿使也, 郡國每歲遣詣京師上之. 偕者, 俱也, 令所徵之人與上計者俱來, 而縣次給其食. 後世訛誤, 因乘此語, 遂謂上計爲計偕. 闞駰不詳, 妄爲解說, 云秦漢謂諸侯朝使曰計偕. 偕, 次也. 晉有計偕簿. 又改偕爲階, 失之彌遠, 致誤後學.(胡)
231) 菑川：王國名. 都劇城, 在今山東壽光.(新) 對策：答對天子的策問.(新)
232) 躬率以正而遇民信：言律己以正而待民以信.(今) 躬率：親自作出表率. 遇民, 對待百姓.(新)
233) 遇民不信也：對百姓也不守信用.(岳白)
234) 刑：(春)作'罰', 誤.(◉)
235) 必信：一定要講求誠信.(新)

之言, 則事情得,[237] 不作無用之器, 則賦斂省,[238] 不奪民時, 不妨民力, 則百姓富, 有德者進, 無德者退, 則朝廷尊,[239] 有功者上,[240] 無功者下,[241] 則羣臣逡,[242] 罰當罪,[243] 則姦邪止, 賞當賢,[244] 則臣下勸.[245] 凡此八者, 治之本也. 故民者, 業之則不爭,[246] 理得則不怨,[247] 有禮則不暴,[248] 愛之則親上,[249] 此有天下之急者也.[250] 禮義者, 民之所服也, 而賞罰順之,[251] 則民不犯禁矣. 故畫衣冠異章服, 而民不犯禁者,[252] 此道素行也.

---

236) 分職治 : 所分擔的職務就能搞好.(新)　治 : 直吏翻.(胡)
237) 事情得 : 言得實情, 明眞相.(今)
238) 賦斂省 : 賦斂節省, 卽少收賦稅.(新)
239) 尊 : 尊崇. 威信高之意.(新)
240) 上 : 在上.(新)
241) 下 : 居下.(新)
242) 羣臣逡 : ① 言群臣明退讓之義. 逡, 退.(新) ② 逡, 却退也, 不躐進, 故爲有次第也.(要)
243) 罰當罪 : 處罰的, 確是罪人.(新)
244) 賞當賢 : 獎賞的, 確是賢者.(新)
245) 勸 : 學好之意.(新)
246) 業之則不爭 : 言民各得其業, 則無爭心. 業之之業, 作動詞用.(今)　業之 : 言各得其業.(新)
247) 理得 : 言各申其理.(新)
248) 有禮 : 言使之由禮.(新)
249) 愛之 : 言愛百姓.(新)　親上 : 各得其業, 則無爭心, 各申其理, 則無所怨, 使之由禮, 則無暴慢, 子而愛之, 則知親上也.(胡)
250) 此有天下之急者也 : 此乃有天下者所急於把握而實行者.(今)
251) 而賞罰順之 : 再用獎賞和刑罰來推行禮義.(中白)
252) 畫衣冠異章服, 而民不犯禁者 : 五帝畫衣冠而民知禁, 犯黥者皁其巾, 犯劓者丹其服, 犯臏者墨其體, 犯宮者雜其屨, 大辟之罪, 殊刑之極, 布其衣裾而無領緣, 投之於市, 與衆棄之.(史記 卷10 孝文本紀 正義)

臣聞之, '氣同則從, 聲比則應.'[253] 今人主和德於上, 百姓和合於下,[254] 故心和則氣和, 氣和則形和, 形和則聲和, 聲和則天地之和應矣. 故陰陽和, 風雨時, 甘露降,[255] 五穀登,[256] 六畜蕃,[257] 嘉禾興, 朱草生,[258] 山不童,[259] 澤不涸,[260] 此和之至也. 臣聞之, 堯遭洪水,[261] 使禹治之, 未聞禹之有水也. 若湯之旱, 則桀之餘烈也. 桀紂行惡, 受天之罰, 禹湯積德 以王天下. °因˙此觀之.[262] 天德無私親, 順之和起, 逆之害生. 此天文地理人事之紀也."

○【弘對爲第一】

弘對爲第一 時對者百餘人,[263] 太常奏弘第居下.[264] 策奏,[265] 天

253) 氣同則從兩句 : 言聲氣相同, 就會互相結合. 比, 和.(新)
254) 合 : 與上合德.(新)
255) 甘露 : 美露也, 天下太平之瑞徵.(中)
256) 登 : 豊收.(新)
257) 六畜 : 指馬牛羊雞狗豬. 泛指各種牲畜.(漢) 蕃 : 繁殖.(新)
258) 朱草生 : 德至草木則生, 日生一葉, 至十五日已後, 日落一葉, 周而復始.(要) 朱草 : 亦如蓂莢之類耳.(御定月令輯要 卷3 物候)
259) 山不童 : 山不光禿. 童, 山無草木.(新)
260) 澤不涸 : 天澤不干涸. 涸, 干涸.(新) 涸 : 胡各切, 水渴也.(要)
261) 洪 : (資治)作'鴻'. 洪與'鴻'同.(◉) 鴻水 : 洪水, 大水.(漢)
262) 因 : (春)作'由', 誤.(◉)
263) 對者 : 對策者.(新)
264) 太常 : 官名. 掌宗廟禮儀, 兼掌選試博士.(新) 第 : 名次.(新)
265) 策奏 : 以所對之策奏明天子.(新)

子擢弘對爲第一,[266] 拜爲博士,[267] 待詔金馬門.[268]

○【轅固議弘曲學】

轅固議弘曲學

齊人轅固, 年九十餘, 亦以賢良徵. 公孫弘仄目而事固,[269] 固曰, "公孫子,[270] 務正學以言,[271] 無曲學以阿世."[272] 諸儒多疾毁固者,[273] 固遂以老罷歸.[274]

○【公孫弘不肯面折廷爭】

公孫弘不肯面折廷爭

弘每朝會議, 開陳其端, 使人主自擇, 不肯面折廷爭.[275] 於是上察其行愼厚, 辯論有餘, 習文法吏事,[276] 緣飾以儒術,[277] 大說之,[278] 一歲中遷至左內史.[279] 弘奏事, 有不可,[280] 不廷辯.[281] 常與汲黯請

---

266) 擢 : 拔擢.(新) 弘對 : 公孫弘的對策.(新)
267) 拜 : 任命.(新) 博士 : 官名. 通古今, 掌議論.(新)
268) 待詔金馬門 : 官名. 漢代徵士咸待詔公車, 其尤優異者令待詔金馬門, 備顧問.(今) 待詔 : 等待詔命.(新) 金馬門 : ① 漢宦者署門, 門旁有金馬, 故稱. 後世沿用爲宦署的代稱.(新) ② 宦者署, 武帝得大宛馬, 以銅鑄作, 立于署門, 因以爲名.(胡)
269) 仄目 : ① 不正視. 仄, 通'側'.(新) ② 側目. 言公孫弘畏憚轅固, 其事固也, 不敢正視之.(今) ③ 言深憚之.(國)
270) 子 : 對人尊稱.(新)
271) 務正學 : 務必端正學風.(新)
272) 無曲學 : 不要歪曲學術.(新) 阿世 : 阿諛隨俗.(新)
273) 疾 : 通'嫉'.(新)
274) 固遂以老罷歸 : 轅固就告老辭職回家.(岳白)
275) 面折廷爭 : 在朝廷當着皇帝提反對的意見.(新) 爭 : 與'諍'同.(春)
276) 文法 : 法令條文.(新)
277) 緣飾 : 譬之於衣, 加純緣也.(胡)
278) 說 : 讀'悅'.(新)
279) 一歲中 : 一年之內.(新) 遷 : 升官.(新) 左內史 : 官名. 內史掌京畿地方. 景帝時分左

間,[282] 黯先發之,[283] 弘推其後,[284] 天子常說,[285] 所言皆聽, 以此益親貴.[286] 弘嘗與公卿約議,[287] 至上前, 皆倍其約以順上旨.[288] 汲黯廷詰弘曰,[289] "齊人多詐而無情實,[290] 始與臣等建此議, 今皆倍之, 不忠." 上問弘. 弘謝曰, "夫知臣者,[291] 以臣爲忠, 不知臣者, 以臣爲不忠." 上然弘言.[292] 益厚遇之.[293]

夫知臣者 以臣爲忠 不知臣者, 以臣爲不忠

【壬子(前129) 元光六年】

○【初算商車】

初算商車

冬, 初算商車.[294]

右內史. 左內史掌治京師以東地區.(新)

280) 弘奏事, 有不可 : 有時武帝不同意.(岳白) 有不可 : 有不同的意見.(新)

281) 辯 : (資治)作'辨', 辯通'辨'.(◉) 廷辨 : 在朝廷辯論.(新) 弘奏事 有不可 不廷辯 : 漢書(卷58公孫弘傳)作'弘奏事, 有所不可, 不肯庭辯'. 而其註云, "師古曰, '不於朝廷顯辯論之'. 宋祁曰, '庭, 當作廷'." 則義尤曉然.(◉)

282) 請間 : 要求皇帝抽出空暇時間个別談話.(新)

283) 先發之 : 首先發言.(新)

284) 推其後 : 後發言, 以便見機行事.(新)

285) 說 : 讀'悅'.(新)

286) 以此益親貴 : 因此身份日益寵貴.(岳白)

287) 約 : 要約, 商正.(新)

288) 倍 : 通'背', 違背.(新) 順 : 順從.(新) 上旨 : 皇帝的意旨.(新)

289) 廷詰 : 在朝廷指問.(新)

290) 齊人 : 指公孫弘. 史記卷112平津侯列傳云, "丞相公孫弘者, 齊菑川國薛縣人也." 則此齊人, 卽公孫弘矣.(◉) 無情實 : 不符合事實與情理.(新)

291) 知臣者 : 了解我的人.(新)

292) 然 : 同意.(新)

293) 益 : 更加.(新) 厚遇 : 優待.(新)

294) 初算商車 : 始稅商賈車船.(今) 初 : 初次, 開始.(新) 算商車 : 徵收商人的車稅.(新)

○【衛青伐胡】

衛青伐胡

匈奴入上谷,[295] 殺略吏民.[296] 遣將軍衛青出上谷,[297] 公孫敖出代,[298] 公孫賀出雲中,[299] 李廣出鴈門,[300] 各萬騎, 擊胡.[301] 衛青至龍城,[302] 得胡首虜七百人,[303] 公孫賀無所得, 公孫敖李廣皆爲胡所敗. 唯青賜爵關內侯.[304] 青雖出於奴虜,[305] 然善騎射, 材力絶人,[306] 遇士大夫以禮,[307] 與士卒有恩, 衆樂爲用,[308] 有將帥材,[309] 故每出輒有功. 天下由此服上之知人.[310]

---

295) 上谷：郡名. 在今河北懷來東南.(新)
296) 略：與'掠'通.(要)
297) 衛青：？~前106. 西漢河東平陽人, 字仲卿. 衛皇后弟. 本姓鄭, 其父鄭季與平陽侯家妾衛媼通, 生青. 冒姓衛. 初爲平陽公主家奴, 武帝時, 爲太中大夫. 元光六年以車騎將軍率軍大敗匈奴, 爵關內侯. 元朔二年, 出兵雲中, 收復河套地區, 封長平侯. 元狩四年, 以大將軍與霍去病各率大軍遠出漠北, 擊敗匈奴主力. 前後七次出擊匈奴, 屢立戰功, 解除了匈奴對漢王朝威脅, 與去病并爲大司馬. 卒謚烈.(人)
298) 代：郡名. 在今河北蔚縣東北.(新)
299) 雲中：郡名. 在今內蒙古托克托東北.(新)
300) 鴈門：郡名. 在今山西右玉東南.(新)
301) 胡：古代稱北方和西方的民族如匈奴等爲胡. 對西域諸國, 漢魏晉南北朝人皆稱曰胡(包括印度波斯大秦等), 唐人對印度則不稱胡. 有時特指中亞粟特人.(漢)
302) 龍城：匈奴祭天, 大會諸部處.(胡)
303) 首虜：首級和俘虜.(漢)
304) 關內侯：爵位名. 第十九等爵.(新)
305) 青雖出於奴虜：奴隸. 衛青本是平陽公主家的騎奴.(新)
306) 材力：勇力, 膂力.(漢) 絶人：超過別人.(新)
307) 遇：對待.(新)
308) 衆樂爲用：衆人樂於爲他出力.(新)
309) 有將帥材：他有將帥之材.(岳白) 材：才能, 才幹.(新)
310) 服：佩服.(新)

【癸丑(前128) 元朔元年】

○【興廉擧孝】

興廉擧孝

冬, 詔曰, "朕深詔執事,[311] 興廉擧孝, 庶幾成風,[312] 紹休聖緖.[313] 夫十室之邑, 必有忠信.[314] 今或至闔郡而不薦一人,[315] 是化不下究,[316] 而積行之君子壅於上聞也.[317] 且進賢受上賞,[318] 蔽賢蒙顯戮,[319] 古之道也. 其議二千石不擧者罪!"[320] 有司奏,[321] "不擧孝,[322] 不奉詔, 當以不敬論,[323] 不察廉, 不勝任,[324] 當免."[325] 奏可.[326]

---

311) 執事 : 各部門的專職人員, 百官.(新)
312) 庶幾 : 也許可(表示希望).(新)
313) 紹休聖緖 : ① 休, 美也, 緖, 業也, 言紹先聖之休緖.(要) ② 謂繼續使先聖之業美善光大.(今)
314) 夫十室之邑 必有忠信 : 論語公冶長篇, "子曰, 十室之邑, 必有忠信如丘者焉, 不如丘之好學也."(今)　十室之邑 : 謂小邑(十戶之邑).(新)
315) 闔郡 : 闔, 閉也, 總一郡之中, 故曰闔.(胡)
316) 化不下究 : 究, 竟, 謂王者之敎化不能盡量下達於民.(今)　化 : 敎化.(新)
317) 壅于上聞 : 謂被阻而未聞達于天子.(新)
318) 進賢 : 薦用賢才.(新)
319) 蔽賢 : 埋沒賢才.(新)　蒙 : 蒙受.(新)　顯戮 : 明正典刑, 處決示衆.(新)
320) 二千石 : 指郡守.(新)　不擧罪 : 不推擧賢才之罪.(新)
321) 有司 : 主管官吏.(新)
322) 不擧孝 : 不推擧孝行的人.(新)
323) 當以不敬論 : 言當以不敬上之罪處刑.(今)　不敬 : 冒犯天子.(新)　論 : 論處.(新)
324) 不勝任 : 二千石當率身化下, 今親宰牧而無賢人, 爲不勝任也. 勝, 音升.(胡)
325) 當免 : 當罷免其官職.(今)
326) 奏可 : 天子同意此奏.(新)

○【李廣飛將軍】

李廣飛將軍

◖天子乃復召◖李廣°˙,[327] 拜爲右北平太守. 匈奴號曰, "漢之飛將軍", 避之, 數歲不敢入右北平.

○【大臣畏主父偃】

大臣畏主父偃

臨菑人主父偃嚴安,[328] 無終人徐樂,[329] 皆上書言事. 始, 偃游齊燕趙, 皆莫能厚遇, 諸生相與排擯不容,[330] 家貧, 假貸無所得, 乃西入關上書闕下,[331] 朝奏,[332] 暮召入. 所言九事, 其八事爲律令,[333] 一事諫伐匈奴.[334] 嚴安上書言,[335] "今天下人民, 用財侈靡,[336] 又今徇南夷,[337] 朝夜郎,[338] 降羌僰,[339] 略薉州,[340] 建城邑, 深入匈奴, 燔其龍城,[341] 此人臣

主父偃朝奏暮召入

327) 召李廣 : (春)作'李廣召', 誤.(◉)
328) 主父 : 複姓. 父, 音甫.(春)
329) 無終 : 無終縣屬右北平郡, 春秋無終子之國.(胡)　徐樂 : 姓名. 樂, 音岳.(春)
330) 排擯不容 : 排斥而不寬容.(新)
331) 西入關 : 向西進入函谷關.(新)　上書闕下 : 在宮闕下向皇帝上書.(新)
332) 朝奏 : 早朝奏上.(新)
333) 其八事爲律令 : 其中八項是關于律令問題.(中白)
334) 一事諫伐匈奴 : 另外一項是諫止征伐匈奴.(岳白)
335) 上書 : 卽上書言世務.(新)　言 : (資治)作'曰'.(◉)
336) 侈靡 : 奢侈浪費.(新)
337) 徇 : 攻取.(新)
338) 朝 : 使 … 來朝.(新)
339) 降 : 使 … 來降.(新)　羌僰 : 皆古族名. 羌分布于今甘青地區. 僰分布于川南滇東一帶.(新)
僰 : 蒲北翻.(胡)
340) 薉州 : 指薉貊活動地區, 今朝鮮半島北部.(新)　薉 : 音穢.(胡)
341) 燔 : 燒.(新)

之利, 非天下之長策也.” 徐樂上書言,[342] “天下之患, 在於土崩,[343] 秦之末世是也. 間者,[344] 關東不登,[345] 民多窮困, 重之以邊境之事,[346] 推數循理而觀之,[347] 民不安者, 土崩之勢也. 故賢主獨觀萬化之原,[348] 明於安危之機,[349] 修之廟堂之上而銷未形之患也,[350] 其要期使天下無土崩之勢而已矣.”[351] 書奏, 天子召見三人, 謂曰, “公等安在,[352] 何相見之晚也?” 皆拜爲郎中. 主父偃尤親幸, 一歲中凡四遷,[353] 爲中大夫, 大臣畏其口,[354] 賂遺累千金.[355]

銷未形之患 無土崩之勢

342) 言 : (資治)作‘曰’.(◉)
343) 土崩 : ① 土山倒塌, 喩推翻政權.(新) ② 若屋宇崩頹也.(國)
344) 間者 : 近來.(新)
345) 不登 : 歉收.(漢)
346) 重 : 加上.(新)　邊境之事 : 指邊境不寧的情況.(新)
347) 推數 : 推究命運.(新)　循理 : 遵循事理.(新)
348) 萬化之原 : 各種現象的根由.(新)
349) 機 : 關鍵.(新)
350) 修 : 整治.(新)　廟堂 : 指朝庭.(新)　銷 : 通‘消’, 消除.(新)　未形 : 未曾形成.(新)
351) 要 : 大要.(新)　期 : 希望.(新)
352) 安在 : 在哪裏.(新)
353) 四遷 : 四次提陞官職.(新)
354) 畏其口 : 怕他上奏(意謂打小報告).(新)
355) 賂遺 : 賄賂和贈送.(新)　累 : ① 累計.(新) ② 非一之意也.(要)　金 : 漢以黃金一斤爲一金.(新)

通鑑節要增損校註 卷十

漢紀

▪ 世宗孝武皇帝 中

【甲寅(前127) 元朔二年】

○【主父偃請分王諸侯】

主父偃請分王諸侯

主父偃說上曰,"古者諸侯不過百里,[1] 彊弱之形易制,[2] 今諸侯或連城數十,[3] 地方千里, 緩則驕奢,[4] 易爲淫亂, 急則阻其彊而合從以逆京師.[5] 以法割削之, 則逆節萌起,[6] 前日鼂錯是也.[7] 今諸侯子弟或十數,[8] 而適嗣代立,[9] 餘雖骨肉,[10] 無尺地之

1) 古者諸侯不過百里：武王成康所封數百, 而同姓五十五, 地上不過百里, 下三十里, 以輔衛王室.(史記 卷17 漢興以來諸侯年表 第5) 百里：謂土地方圓百里.(新)
2) 形：形勢.(新)
3) 連城數十：有幾十個城邑.(新)
4) 緩：① 指平時.(新) ② 朝廷控制較寬時.(中白)
5) 急：① 指非常時期.(新) ② 朝廷控制一緊時.(中白) 阻：恃.(新) 合從：卽合縱. 聯合起來.(新) 逆：背叛, 抗拒.(新) 京師：指朝廷.(新)
6) 逆節：背叛的事端.(新) 萌起：萌, 事之始生, 如艸木之萌芽也.(胡)
7) 鼂錯：指鼂錯言削藩.(新)
8) 數：計, 計算.(新)
9) 適嗣：嫡長子. 適, 通'嫡'.(新) 代立：世代繼位.(新)
10) 骨肉：喩至親.(新)

封,[11] 則仁孝之道不宣. 願陛下令諸侯得推恩分子弟,[12] 以地侯之,[13] 彼人人喜得所願, 上以德施, 實分其國, 不削而稍弱矣."[14] 上從之. 春, 正月. 詔曰, "諸侯王或欲推私恩分子弟邑◤者,◥[15] 令各條上,[16] 朕且臨定◤其◥號名."[17] 於是藩國始分,[18] 而子弟畢侯矣.[19]

藩國始分

○【族郭解】

族郭解

軹人郭解,[20] 關東大俠也.[21] 平生睚眦殺人甚衆.[22] 上聞之, 下吏捕治,[23] 遂族解.[24]

○【禁網疏闊 未知匡改】

禁網疏闊 未知匡改

漢書遊俠傳序曰[25], "周室旣微,[26] 桓文之後,[27] 大

11) 尺地：一小塊土地.(新) 封：封邑.(新)
12) 推恩：推廣恩德.(新)
13) 侯：諸侯. 作動詞用.(新)
14) 稍：略微.(新) 弱：削弱.(新)
15) 邑：封邑.(新)
16) 條上：專條上報.(新)
17) 且臨定其號名：① 言將觀覽而定其名號.(今) ② 臨定, 親自決定. 號名, 卽名號.(新)
18) 藩國：古稱分封及臣服之國.(漢)
19) 畢：全部.(新)
20) 軹：軹縣屬河南郡, 音止.(胡)
21) 俠：任俠也. 相與信爲任, 同是非爲俠, 所謂權行州里, 力折公卿者也.(綱鑑)
22) 睚眦：因發怒而瞪眼.(新)
23) 下吏：命令官吏.(新)
24) 族：族誅. 誅滅全族.(新)
25) 漢書遊俠傳序：漢書卷92遊俠傳班固之序. (資治)以'班固曰'改書之.(◉)

夫世權,[28] 陪臣執命,[29] 陵夷至於戰國,[30] 合從連衡,[31] 繇是列國公子, 魏有信陵, 趙有平原, 齊有孟嘗, 楚有春申,[32] 皆藉王公之勢,[33] 競爲游俠, 雞鳴狗盜,[34] 無不賓禮,[35] 而趙相虞卿棄國捐君,[36] 以周窮交魏齊之厄,[37] 信陵無忌竊符矯命,[38] 戮將專師,[39] 以赴平原之急,[40] 皆以取重諸侯,[41] 顯名天下, 搤腕而游談者,[42] 以四豪爲稱首.[43] 於是背公

背公死黨之議成

26) 周室 : 周朝.(新) 微 : 勢弱.(新)
27) 桓文 : 齊桓公晉文公. 二人皆春秋時代的霸主.(新)
28) 大夫世權 : 大夫在諸侯國內世代掌權, 如晉之六卿魯之三桓齊之田氏.(新)
29) 陪臣執命 : 指陽貨等. 陪臣, 重臣. 諸侯之臣, 於天子爲陪臣, 大夫之家臣, 於諸侯爲陪臣.(今) 執命 : 掌權.(新)
30) 陵夷 : ① 夷, 平也, 言頹替若丘陵之漸平也.(國) ② 猶陵替, 漸逐衰微.(今)
31) 合從 : 卽合縱.(新) 連衡 : 卽連橫.(新)
32) 繇是列國公子, 魏有信陵 … 楚有春申 : 繇讀與'由'同. 信陵君魏無忌, 平原君趙勝, 孟嘗君田文, 春申君黃歇.(漢書 卷92 游俠傳 顔師古注)
33) 藉 : 憑借.(新)
34) 雞鳴狗盜 : 孟嘗入秦, 秦昭王欲殺之, 孟嘗使人, 抵昭王幸姬求解, 姬願得狐白裘, 時止一裘, 已獻昭王. 有客乃夜爲狗, 入秦藏中, 盜裘以獻獲免, 卽馳去夜半, 至函谷關, 關法鷄鳴而出客. 孟嘗恐昭王悔, 而追至有客作鷄鳴, 而鷄盡鳴, 得亡出關.(春)
35) 無不賓禮 : 無不以賓客之禮待之.(今)
36) 虞卿 : 或作虞慶吳慶. 戰國時人. 虞氏, 名失傳. 遊說之士. 因遊說趙孝成王, 爲趙上卿, 故號虞卿. 主張以趙爲主, 合縱抗秦. 後因救魏相魏齊, 棄相印與魏齊逃亡, 困于梁. 魏齊自盡, 虞卿窮愁著書, 有虞氏春秋, 今佚, 淸人有輯本.(人)
37) 周 : 救濟.(新) 魏齊之厄 : 魏齊, 虞卿之交也, 將爲范雎所殺, 卿救之也.(漢書 卷92 游俠傳 顔師古注)
38) 竊符矯命 : 竊虎符, 假稱魏僖侯之命, 代晉鄙爲將.(新)
39) 戮將專師 : 令朱亥推殺晉鄙, 而率兵救趙.(新)
40) 赴平原之急 : 秦兵圍趙, 趙相平原君, 告急於無忌, 無忌因如姬以竊兵符, 矯魏王之命, 而令朱亥殺晉鄙, 奪其兵救趙, 秦兵以卻, 而趙得全.(春)
41) 以取重諸侯 : 自諸侯處取得尊重.(今)
42) 搤腕 : ① 與'扼腕'同. 握持手腕, 以示失意憤怒或振奮之貌.(中) ② 搤, 捉持也. 搤, 音戹.(胡) 游談 : 游說.(漢)

死黨之議成,[44] 守職奉上之義廢矣. 及至漢興, 禁網疏濶,[45] 未知匡改也.[46] 是故代相陳豨從車千乘,[47] 而吳濞淮南皆招賓客以千數.[48] 外戚大臣魏其武安之屬競逐於京師, 布衣游俠劇孟郭解之徒馳鶩於閭閻,[49] 權行州°域˙,[50] 力折公侯.[51] 衆庶榮其名迹, 覬而慕之.[52] 雖其陷于刑辟,[53] 自與殺身成名,[54] 若季路仇牧, 死而不悔.[55] 故曾子曰,[56] '上失其道, 民散久矣.'[57] 非明王在上,[58] 示之以好惡,[59] 齊之以禮法,[60] 民曷由知禁而反正乎?[61]

---

43) 四豪 : 魏信陵君無忌, 趙平原君勝, 齊孟嘗君文, 楚春信君黃歇.(今)
44) 背公死黨 : 背棄公義, 而爲同黨之人效死.(今)
45) 禁網 : 法律.(新)　疏濶 : 寬松.(新)
46) 未知匡改也 : 不知道改正這種弊端.(中白)　匡改 : 改正.(新)
47) 代相 : 代國相也.(春)　陳豨 : ?~前195. 反秦有功. 後自立爲代王反漢.(新)
48) 吳濞 : 高帝兄喜之子, 名濞, 封吳王.(春)　淮南 : 高帝孫淮南王安也. 淮南王厲之長子.(春)
49) 劇孟 : 姓名. 洛陽人, 亦以俠顯.(春)　閭閻 : 里巷.(新)
50) 域 : (春)作'城', 誤.(◉)　州域 : 謂地方.(新)
51) 折 : 折辱.(新)
52) 覬 : 冀望.(新)
53) 刑辟 : 刑法.(新)
54) 自與 : 自許之意.(新)
55) 若季路仇牧 死而不悔 : 季路, 孔子弟子也, 姓仲, 名由, 衛人也. 衛有蒯聵之亂, 季路聞之, 故入赴難, 遇孟黶石乞以戈, 擊之斷纓, 季路曰, "君子死, 冠不免." 結纓而死, 仇牧, 宋大夫也. 宋萬殺閔公, 仇牧聞之趨而至, 手劍而叱之, 萬臂擊仇牧, 碎首齒, 著于門闔. 言游俠之徒, 自許節操同於季路仇牧.(漢書 卷92 游俠傳 顏師古注)
56) 曾子 : 曾參. 孔子弟子.(新)
57) 上失其道, 民散久矣 : 見論語子張. 散, 離心離德之意.(新)
58) 王 : (資治)作'主', 漢書遊俠傳作'王'.(◉)
59) 惡 : 烏路翻.(胡)
60) 齊 : 整齊, 約束.(新)

【乙卯(前126) 元朔三年】

○【公孫弘山東鄙人】

公孫弘山東鄙人

公孫弘爲御史大夫. 是時, 方通西南夷, 東置蒼海,[62] 北築朔方之郡. 弘數諫,[63] 願罷之.[64] 天子使朱買臣難以置朔方之便,[65] 發十策,[66] 弘不得一.[67] 弘乃謝曰, "山東鄙人,[68] 不知其便若是, ◖願罷西南夷蒼海而專奉朔方." 上乃許之.◗

○【公孫弘爲布被】

公孫弘爲布被

弘爲布被,[69] 食不重肉,[70] 汲黯曰, "弘位在三公,[71] 奉祿甚多, 然爲布被, 此詐也." 上問弘, 弘謝曰, "有之. 夫以三公爲布被, 誠飾詐, ◖欲◗以釣名,[72]

---

61) 曷由知禁而反正乎：怎么能知犯禁而不改正呢.(新)
62) 蒼海：郡名. 在今朝鮮半島北部.(新)
63) 數：所角翻.(胡)
64) 罷之：罷朔方郡.(新)
65) 難：責難.(新) 朱買臣：朱買臣微時, 家甚貧, 賣薪自給, 且行且讀, 妻羞之, 背之去. 後拜守越之命, 乘傳入吳, 見故妻與夫治道, 買臣命後車載其夫妻入太守舍, 妻慚忿, 自縊死.(中)
66) 發：發文.(新)
67) 弘不得一：① 言其利害十條, 弘無以應之.(胡) ② 以弘之才非不能得一也, 不敢逆上耳.(國)
68) 山東鄙人：① 我是崤山以東的鄉鄙之人.(中白) ② 公孫弘自稱. 公孫弘齊人, 齊屬山東, 故公孫弘自稱曰山東鄙人.(◉)
69) 布被：布制的被子. 多以狀生活淸苦.(漢)
70) 不重肉：言不重肉味也.(胡)
71) 弘位在三公：公孫弘是御史大夫, 屬三公之一.(新)
72) 釣名：獲取虛名.(今)

且無汲黯忠, 陛下安得聞此言!" 天子以爲謙讓, 愈益厚之.[73)]

○【汲黯質責張湯】

汲黯質責張湯

是歲, 張湯爲廷尉.[74)] 湯爲人多詐, 舞智以御人,[75)]

張湯舞智御人

汲黯數質責湯於上前曰,[76)] "公爲正卿,[77)] 上不能褒先帝之功業,[78)] 下不能抑天下之邪心, 何空取高皇帝約束紛更之爲!"[79)] 黯時與湯論議, 湯辯常在文深小苛.[80)] 黯伉厲守高,[81)] 不能屈,[82)] 忿發, 罵曰,

刀筆吏不可以爲公卿

"天下謂刀筆吏不可以爲公卿[83)], 果然! 必湯也, °令°天下重足而立,[84)] 側目而視矣!"[85)]

【丙辰(前125) 元朔四年】

73) 厚:(資治)作'尊', 史記卷112平津侯主父列傳作'厚'.(◉)
74) 廷尉:漢九卿之一掌刑獄. 景帝中六年更名大理, 武帝建元四年復爲廷尉.(今)
75) 舞智以御人:言張湯賣弄智術以駕馭人.(今)
76) 數:所角翻.(胡) 質責:質, 對也, 對面責之也. 或曰, 質, 正也, 以正義責之.(胡)
77) 公:對人敬稱.(新) 正卿:在九卿之列, 謂正卿.(新)
78) 褒:褒揚.(新)
79) 何空取高皇帝約束紛更之爲:言何爲空取高皇帝之約束而加以紛亂更改.(今) 約束:原定律令.(新)
80) 文深小苛:言持文深刻, 而瑣碎苛求.(今)
81) 伉厲守高:言剛直嚴厲, 守高尙之節義.(今)
82) 屈:謂使之屈服.(新)
83) 刀筆吏:掌案牘之書吏, 以其筆如刀能殺人, 故以刀筆指之.(今)
84) 令:(春)作'今', 誤.(◉) 重足而立:① 兩足疊立. 形容不敢跨步.(新) ② 累足而立, 不敢前進, 以喻恐懼之甚.(今)
85) 側目而視:斜眼偸覷. 形容不敢正視.(新)

○【匈奴入漢】

匈奴入漢

匈奴入代郡定襄上郡,[86] 各三萬騎, 殺略數千人.

【丁巳(前124) 元朔五年】

○【丞相封侯自公孫弘始】

丞相封侯自公孫弘始

開東閣以延賢人

公孫弘爲丞相, 封平津侯. 丞相封侯自弘始.[87] 時上方興功業, 弘於是開東閣以延賢人,[88] 與參謀議. 弘性意忌,[89] 外寬內深,[90] 諸常與弘有隙,[91] 無近遠, 雖陽與善,[92] 後竟報其過.[93] 董仲舒爲人廉直,[94] 以弘爲從諛,[95] 弘嫉之.[96] 膠西王端驕恣,[97] 數犯法,[98] 所殺傷二千石甚衆.[99] 弘乃薦仲舒爲膠西相,[100] 仲舒以病免.[101] 汲黯常毁儒, 面觸弘,[102] 弘欲誅之

86) 定襄 : 郡名. 郡治成樂, 在今內蒙古和林格爾西北.(新)
87) 丞相封侯自弘始 : 漢初常以列侯爲丞相, 弘則旣相而後封侯, 故相封侯自弘始.(胡)
88) 弘於是開東閣以延賢人 : 閣, 小門也, 東向開之, 避當庭門而引客, 別於掾史官屬也.(胡)
89) 弘性意忌 : 猜疑忌妬.(新)
90) 外寬內深 : 表面上寬厚, 骨子里苛深.(新)
91) 常 : (資治)作'嘗', 漢書(卷58公孫弘傳)作'常'.(◉)
92) 陽 : 通'佯'. 假裝.(新)
93) 報其過 : 抓住其過錯進行報復.(新)
94) 廉直 : 淸廉正直.(今)
95) 從諛 : 奉承慫慂.(新)
96) 嫉 : 害賢曰嫉.(今)
97) 膠西王 : 景帝子. 景帝前三年受封.(新)
98) 數 : 所角翻.(胡)
99) 二千石 : 指郡國守相.(新)
100) 膠西相 : 膠西王的丞相.(岳白)

公孫弘請徙黯爲右內史

以事,[103] 乃言上曰, "右內史界部中多貴人宗室,[104] 難治, 非素重臣不能任,[105] 請徙黯爲右內史." 上從之.

○【軍中拜衛青爲大將軍】

軍中拜衛青爲大將軍

匈奴右賢王數侵擾朔方,[106] 天子令將軍衛青等, 出右北平, 擊之, 得右賢裨王十餘人,[107] 衆男女萬五千餘人, 畜數十百萬,[108] 引還.[109] 至塞, 天子使使者持大將軍印,[110] 卽軍中拜衛青爲大將軍,[111] 諸將皆屬焉. ⁌於是青⁍尊寵, 於羣臣無二.[112] 公卿以下

汲黯與衛青亢禮

皆卑奉之,[113] 獨汲黯與亢禮.[114] 人或說黯曰,[115] "大

---

101) 免 : 免官.(新)
102) 面觸 : 當面抵觸.(今) 觸 : 冒犯.(新)
103) 誅之以事 : ① 借故定罪而誅之.(新) ② 言欲藉一事使其得罪而誅之.(今)
104) 人 : (資治)作'臣', 史記卷120汲黯列傳作'人'.(◉) 右內史 : 後爲右扶風.(胡) 界部 : 猶轄境.(漢)
105) 素重臣 : 素來卽有重望之大臣.(今)
106) 右賢王 : ① 匈奴的王號.(新) ② 匈奴官號也. 有左有右, 左賢王以次爲單于.(要) 數 : 所角翻.(胡) 朔方 : 郡名.(新)
107) 裨王 : ① 小王也, 猶裨將也.(胡) ② 小王, 此謂右賢王部下之裨將.(今)
108) 數十百萬 : 數十萬以至百萬.(胡)
109) 引還 : 率軍退回.(漢)
110) 使使者 : 派遣使者.(新)
111) 卽 : 就也.(要)
112) 於羣臣無二 : 言尊寵之至, 比於群臣, 止一人耳.(春)
113) 卑奉之 : 謙卑地尊奉他.(新)
114) 亢禮 : 以平等的禮節相待. 亢, 通'抗', 抗衡.(新)
115) 說 : 式芮翻.(胡)

大將軍有揖客

將軍尊重，君不可以不拜."[116] 黯曰，"以大將軍有揖客，反不重邪!"[117] 大將軍聞，愈賢黯，[118] 數請問國家朝廷所疑，[119] 遇黯加於平日.[120]

○【武帝不冠 不見汲黯】

武帝不冠 不見汲黯

大將軍衛青雖貴，有時侍中，[121] 上踞厠而視之，[122] 丞相弘燕見，[123] 上或時不冠，[124] 至如汲黯見，[125] 上不冠不見也. 上嘗坐武帳中，[126] 黯前奏事，上不冠，望見黯，[127] 避帳中，使人可其奏.[128] 其見敬禮如此.

○【置博士弟子】

置博士弟子

夏. 六月. 詔曰，"蓋聞導民以禮，風之以樂.[129] 今

---

116) 君：您. 敬稱.
117) 以大將軍有揖客，反不重邪：言大將軍能有向其行揖禮之客，何以反不望重？亦卽謂大將軍能降貴以禮士，使其名望反更加重.(今)　揖客：拱手行禮而不跪拜的客人.(新)　反不重：言能降貴以禮士，最爲重也.(胡)　邪：通'耶'.(新)
118) 賢：有德. 以動用法.(新)
119) 數：所角翻.(胡)　所疑：疑難之事.(新)
120) 遇：對待.(新)　黯加：超過.(新)
121) 侍中：侍帝於宮中.(今)
122) 上踞厠而視之：① 厠，牀邊側. 古時帝王見大臣，御坐爲起，今武帝踞厠以見衛青，輕之之意.(今) ② 踞厠：蹲在厠所.(新)　視：召見.(新)
123) 弘：公孫弘.(新)　燕見：私自見面. 不同於朝見.(新)　見：賢遍翻.(胡)
124) 不冠：不戴冠.(新)
125) 見：① 指燕見.(新) ② 賢遍翻.(胡)
126) 武帳：應劭曰，帳中置五兵(矛戟弓劍戈)者曰武帳.(今)
127) 見：指燕見.(新)
128) 使人：派人.(新)　可：許可，批準.(新)
129) 風：教化.(新)

禮壞樂崩, 朕甚閔焉,[130] 其令禮官勸學興禮以爲天下先!"[131] 於是丞相弘等奏, "請爲博士官置弟子五十人,[132] 復其身,[133] 太常擇民年十八已上,[134] 儀狀端正者,[135] 補博士弟子,[136] 詣太常受業能通一藝以上.[137] 補文學掌故.[138] 卽有秀才異等,[139] 輒以名聞."[140] 上從之. 自此公卿大夫士吏, 彬彬多文學之士矣.[141]

勸學興禮爲天下先

【戊午(前123) 元朔六年】

○【衛靑擊匈奴】

衛靑擊匈奴

夏, 衛靑復將六將軍,[142] 出定襄擊匈奴, 斬首虜萬

130) 閔 : 憐憫.(新)
131) 禮官 : 指掌敎化禮儀之官.(新) 勸學興禮 : 謂擧道逸之文而興禮樂.(要)
132) 博士 : 官名. 博士弟子 : 指漢代在太學學習的人.(新)
133) 復其身 : 免除他本人的賦役. 復, 免除租稅或徭役.(新)
134) 太常 : 官名. 秦置奉常, 漢景帝六年更名太常, 掌宗廟禮儀, 兼掌選試博士. 歷代因之, 則爲專掌祭祀禮樂之官.(漢)
135) 儀狀 : 儀容形狀.(漢)
136) 博士弟子 : 古代博士所敎授的學生. 漢武帝設博士官, 置弟子五十人, 令郡國選送, 其后員數大增. 唐以后也稱生員爲博士弟子.(漢)
137) 一藝 : 一種經學.(新) 藝 : 經也.(要)
138) 文學 : ① 儒學.(新) ② 官名. 漢代於州郡及王國置文學, 或稱文學掾, 或稱文學史, 爲後世敎官所由來.(漢) ③ 當從官名.(◉) 掌故 : 官名. 掌學術與典籍.(漢)
139) 秀才異等 : 優秀人才, 異于平常之人.(新)
140) 輒以名聞 : 卽時將其姓名報告天子.(新)
141) 彬彬 : 文質兼備貌.(新)
142) 六將軍 : 指公孫敖公孫賀趙信蘇建李廣李沮等六將.(新)

餘人.[143]

○【置武功爵】

置武功爵

是時, 漢比歲發十餘萬衆擊胡,[144] 斬捕首虜之士受賜黃金二°十˙餘萬斤,[145] 而漢軍士馬死者十餘萬,[146] 兵甲轉漕之費不與焉.[147] 於是大司農經用竭,[148] 不足以奉戰士.[149]

詔民得買爵贖罪

六月, 詔令民得買爵及贖禁錮,[150] 免臧罪.[151] 置賞官,[152] 名曰武功爵.[153] 吏道雜而多端,[154] 官職秏廢矣.[155]

【己未(前122) 元狩元年】

---

143) 首虜：首級俘虜.(新)
144) 比歲：連年.(新)
145) 十：(春)作'千', 誤.(◉)
146) 漢軍士馬死者十餘萬：漢軍兵士馬匹死亡也達十幾萬.(中白)
147) 兵甲轉漕之費不與焉：轉, 陸運. 漕, 水運. 言水陸運輸之費尙不計算在內. 與音預.(今) 不與：不計在內.(新) 與：讀曰預.(胡)
148) 大司農：官名.(新) 經用竭：言經常所用之錢已盡.(今) 經：常也.(春) 竭：枯竭.(新)
149) 不足以奉戰士：言不能供應戰士稿賞之資.(今) 奉：供給.(新)
150) 買爵：百姓可以出錢買爵位.(新) 贖：以錢贖罪.(新)
151) 贖禁錮 免臧罪：王先謙曰, "臧當爲減字之誤也. 免罪不應獨言臧罪. 平準書作免減罪, 謂免罪及減罪也. 臧與減形近而誤. 武紀云, 得免減罪, 尤其明證. 通鑑作臧, 誤與漢書食貨志同." 此言凡本當禁錮者, 可以錢贖. 又欲免罪減罪, 亦可以錢久減免. 禁錮, 重繫.(今) 臧罪：貪汚受賄之罪.(漢)
152) 賞官：指賞賜的官爵.(新)
153) 武功爵：武帝所制, 以寵軍功, 共十一級. 臣瓚曰, "茂陵中書有武功爵, 一級曰造士, 二級曰閑輿衛, 三級曰良士, 四級曰元戎士, 五級曰官首, 六級曰秉鐸, 七級曰千夫, 八級曰樂卿, 九級曰執戎, 十級曰政戾庶長, 十一曰軍衛.(今)
154) 吏道：做官的途徑.(新) 多端：多積渠道.(新)
155) 官職：爲官的職務.(新) 秏廢：染亂荒廢.(新)

○【淮南王劉安謀反】

淮南王劉安謀反

汲黯寢淮南之謀

公孫弘如發蒙振落

淮南王安謀反.[156] 且曰,“漢廷大臣, 獨汲黯好直諫,[157] 守節死義,[158] 難惑以非,[159] 至如說丞相弘等,[160] 如發蒙振落耳!”[161] °·伍被詣吏,[162] 自告與淮南王謀反.[163] 上下公卿治,[164] 十一月, 安自殺, 衡山王,[165] 亦自剄死.

○ 五月, 匈奴萬人入上谷, 殺數百人.

○【張騫使西域】

張騫使西域

▸初◂, 張騫自月氏°還˙,[166] 言西域諸國風俗,“大宛多善馬,[167] 大夏邛竹杖,[168] 大夏安息之屬, 皆大國,

---

156) 淮南王安：高帝子淮南厲王長之子.(國)
157) 獨：唯獨.(新)
158) 守節死義：恪守節義, 甚至爲其付出性命.(新)
159) 難惑以非：言難以欺惑他干錯事.(新)
160) 說：式芮翻.(胡)
161) 發蒙振落：謂物所蒙覆, 發而去之, 振落, 謂木葉將落振而墜之, 皆言其易.(胡)
162) °·：(春)有'會'字, 按(資治)此段之文, 有'會廷尉逮捕淮南太子, … 太子卽自剄不殊, 伍被自詣吏.' 則'會'屬于廷尉, 不屬于伍被, 當削.(◉) 伍被：伍子胥之後, 爲淮南中郎將.(要) 自詣吏：言向司法官自首.(新)
163) 告：告發.(新)
164) 下公卿：交付公卿大臣.(新)
165) 衡山王：名賜, 淮南厲王之子.(國)
166) 張騫自月氏還：事見上卷元朔四年. 月氏, 古代西北部的一個民族.(新) 氏：音支.(胡) 還：(春)作'歸', 據(資治)改.(◉)
167) 大宛：西域諸國之一.(今) 宛：於元翻.(胡)
168) 邛竹杖：臣瓚曰, 邛, 山名, 生竹, 高節, 可作杖. 服虔曰, 蜀布, 細布也. 史記正義曰, 邛都邛山出此竹, 因名邛竹, 節高實中, 或奇生, 可爲杖. 布, 土蘆布. 邛, 渠容翻.(胡)

多奇物, 天子欣然以騫言爲然, 乃復事西南夷.[169]

【庚申(前121) 元狩二年】

○【匈奴渾邪王降】

匈奴渾邪王降

秋, 匈奴渾邪王降.[170] 漢發車三萬乘以迎之,[171] 縣官無錢,[172] 從民貰馬,[173] 民或匿馬, 馬不具.[174] 上怒, 欲斬長安令,[175] 右內史汲黯曰,[176] "長安令無罪, 獨斬臣黯, 民乃肯出馬. 且匈奴畔其主而降漢,[177] 何至罷敝中國,[178] 以事夷狄之人乎![179] 陛下縱不能得匈奴之資以謝天下,[180] 又以微文殺無知者五百

汲黯不欲斬長安令

邛 : 古部族名.(新)

169) 復事西南夷 : ① 元朔三年曾罷西南夷, 此時又通之.(新) ② 事, 謂經畧通之, 專以爲事也. 武帝元朔三年嘗罷西南夷, 故曰復事.(國) ③ 復, 扶又翻.(胡)

170) 渾邪王 : 匈奴的王號, 處于匈奴之西部地區.(新) 邪 : 時遮反.(春) 降 : 投降于漢朝.(新)

171) 三 : (資治)作'二', 漢書汲黯傳作'三'.(◉) 漢發軍二萬乘以迎之 : 考異曰, 漢書食貨志云, 三萬兩. 今從史記平準書汲黯傳.(胡)

172) 縣官 : 指天子或官府.(新)

173) 貰 : 始制翻, 貸也.(胡)

174) 不具 : 不足數.(今)

175) 長安令 : 長安縣的長官.(新)

176) 右內史 : ① 官名, 政區名. 景帝二年由掌置京畿的內史分置. 治所在長安.(新前124年) ② 周官有內史, 秦因之, 掌治京師. 漢景帝二年, 分置左右內史. 武帝太初元年, 更名都尉. 武帝太初元年, 更名右扶風, 與左馮翊京兆尹, 是爲三輔, 治長安城中.(通典 職官 州郡下 京兆) ③右內史治長安, 則右內史汲黯是長安令之上官.(◉)

177) 畔 : 通'叛'.(新)

178) 罷 : 通'疲'.(新)

179) 事 : 侍奉.(新) 夷狄 : 指匈奴.(新)

餘人,[181] 是所謂庇其葉而傷其枝者也.[182] 臣竊爲陛下不取也."[183] 上默然不許, 曰, "吾久不聞汲黯之言, 今又復妄發矣."[184] 居頃之, 乃°分˙徙降者邊

置五屬國 五郡,[185] 因其故俗爲五屬國.[186]

○【拜金日磾侍中】

拜金日磾侍中 休屠王太子日磾沒入官,[187] 輸黃門養馬.[188] 久之, 日磾牽馬過殿下, 容貌甚嚴, 上奇焉, 卽日賜湯沐衣冠,[189] 拜爲馬監,[190] 遷侍中,[191] 甚信愛之, 賜姓金氏.[192]

【辛酉(前120) 元狩三年】

---

180) 資 : 物資.(新)　謝 : 回報.(岳白)
181) 微文 : 苛細的法律條文.(漢)
182) 庇葉傷枝 : 喻輕重倒置.(新)　庇 : 庇護.(新)
183) 竊 : 個人論爲.(新)　爲 : 于僞翻.(胡)　不取 : 不可採取.(新)
184) 妄發 : 好言亂語.(新)
185) 分 : (春)作'命', 誤.(◉)　乃分徙降者邊五郡 : 言分別遷徙匈奴降人於沿邊五郡. 五郡, 隴西北地朔方雲中.(今)
186) 五屬國 : 師古曰, 凡言屬國, 存其國號而屬漢朝, 故曰屬國. 史記正義曰, 以來降之民徙置五郡, 各依本國之俗而屬於漢, 故曰屬國.(胡)　其 : 指來降之民.(新)
187) 休屠王 : 匈奴所封王也. 屠, 音儲.(春)　磾 : 丁奚翻.(胡)　沒入官 : 言俱沒入官府爲奴婢.(今)
188) 黃門 : ① 班表, 黃門屬少府. 師古曰, 黃門之署, 職任親近, 以供天子, 百物在焉.(胡) ② 黃門, 官署名. 備乘輿, 養狗馬.(新)
189) 卽日 : 當日.(漢)
190) 馬監 : 官名. 負責養馬. 黃門令的屬官.(新)
191) 遷 : 提升.(新)　侍中 : 官名. 侍從天子, 可出入禁中.(新)
192) 賜姓金氏 : ① 爲金氏貴顯張本.(胡) ② 休屠國作金人祭天, 故賜日磾姓金氏.(國)

○【立樂府】

立樂府
得神馬於渥洼水中

得神馬於渥洼水中.[193]°·[194] 上方立樂府,[195] 使司馬相如等造爲詩賦, 以宦者李延年爲協律都尉,[196] ⸢及得神馬, 次以爲歌.⸣[197] 汲黯曰, "凡王者作樂, 上以承祖宗, 下以化兆民.[198] 今陛下得馬, 詩以爲歌, 協於宗廟,[199] 先帝百姓豈能知其音耶!"[200] 上默然不說.[201]

○【汲黯諫誅賢才】

汲黯諫誅賢才

上招延士大夫, 常如不足, 然性嚴峻,[202] 羣臣雖素愛信者, 或小有犯法, 或欺罔,[203] 輒按誅⸢之.⸣[204]

---

193) 得神馬於渥洼水中 : 李斐曰, 南陽新野有暴利長, 當武帝時遭刑, 屯田敦煌界, 數於此水旁見羣野馬, 中有奇馬與凡馬異, 來飮此水. 利長先作土人持勒絆於水傍, 後馬玩習. 久之, 代土人持勒絆, 收得其馬, 獻之, 欲神異此馬, 云從水中出. 渥, 音握. 洼, 於佳翻.(胡) 渥洼水 : 水名. 地點不明, 舊說在敦煌地區.(新)
194) °· : (春)作'次以爲歌', 當削. 此句移置於後之'爲協律都尉'之後.(◉)
195) 上方立樂府 : 始置之也. 樂府之名蓋起於此, 哀帝時罷之.(胡) 樂府 : 官署名. 掌音樂詩歌.(新)
196) 協律都尉 : 協律都尉, 先無此官, 武帝始置於此.(胡)
197) 次以爲歌 : 言以神馬爲題材, 編次成詩而歌唱之.(今) 次 : 編排.(新)
198) 化 : 教化.(新) 兆民 : 衆百姓.(新)
199) 協 : 調音.(新)
200) 知其音 : 詩大序曰, 聲成文謂之音. 註云, 聲, 謂宮商角徵羽也. 成文, 謂五聲上下相應. 鄭康成曰, 五聲雜比曰音, 單出曰聲.(胡)
201) 說 : 讀曰悅.(胡)
202) 嚴峻 : 嚴厲峻刻.(今)
203) 欺罔 : 指欺騙君主.(新)
204) 輒按誅之 : 常究其罪而殺之.(今)

汲黯諫曰,"陛下求賢甚勞,未盡其用,輒°已˙殺之.[205] 以有限之士恣無已之誅,[206] 臣恐天下賢材將盡,陛下誰與共爲治乎?"上曰,"所謂°才˙者,[207] 猶有用之器也,有才不肯盡用,與無才同,不殺何施?"[208]

【壬戌(前119)元狩四年】

○【桑孔等言利】

桑孔等言利 有司言,"縣官用度太空,[209] 而富商大賈冶鑄煮鹽,[210] 財或絫萬金,[211] 不佐國家之急,請更錢造幣以贍用."[212] 於是以東郭咸陽孔僅爲大農丞,領鹽鐵事,[213]

---

205) 已:(春)作'以',誤.(◉)
206) 恣:方縱.(新) 無已:沒完沒了.(新)
207) 才:(春)作'賢',誤.(◉)
208) 施:用.(新)
209) 用度太空:言用費大缺乏.(今)
210) 賈:音古.(胡) 冶鑄:① 指冶鑄鐵器.(新) ② 冶煉鑄造.(漢) 煮鹽:熬干含鹽分的水,提取食鹽.(漢)
211) 絫:古'累'字.(今)
212) 請更錢造幣以贍用:① 言請廢錢造幣以足用.(今) ② 按此下,(資治)有'是時,禁苑有白鹿而少府多銀錫,乃以白鹿皮方尺,緣以藻繢,爲皮幣,直四十萬.王侯宗室,朝覲聘享必以皮幣薦璧,然后得行.又造銀錫爲白金三品,大者圜之,其文龍,直三千,次方之,其文馬,直五百,小者橢之,其文龜,直三百.令縣官銷半兩錢,更鑄三銖錢.'之文,則更錢者,更鑄三銖錢也,造幣者,造皮幣也.(◉) 更:改.(新) 贍:充裕.(新) 用:猶'經費'.(新)
213) 東郭咸陽孔僅爲大農丞 領鹽鐵事:二人也,姓東郭,名咸陽,姓孔,名僅.班表,大農令有兩丞.齊有大夫東郭氏.(胡) 領:管理.(新)

桑弘羊以計算 用事.[214] 三人言利, 事析秋毫矣.[215]

○【百姓怨湯】

百姓怨湯 公卿又請算及民車船,[216] 其法大抵出張湯.[217] 百姓不安其生, 咸指怨湯.[218]

○【卜式輸財助邊】

卜式輸財助邊 初, 河南人卜式,[219] 數請輸財縣官以助邊,[220] 天子使使問式,[221] "欲官乎?"[222] 曰, "不願也." "有寃, 欲言事乎?" 曰, "無所欲言也. 天子誅匈奴, 愚以爲賢者宜死節於邊,[223] 有財者宜輸委,[224] 如此而匈奴可滅也." 上由是賢之, 欲尊顯以風百姓,[225] 乃召拜式爲中郎, 賜田十頃,[226] 布告天下, 使明知之. 未

---

214) 以計算 : 以心計, 不用籌筭.(國) 用事 : 掌權.(新)
215) 事析 : 對事物分析.(新) 秋毫 : ① 毫至秋而鋭小, 言其剖析微細, 雖秋毫之小亦可分而爲二也.(胡) ② 喻細微.(新)
216) 算 : 是稅額單位之名, 每算一百二十文.(新)
217) 其法 : 這種辨法.(新) 出張湯 : 是張湯出的招.(新)
218) 咸 : 都.(新) 指 : 指斥.(新)
219) 卜式 : 西漢河南人. 以田畜爲業. 自愿以家財助邊. 官至御史大夫, 主張罷官營鹽鐵和算緡. 傳見史記卷30. 漢書卷58.(新)
220) 數, 所角翻.(胡) 輸財 : 輸送資財.(新) 助邊 : 補助邊防費用.(新)
221) 使使 : 派遣使者.(新)
222) 欲官 : 想當官.(新)
223) 愚 : 自稱之謙辭.(漢) 死節 : 盡節義而死.(新)
224) 有財者宜輸委 : 言有財産者應輸其所蓄於國家. 委, 蓄.(今) 輸委 : 輸遠委積也.(國)
225) 欲尊顯以風百姓 : 言欲尊顯卜式之名位以激勸百姓.(今) 尊顯 : 尊貴顯達.(新) 風 : 風讀曰諷. 又如字.(胡)

幾, 又擢式爲齊太傅.[227]

○【衛霍擊匈奴】

衛霍擊匈奴 上與諸將議曰, "翕侯趙信爲單于畫計,[228] 常以爲漢兵不能度幕輕留,[229] 今大發士卒, 其勢必得所欲." 乃粟馬十萬,[230] 令大將軍青票騎將軍去病各將五萬騎[231], 大將軍出塞千餘里, 度幕, 捕斬首虜萬九千級, 遂至窴顏山趙信城,[232] 得匈奴積粟, 食軍, 留一日, 悉燒其城餘粟而歸.

○【李廣自剄】

李廣自剄 ▶前將軍廣與右將軍食其軍無導,[233] 惑失道,[234] 後

---

226) 頃 : 畝百爲頃.(國)

227) 擢式爲齊太傅 : 齊王次昌, 元朔三年薨, 無後, 國除, 元狩六年始封皇子閎爲齊王, 式蓋傅閎也. 史因其輸財得官而終書之.(胡) 齊太傅 : 齊王太傅.(新)

228) 趙信 : 前將軍翕侯趙信兵不利, 降匈奴. … 單于旣得翕侯, 以爲自次王, 用其姊妻之, 與謀漢.(史記 卷110 匈奴列傳)

229) 度幕輕留 : 謂漢軍不能輕入而久留也.(胡) 度幕 : 渡過沙漠. 度, 通'渡', 越過. 幕, 通'漠', 沙漠.(新)

230) 粟馬 : 以粟秣馬.(新)

231) 霍去病 : 前140～前117. 西漢河東平陽人. 武帝衛皇后姊子. 年十八爲侍中, 善騎射, 從大將軍衛青爲驃姚校尉, 以功封冠軍侯. 武帝元狩中爲驃騎將軍, 多次出擊匈奴, 敗其主力, … 元狩四年爲大司馬, 封狼居胥山, 登臨瀚海, 秩祿與大將軍等. 卒謚景桓.(人)

232) 窴顏山 : 山名. 約今蒙古杭愛山脉南面的一支.(新) 趙信城 : 匈奴爲趙信安排的住處, 在窴顏山區.(新)

233) 前將軍 : 古代軍銜, 始於戰國, 秦漢魏晉南北朝沿置. 位在大將軍驃騎將軍之下.(新) 食其 : 音異箕.(胡) 導 : 嚮導.(新)

234) 惑 : 迷也.(胡)

大將軍,[235] 不及單于戰. 大將軍引還,[236] 過幕南,[237] 乃遇二將軍. 大將軍使長史責問廣食其失道狀,[238] 急責廣之幕府對簿.[239] 廣曰, "諸校尉無罪, 乃我自失道, 吾今自上簿至莫府."[240] 廣謂其麾下曰, "廣結髮與匈奴大小七十餘戰,[241] 今幸從大將軍出接單于兵, 而大將軍徙廣部, 行回遠, 而又迷失道, 豈非天哉! 且廣年六十餘矣, 終不能復對刀筆之吏!"[242] 遂引刀自剄.[243] 廣爲人廉, 得賞賜輒分其麾下,[244] 飮食與士共之, 士以此愛樂爲用.[245] 及死, 一軍皆哭. 百姓聞之, 知與不知, 無老壯皆爲垂涕.¶[246]

○【衛霍皆爲大司馬】

235) 後 : 在後不及期也.(胡)
236) 引還 : 引軍而還.(新)
237) 過幕南 : 過了沙漠以南.(新)
238) 長史 : 官名. 這是大將軍的重要屬官.(新) 狀 : 情況.(新)
239) 之 : 到, 往.(新) 幕府 : 指大將軍的指揮部.(新) 對簿 : 受審. 對答據文書所列罪狀提出的審訊.(新) 簿 : 謂文狀也.(胡)
240) 自上簿 : 親自去對簿.(新) 上 : 時掌翻.(胡) 莫 : 通'幕'.(新)
241) 結髮 : 束髮. 古代男子自成童開始束髮, 因以指初成年.(漢)
242) 復 : 扶又翻.(胡) 刀筆之吏 : 管理文書或玩法的官吏.(新)
243) 自剄. : ① 自刎.(新) ② 用刀自割其頸. 自殺.(漢)
244) 麾下 : 部下.(新)
245) 樂 : 音洛.(胡)
246) 知 : 謂素相識知也.(胡) 爲 : 于僞翻.(胡)

衛霍皆爲大司馬

票騎將軍, 出代右北平二千餘里, 封狼居胥山, 禪於姑衍,[247] 登臨翰海,[248] 鹵獲七萬四百四十三級.[249]

登臨翰海

兩軍之出塞,[250] 塞閱官及私馬凡十四萬匹,[251] 後入塞者不滿三萬匹.[252] 乃益置大司馬位,[253] 大將軍票騎將軍皆爲大司馬.

○【幕南無王庭】

幕南無王庭

是時, 漢所殺虜匈奴合八九萬, 而漢士卒物故亦數萬.[254] 是後匈奴遠遁,[255] 而幕南無王庭.[256] 漢渡河自朔方以西至令居,[257] 往往通渠,[258] 置田官,[259]

置田官

247) 封狼居胥山, 禪於姑衍 : "積土增山曰封, 爲墠祭地曰禪." 狼居胥及姑衍, 皆山名, 諸家之說, 皆難確指二山所在之地, 以上文出代右北平二千餘里度之, 當在今蒙古大漠之北.(今)

248) 登臨 : 登高眺望.(新)　翰海 : 大漠的別名. 在今蒙古國境內. 或謂內陸湖, 指今貝加爾湖.(新)

249) 鹵 : 通'擄', 掠取.(新)

250) 兩軍 : 大將軍青票騎將軍去病.(國)

251) 塞閱官及私馬凡十四萬匹 : ① 言在邊塞檢點官馬及私馬共有十四萬匹.(今) ② 塞, 指邊塞守衛人員. 閱, 檢閱, 查數. 官及私馬, 官府之馬及私從之馬.(新)

252) 入塞者 : 指官及私馬.(新)　不滿 : 不足. 出塞時閱官及私馬十四萬匹, 而入塞時不足三萬匹, 損失十一萬多匹馬, 可見付出的重大代價.(新)

253) 益置 : 添設.(新)　大司馬 : 周制, 夏官大司馬爲六卿之一, 掌軍政. 漢武帝建元二年省太尉. 元狩四年, 初置大司馬, 以冠將軍之號.(今)

254) 漢士卒物故亦數萬 : 物故, 謂死也, 言其同於鬼物而故也. 蓋漢軍死者亦數萬.(胡)

255) 是後匈奴遠遁 : 冒頓之强, 盡取蒙恬所奪匈奴地, 而王庭列置於幕南. 今匈奴爲漢所攻, 遠遁幕北, 故幕南無王庭也.(胡)

256) 幕南 : 沙漠南面.(新)　王庭 : 匈奴單于居留之處.(新)

257) 朔方 : 地名. 在今內蒙古烏拉特前旗東南.(新)　令居 : 縣名. 治所在今甘肅永登西北.(新)

258) 通渠 : 開通河渠.(漢)

259) 置田官 : 置官以主屯田.(胡)

吏卒五六萬人,[260] 稍蠶食匈奴以北,[261] 然亦以馬少, 不復大出擊匈奴矣.[262]

○【少翁以鬼神得幸】

少翁以鬼神得幸

齊人少翁, 以鬼神方見上.[263] 上拜爲文成將軍, 歲餘, 其方益衰,[264] 神不至. 於是誅文成將軍隱之.[265]

【癸亥(前118) 元狩五年】

○【汲黯居淮陽】

汲黯居淮陽

上召拜汲黯爲淮陽太守.[266] 黯曰, "臣常有狗馬之心,[267] 今病力, 不能任郡事.[268] 臣願爲中郎,[269] 出入禁闥,[270] 補過拾遺,[271] 臣之願也." 上曰, "君薄

汲黯常有狗馬之心

---

260) 吏卒 : 官兵.(漢)
261) 蠶食 : 謂如蠶食葉, 逐漸侵占其地.(新)
262) 復 : 扶又翻.(胡)
263) 以鬼神方見上 : 言少翁以能招致鬼神之方求見武帝.(今)
264) 益衰 : 更不中用.(新)
265) 隱之 : ① 謂秘誅文成之事, 不令人知之也.(胡) ② 保密此事.(新)
266) 召拜汲黯爲淮陽太守 : 汲黯原爲右內史, 元狩四年免官, 玆又召拜爲淮陽太守. 淮陽, 武帝時爲郡, 在今河南省內.(今) 召拜汲黯 : 黯去年免, 故召拜之.(胡)
267) 狗馬之心 : 思報效也.(春) 狗馬 : 犬馬, 皆人臣自卑之辭, 以喩臣之於君如犬馬之於主人.(今)
268) 今病力 不能任郡事 : (資治)諸本以'病, 力不能任郡事.'標點之, 而(漢字典)力字云, "(病得)厲害. 字彙力部, '病甚曰力.' 漢書汲黯傳, '今病力, 不能任郡事.' 顔師古注, '力, 謂甚也.'" 則當從(漢字典), 至力字絶句, 以疾病已甚爲解釋.(◉)
269) 中郎 : 官名. 侍從天子.(新)
270) 禁闥 : 宮中小門.(新)
271) 補過拾遺 : 替皇帝補救過失及提示疏忽.(新)

得君臥治淮陽

淮陽邪?"[272] 吾今召君矣.[273] 顧淮陽吏民不相得,[274] 吾徒得君之重,[275] 臥而治之." 居淮陽,[276] 十°歲˙而卒.[277]

【甲子(前117) 元狩六年】

○【顏異以反脣誅】

顏異以反脣誅

是歲, 大農令顏異誅.[278] 初, 異以廉直, 稍遷至九卿.[279] 張湯與異有郤.[280] 人有告異以他事,[281] 下湯治異.[282] 異與客語初令下有不便者,[283] 異不應, 微反脣.[284] 湯奏當,[285] "異九卿,[286] 見令不便,[287] 不入

272) 薄:輕視.(新)
273) 吾今召君矣:言後卽召也.(胡)
274) 顧:念.(新) 不相得:不相安而失其所.(新)
275) 徒得君之重:謂但藉汲黯之威重.(今)
276) 諸侯相秩:① 諸侯王國相一級的俸祿, 爲眞二千石. 當時郡守秩爲二千石. 這句言, 天子讓汲黯爲淮陽郡守而享受諸侯相的俸祿(眞二千石)的待遇.(新) ② 諸侯王相在郡守上, 秩眞二千石, 月得百五十斛, 歲凡得千八百石. 二千石月得百二十斛, 歲凡得千四百四十石耳.(胡)
277) 歲:(春)作'載', '歲'與'載'義同, 而據(資治), 當作'歲'.(◉)
278) 大農令顏異誅:景帝後元年, 更治粟內史爲大農令. 考異曰, 徐廣註史記平準書云, 異誅在元狩四年壬戌歲. 廣見漢書百官公卿表, 其年註云, "大農令顏異, 二年坐腹非誅." 不思有二年字, 致此誤也.(胡)
279) 稍遷至九卿:逐步升到九卿高位.(中白) 至九卿:大農令在九卿之列.(新)
280) 郤:① 讀曰隙.(胡) ② 隙, 嫌隙, 矛盾.(新)
281) 告:控告.(新)
282) 下:交給.(新) 治:審理.(新)
283) 初令下有不便者:謂令初下有不便處.(國)
284) 異與客語 初令下有不便者 異不應 微反脣:謂顏異與客談及初下之詔令有不便處時, 異雖不語, 而微反其脣, 以示非議.(今) 初令:新令. 指關于發行白鹿皮幣的詔令.(新) 不應:沒有回答.(新) 微反脣:稍稍動了一下嘴脣.(新) 反脣:盖非之也.(國)

有腹誹之法比 言而腹誹,[288] 論死."[289] 自是之後, 有腹誹之法比,[290] 而公卿大夫多諂諛取容矣.

【丙寅(前115) 元鼎二年】

○【張湯自殺】

張湯自殺 冬, 十一月, 張湯有罪自殺.

○【起栢梁臺 作承露盤】

起栢梁臺 作承露盤 春, 起栢梁臺,[291] 作承露盤,[292] 高二十丈, 以銅爲之, 有仙人掌, 以承露, 和玉屑飮之, 云可以長生. 宮室之修, 自此日盛.

○【西域始通】

西域始通 渾邪王旣降漢, 自鹽澤以東空無匈奴,[293] 西域道可通.[294] 於是張騫建言, "厚幣招烏孫, 以斷匈奴

285) 當 : 判(罪).(新)
286) 異九卿 : 顔異身爲九卿.(新)
287) 見令不便 : 異與客語詔令初下有不便處.(胡)
288) 入言 : 入朝上奏天子.(新)　腹誹 : 亦作腹非, 謂口不言而心非之.(今)
289) 論 : 定罪.(新)
290) 法比 : 法律條例.(漢)　比 : 則例, 案例.(新)
291) 起 : 修築.(新)　栢梁臺 : 臺榭名. 以香柏爲建築材料, 故名.(新)
292) 承露盤 : ① 漢武帝迷信神仙, 于建章宮築神明臺, 立銅仙人舒掌捧銅盤承接甘露, 冀飮以延年.(漢) ② 用以承露之盤.(中)
293) 鹽澤 : 澤名. 在今新疆羅布泊地區.(新)
294) 西域 : 古地區名. 約當今新疆及中亞細亞廣大地區.(新)

右臂.[295] 旣連烏孫, 自其西大夏之屬皆可招來." 天子以爲然, 使騫使烏孫, 因分遣副使使大宛大夏諸旁國.[296] 於是西域始通於漢矣.

【戊辰(前113) 元鼎四年】

○【欒大以神仙得幸】

欒大以神仙得幸

丁義薦方士欒大,[297] 云與文成將軍同師.[298] 上方悔誅文成,[299] 得欒大, 大說.[300] 拜爲五利將軍, 貴震天下. 於是海上燕齊之間, 莫不搤腕自言有禁方能神仙矣.[301] °☞˙

○【兒寬課最】

兒寬課最

是時吏治皆以慘刻相尙,[302] 獨左內史兒寬,[303] 勸農桑, 緩刑罰, 理獄訟, 務在得人心, 擇用仁厚

295) 斷匈奴右臂 : 河西走廊一帶, 是匈奴右方. 其勢盛時, 不僅控制這個地區, 還能伸向西域. 故使烏孫與漢和好, 幷使其返回故地, 猶如斬斷匈奴之右臂.(新)
296) 副使 : 張騫的副手.(新)
297) 丁義 : 義, 高祖功臣丁禮之曾孫. 班志, 樂成, 侯國, 屬南陽郡. 考異曰, 漢書郊祀志作樂成侯登. 按史記漢書功臣表當爲'丁義', 今從史記漢書功臣表.(胡)
298) 文成將軍 : 指方士少翁.(新)
299) 上方悔誅文成 : 誅文成見上卷元狩四年.(胡) 方悔 : 剛剛後悔.(新)
300) 說 : 通'悅'.(新)
301) 搤腕 : 握着手腕顯示振奮.(新) 禁方 : 秘方.(新)
302) 尙 : 崇尙.(新)
303) 兒寬 : 姓名. 兒, 硏奚反. 儒林傳作倪.(春)

吏民大信愛兒寬

士, 推情與下,[304] 不求名聲, 吏民大信愛之, 收租稅時, 裁闊狹,[305] 與民相假貸,[306] 以故租多不入. 後有軍發,[307] 左內史以負租課殿,[308] 當免,[309] 民聞當免, 皆恐失之, 大家牛車小家擔負輸租,[310] °繈˙屬不絶,[311] 課更以最.[312] 上由此愈奇寬.

○【武帝喜祥瑞】

武帝喜祥瑞

本記曰,[313] 六月. 得大鼎后土祠旁.[314] 秋, 馬生渥洼水中. 作寶鼎天馬之歌. 元封元年, 詔曰, "甘泉宮內産芝, 九莖連葉."[315] 作芝房之歌.[316] 太始三年二月, 幸東海,[317] 獲赤鴈, 作朱鴈之歌.

---

304) 與下 : 對待下層百性.(新)
305) 裁 : 審度.(新) 闊 : 謂寬裕.(新) 狹 : 謂窘迫.(新)
306) 與民相假貸 : ① 謂有貧弱之時, 不即徵收也. 闊, 謂徵斂稍寬, 禁防疏潤之時, 狹, 謂督促迫急之時. 潤時不急徵收, 假貸與民, 使營生業.(胡) ② 謂假貸與民使經營生業.(新)
307) 軍發 : 因軍事徵發.(新)
308) 負租 : 欠租.(新) 課殿 : ① 考核最下等.(新) ② 課, 試也, 上功曰最, 下功曰殿.(春)
309) 免 : 罷官.(新)
310) 輸租 : 輸送租穀.(新)
311) 繈 : (春)作'繦', 據(資治)改.(◉) 繈屬不絶 : ① 謂輸租者接連不絶於道.(新) ② 繈, 索也, 言輸者接連不絶於道, 若繩索之相屬也. 猶今言續索矣. 屬, 之欲翻.(胡)
312) 課更以最 : 考核變爲最上等.(新)
313) 本記 : 漢書 卷6 武帝紀.(◉)
314) 后土祠 : 謂祀后土之祠也.(中)
315) 內中 : 謂後庭之室也.(漢書 卷6 武帝紀 顔師古注) 芝 : 芝草也, 其葉相連.(漢書 卷6 武帝紀 顔師古注)
316) 芝房歌 : 漢郊祀歌名.(漢)
317) 行幸 : 古代專指皇帝出行.(漢)

【己巳(前112) 元鼎五年】

○【石慶醇謹】

石慶醇謹

以御史大夫石慶爲丞相,[318] 時國家多事, 桑弘羊等致利, 王溫舒之屬峻法, 兒寬等推文學, 皆爲九卿, 更進用事, 事不關決於丞相.[319] 丞相慶醇謹而已.[320]

○【五利欒成受誅】

五利欒成受誅

⁋五利妄言見其師, 其方盡多不售,¶[321] ◤坐誣罔,[322] 腰斬.◥[323] ⁋欒成侯亦棄市.¶[324]

【庚午(前111) 元鼎六年】

○【平南越 置九郡 平南夷 置五郡】

平南越 置九郡 平南夷 置五郡

南越平, 以其地爲南海珠厓等九郡.[325] 遂平南夷, 以其地爲牂柯郡.[326]

---

318) 石慶 : 萬石君石奮之子.(新)
319) 關決 : ① 關白取決.(今) ② 通過與取決.(新)
320) 醇謹 : 淳朴厚道.(新)
321) 不售 : 無應驗.(今)
322) 誣罔 : 欺瞞皇帝.(新)
323) 腰斬 : 古時酷刑, 將犯人從腰部斬爲兩截.(漢)
324) 棄市 : 在鬧市處決, 陳尸示衆.(新)
325) 九郡 : 南海蒼梧鬱林合浦交趾九眞日南珠厓儋耳.(胡)
326) 以其地 : (資治)與漢書(西南夷兩粤朝鮮傳)皆無此三字, (春)以此三字增補焉者.(◉)

○【卜式諫興利】

卜式諫興利

是歲, 齊相卜式爲御史大夫. 乃言"郡國多不便縣官作鹽鐵器,[327] 苦惡價貴,[328] 或强令民買之, 而船有算,[329] 商者少,[330] 物貴."[331] 上由是不悅卜式.[332]

○【武帝自制封禪儀】

武帝自制封禪儀

初, 司馬相如病且死, 有遺書, 頌功德 言符瑞, 勸上封泰山.[333] 上感其言, 令諸儒草封禪儀,[334] 數年不成. 上以問左內史兒寬, 對曰, "封泰山, 禪梁父,[335] 昭姓考瑞,[336] 帝王之盛節也,[337] 臣以爲封禪告成, 合祛於天地神祇,[338] 唯聖主所由,[339] 制

遂平南夷 : (綱鑑)作"遂平西南夷, 置五郡."(◉) 牂柯郡 : 有今貴州省南半部雲南省東部廣西省西北部及越南最北部治侯邑, 今貴州省平越縣.(今)

327) 縣官 : 指天子或官府.(新) 作鹽鐵器 : 當時官營鹽鐵, 包辦製作和販賣.(新) 鹽器 : 則官與牢盆是也, 鐵器, 則官鑄鐵器是也.(胡)

328) 苦惡 : ① 謂質量低劣.(新) ② 鹽苦鐵惡.(綱鑑)

329) 船算 : 徵收船稅.(新)

330) 商 : 經商.(新)

331) 物貴 : 物價昂貴.(新)

332) 上 : 指武帝.(新) 悅 : 喜歡.(新)

333) 封泰山 : 到泰山祭天. 在泰山築壇祭天, 以示報答上天之功, 叫'封'.(新)

334) 草 : 起草.(新)

335) 禪梁父 : 在梁父山(在泰山下的小山)劃定地區祭地, 以示報地之功, 叫'禪'.(新) 父 : 音甫.(春)

336) 昭姓 : 顯揚姓氏.(新) 考瑞 : 考覈祥瑞.(新)

337) 盛節 : 盛大的禮儀.(漢)

338) 合祛於天地神祇 : ① 祛, 開散, 合, 閉也, 開閉於天地也.(胡) ② 意味着天地神祇開合交通.(岳白)

定其當,[340] 非群臣之所能列.[341] 今將擧大事, 優游數年,[342] 使羣臣得人人自盡,[343] 終莫能成. 唯天子建中和之極,[344] 兼總條貫,[345] 金聲而玉振之,[346] 以順成天慶, 垂萬世之基." 上乃自制儀, 頗采儒術以文之.[347]

339) 主 : (春)作'王', 據(資治)改.(◉) 唯聖王所由 : 意謂只有聖主心裏明通.(新)
340) 制定其當 : 制定妥當的禮儀. 當, 適中, 妥當.(新)
341) 列 : 列得出來.(新)
342) 優游 : 猶豫不決.(新)
343) 自盡 : 謂自以爲是.(新)
344) 建中和之極 : 謂掌握中庸之道, 能使萬事和諧.(新) 極 : 正也.(國)
345) 條貫 : 條理, 系統.(漢)
346) 金聲而玉振之 : 言振揚德音, 如金玉之聲也.(胡) 金聲玉振 : ① 喩德音響亮廣布.(新) ② 謂以鍾發聲, 以磬收韻, 奏樂從始至終. 語出孟子萬章下, "集大成也者, 金聲而玉振之也. 金聲也者, 始條理也. 玉振之也者, 終條理也. 始條理者, 智之事也. 終條理者, 聖之事也." 比喩聲名昭著遠揚.(漢)
347) 文 : 文飾, 修飾.(新)

通鑑節要增損校註 卷十一

漢紀

▪ 世宗孝武皇帝 下

【辛未(前110) 元封元年】

○【漢武勒兵巡邊】

漢武勒兵巡邊 詔曰, "南越東甌,[1] 咸伏其辜,[2] 西蠻北夷, 頗未輯睦,[3] 朕將巡邊陲,[4] 擇兵振旅,[5] 躬秉武節,[6] 置十二部將軍, 親帥師焉." 乃行, 自雲陽北歷上郡

漢武登單于臺 西河五原,[7] 北登單于臺,[8] 至朔方,[9] 臨北河,[10] 勒兵十八萬騎,[11] 旌旗徑千餘里, 威振匈奴. 遣使告

---

1) 東甌：卽東越.(新)
2) 咸伏其辜：他們都已服罪.(新)
3) 頗未輯睦：尙未平定.(岳白) 輯睦：和睦.(今)
4) 陲：邊疆. 同'垂'.(今)
5) 振旅：整頓部隊, 操練士兵.(漢) 振：整也.(要)
6) 躬秉武節：親自執掌軍權. 武節, 軍權的象徵.(新)
7) 雲陽：縣名. 治所在今陝西淳化西北.(新) 上郡：郡名. 郡治膚施, 在今陝西榆林東南.(新) 西河：郡名. 郡治平定, 在今內蒙古準格爾旗西南.(新) 五原：郡名. 郡治九原, 在今內蒙古包頭西.(新)
8) 單于臺：在雲州雲中縣西北百餘里.(胡)
9) 朔方：郡名. 郡治朔方, 在今內蒙古烏拉特前旗東南.(新)
10) 北河：① 指今綏遠省境內之黃河.(今) ② 黃河流向河套, 在陰山南麓, 分爲南北二河.(新)

單于曰, "南越王頭已懸於漢北闕矣.[12] 單于能戰, 天子自將待邊, 不能, 亟來臣服,[13] 何但亡匿幕北

匈奴不敢出 寒苦之地爲![14] 匈奴讋,[15] 終不敢出. 上乃還.

○【卜式貶秩】

卜式貶秩 『上以卜式不習文章,[16] 貶秩爲太子太傅,[17] 以兒寬代爲御史大夫.』

○【東越降】

東越降 東越王餘善反, 漢兵擊之, 東越『建成侯敖與繇王居股』殺餘善, 以其衆降.[18] 上以閩地險阻,[19] 數反覆,[20] 終爲後世患, 乃徙其民於江淮之間,[21] 遂虛其地.[22]

---

11) 勒兵 : 治軍, 操練或指揮軍隊.(漢)
12) 北闕 : 未央宮正門.(新)
13) 亟 : 急也, 音居力反.(漢書 卷6 武帝紀 顔師古注)
14) 但 : (資治)作'徒', 漢書(卷6武帝紀)作'但'. 而'徒'與'但'同義字.(◉) 亡匿 : 逃跑躱藏.(新) 幕 : 通'漠'.(新) 爲 : (資治)作'毋爲也', 成一句.(新)
15) 讋 : ① 失氣, 懼怕.(新) ② 之涉反.(要)
16) 文章 : 指文辭.(新)
17) 貶秩 : 降官職品級.(新)
18) 東越殺餘善, 以其衆降 : 據東越傳, 吳陽先在漢, 漢使歸喩餘善, 餘善不聽. 及漢軍至, 陽以邑人攻越. 書"故越衍侯"者, 言其舊爲越衍侯也. 越衍侯及建成侯皆東越所封.(胡)
19) 閩地 : 指閩越(卽東越)之地.(新)
20) 數 : 屢次.(新) 反覆 : 叛服無常.(新)
21) 江淮 : 長江淮河.(新)
22) 虛 : 空虛.(新)

○【漢武封禪】

漢武封禪

正月,[23] 上行幸緱氏,[24] 禮祭中嶽太室,[25] 從官在山下聞若有言'萬歲'者三.[26] 詔加增太室祠,[27] 上遂東巡海上,行禮祠八神.[28] 公孫卿見大人跡甚大.群臣言,"見一老父牽狗,忽不見."上以爲仙人也,宿留海上,[29] ⁋四月,⁋ 還,封禪,其封禪祠,夜若有光,晝有白雲出封中.[30] 天子還,群臣上壽頌功德.[31] 天子旣已封泰山,無風雨,[32] 而方士更言蓬萊諸神若將可得,[33] 於是上欣然庶幾遇之,[34] 復至海上望焉.上欲自浮海求蓬萊,東方朔曰,"陛下第還宮靜處以須之,[35] 仙人將自至."乃止.遂去,並海上,[36] 北至碣石,[37] 巡自遼西,歷北邊,至九

武帝巡海求神仙

23) 正月:封禪書郊祀志作"三月",漢書武紀及荀紀皆作"正月",今從之.(胡)
24) 行幸:行,上聲.巡視也.幸,車駕所至,民被其德 以爲喜幸.(要)
25) 中嶽太室:山名.在今河南登封境內.(新)
26) 從官:侍從官員.(新) 萬歲:萬歲,神稱之也.(胡) 三:三次.(新)
27) 太室祠:嵩高山有太室少室之山,山有石室,故以名云.(漢書 卷6 武帝紀 顔師古注)
28) 八神:指天主地主兵主陰主陽主月主日主四時主等八神.(新)
29) 宿留:謂有所須待也.宿,先就翻.(胡)
30) 晝有白雲出封中:言日間有白雲出於所封之中.(今)
31) 上壽:祝福長壽.(新)
32) 風雨:指風雨之災.(新)
33) 更:音工衡反.(漢書 卷25上 郊祀志 第5上 顔師古注) 若將:有可能.(新)
34) 庶幾:或許.(新)
35) 第:但.(新) 須:等待.(新)
36) 並:① 通'傍'.沿着.(新) ② 步浪翻.(胡) ③ 依也.(春)

原. 五月, 乃至甘泉.[38] 凡周行萬八千里云.

○【桑弘羊作平準法】

桑弘羊作平準法

先是, 桑弘羊, 領大農,[39] 盡管天下鹽鐵. 作平準之法,[40] 令遠方各以其物如異時商賈所轉販者爲賦,[41] 而相灌輸.[42] 置平準于京師,[43] 都受天下委輸.[44] 盡籠天下之貨物,[45] 貴卽賣之, 賤則買之, 欲使富商大賈無所牟大利,[46] 而萬物不得騰踊.[47] 至是, 天子巡狩郡縣, 所過賞賜, 用帛百餘萬匹, 錢金以巨萬計, 皆取足大農. 弘羊又請令吏得入粟補官及罪人贖罪.[48] 山東漕粟益歲六百萬石,[49] 一歲之

---

37) 碣石：山名. 在今河北昌黎北.(新)

38) 甘泉：山名.(國)

39) 領：① 兼官.(新) ② 漢代以後, 以地位較高的官員兼理較低的職務, 謂之'領'. 也稱'錄'.(漢) 大農：大司農.(新)

40) 平準之法：漢武帝時初創的經濟政策之一. 桑弘羊在推行均輸法的同時, 在京師專設機構, 置平準令一人, 掌官府控制的物資. 通過各地均輸官, 利用貨源, 賤買貴賣, 以調劑市場價格, 起平抑物價作用, 故曰平準法.(新) 平者：所以持平之器也, 因名焉.(國)

41) 令遠方各以其物如異時商賈所轉販者爲賦：令邊遠地區各自以他們跟以前商人所販賣的物價爲賦稅.(二十四史 漢書 卷24下 食貨志第4下) 賈：音古.(胡) 轉販：輾轉販賣.(漢)

42) 爲賦：作爲賦稅.(新) 相灌輸：各地均輸官以所收賦稅購買當地特產運銷外地, 又購外地特產運銷本地, 故曰相灌輸.(新)

43) 平準：① 指平準令丞. 掌物價調節之官.(新) ② 官名也, 屬大農, 有令丞.(春)

44) 委輸：各郡國積貯的貨物隨時輸送京師, 曰'委輸'(新)

45) 籠：掌握, 控制.(新)

46) 牟：牟取.(新)

47) 騰踊：漲價.(新)

48) 請：據章校：有些版本'請'下有'令'字.(新) 補官：補授官職.(漢) 罪人贖罪：罪人可以錢

中, 太倉甘泉倉滿,[50] 邊餘穀,[51] 諸物均輸,[52] 帛五百萬匹,[53] 民不益賦而天下用饒.[54] 於是弘羊賜爵左庶長.[55] 是時小旱, 上令官求雨.[56] 卜式言曰, "縣官當食租衣稅而已,[57] 今弘羊令吏坐市列肆,[58] 販物求利.[59] 亨弘羊, 天乃雨."

卜式請亨弘羊

【壬申(前109年) 元封二年】

○【天旱意乾封】

天旱意乾封

上以旱爲憂, 公孫卿曰, "黃帝時, 封則天旱, 乾封三年."[60] 上乃下詔曰, "天旱, 意乾封乎![61] ❜其令天下尊祠靈星焉."❛[62]

粟贖罪.(新)

49) 山東漕粟：崤山(或華山)以東地區水運往京師的粮食.(新) 益：增加.(新) 歲：每年.(新)

50) 太倉：京師的大糧倉(新) 甘泉倉：在甘泉山的糧倉.(新)

51) 邊：指邊塞.(新)

52) 諸物均輸：各積貨物通過均輸法以贏利.(新)

53) 帛五百萬匹：指贏利所得.(新)

54) 賦：指田租口賦.(新) 饒：富裕.(新)

55) 左庶長：爵名. 第十等級.(新)

56) 求雨：謂禱神降雨.(漢)

57) 食租衣稅：謂依食賴租稅.(新)

58) 市列肆：市場各個商店.(新) 肆：陳物處.(國)

59) 販：買賤賣貴曰販.(國)

60) 天旱乾封三年：三歲不雨暴, 所封之土令乾.(史記 卷12 孝武本紀 正義)

61) 天旱 意乾封乎：天旱之意, 其欲新封之土乾燥乎!(春)

62) 令天下尊祠靈星焉：據史記卷12孝武本紀補.(◉) 靈星：星名. 又稱天田星龍星. 主農事. 古代以壬辰日祀於東南, 取祈年報功之義.(漢)

【癸酉(前108年) 元封三年】

○【趙破奴擊車師】

趙破奴擊車師 ⁋十二月,⁋[63] 將軍趙破奴擊車師.[64] 因擧兵威以困烏孫大宛之屬. ⁋正月, 封破奴爲浞野侯.⁋ 於是酒泉列亭障至玉門矣.[65]

酒泉列亭障至玉門

【乙亥(前106年) 元封五年】

○【置十三部刺史】

置十三部刺史 上旣攘卻胡越,[66] 開地斥境,[67] 乃置交趾朔方之州,[68] 及冀幽幷兗徐靑揚荊豫益涼等州, 凡十三部, 皆置刺史焉.[69]

○【求茂才異等】

---

63) 十二月 : 此時猶沿用秦正, 以建亥之月(十月)爲歲首, 而至太初元年(前104年)用夏正, 以正月爲歲首.(◉)
64) 車師 : 古西域國名. 王治交河城, 在今新疆吐魯番西北.(新)
65) 酒泉列亭障至玉門 : 按自元狩二年霍去病收復河西休屠及昆邪王地以來, 不僅先後設置四郡, 更列亭障以保通路. 玆旣擊破樓蘭車師, 遂自酒泉西展, 列亭障至敦煌郡之玉門關.(今) 酒泉 : 郡名. 郡治祿福, 在今甘肅酒泉.(新) 列 : 等距離排列.(新) 亭障 : 哨所, 障塞.(新) 玉門 : 關名. 在今甘肅敦煌西北.(新)
66) 胡 : 指匈奴.(新) 越 : 指南越東越.(新)
67) 開地 : 開拓疆土.(漢) 斥境 : 開拓國境.(漢)
68) 交趾 : 漢十三刺史部之一. 轄南海郁林蒼梧交趾合浦九眞日南七郡.(新) 朔方 : 漢十三刺史部之一 轄朔方五原西河上郡北地五郡.(新)
69) 刺史 : 官名. 漢十三部(州)各置刺史一人, 起初, 秩六百石, 無治所, 奉詔巡行諸郡, 以六條問事, 省察治政, 黜陟能否, 斷理寃獄. 後來或稱州牧, 秩二千石, 有固定治所, 權力增大, 實爲比郡守高一級的地方行政長官.(新)

求茂才異等

上以名臣文武欲盡,[70] 乃下詔曰, "蓋有非常之功, 必待非常之人. 故馬或犇踶而致千里,[71] 士或有負俗之累而立功名.[72] 夫泛駕之馬,[73] 跅弛之士,[74] 亦在御之而已.[75] 其令州郡察吏民有茂才異等,[76] 可爲將相及使絶國者."[77]

泛駕之馬 跅弛之士

【丁丑(前104年) 太初元年】

○【造太初曆 以正月爲歲首】

造太初曆 以正月爲歲首

太中大夫公孫卿°壺˙遂太史令司馬遷等言,[78] "曆紀壞廢,[79] 宜改正朔."[80] 上詔兒寬與博士賜等共議,[81]

---

70) 上以名臣文武欲盡：武帝因朝中文武名臣越來越少.(岳白) 文武欲盡：初置諸刺史故也.(國)
71) 奔踶：奔, 走也. 踶, 蹈也. 奔踶者, 乘之則奔, 立則踶人也.(胡) 奔：古作'犇'.(中) 踶：踢. 指馬的短處, 與下句'負俗之累'相應.(新)
72) 負俗：謂被世俗譏議.(新)
73) 夫泛駕之馬：泛, 覆也. 與'覂'同. 言馬有逸氣者多能覆車. 泛, 方勇翻.(胡) 泛駕：言馬不循軌轍.(新)
74) 跅弛：① 放縱不羈.(新) ② 跅者, 跅落無檢局也, 弛者, 放廢不遵法度也. 跅, 音跖.(胡)
75) 御：駕御.(新)
76) 茂才：① 卽秀才.(胡) ② 舊言秀才, 避光武諱稱茂才. 茂, 美也.(胡) 異等：超等軼羣, 不與凡同也.(胡)
77) 絶國：絶遠之國.(今)
78) 壺遂：姓譜, 晉大夫受邑壺口, 其後以爲氏.(胡) 壺：① 音胡.(綱鑑) ② (春)作'壼', 誤.(◉)
79) 曆紀壞廢：箕子敍大法九章, 而五紀明歷法, 故自古以來, 創業改制, 咸正歷紀.(胡) 曆紀：曆法.(新)
80) 宜改正朔：漢初用秦正, 以建亥之月爲歲首. 夏正以建寅之月爲歲首.(胡) 正朔：① 指曆法.(新) ② 謂帝王新頒的曆法. 古代帝王易姓受命, 必改正朔, 故夏殷周秦及漢初的正朔各不相同. 自漢武帝後, 直至現今的農曆, 都用夏制, 卽以建寅之月爲歲首.(漢)
81) 賜：人名. 西漢博士.(新)

兒寬請用夏正 以爲宜用夏正.[82] 夏, 五月, 詔卿遂遷等共造漢太初曆,[83] 以正月爲歲首, 色上黃, 數用五,[84] 定官名, 協音律.

○【李廣利伐宛】

李廣利伐宛 漢使入西域◗者◖言, "宛有善馬,[85] 在貳師城,[86] 匿不肯與漢◗使.◖"天子欲侯寵姬李氏,[87] 乃拜李夫人兄廣利爲貳師將軍, 以伐宛. 期至貳師城取善馬,[88] 故號貳師將軍.

李廣利爲貳師將軍

○【武帝無見於置將】

---

82) 夏正 : ① 以建寅之月(正月)以歲首. 漢初沿用秦正, 以建亥之月(十月)爲歲首. 是歲初用夏正, 故改元爲太初.(今) ② 夏曆正月的省稱. 代指夏曆. 夏以正月爲歲首, 商以夏曆十二月, 周以夏曆十一月爲歲首. 見史記曆書. 秦及漢初曾一度以夏曆十月爲正月. 自漢武帝改用夏正後, 歷代沿用.(漢)

83) 卿遂遷等共造 : 據史籍記載, 當時除公孫卿壺遂司馬遷外, 還有鄧平唐都落下閎等參與訂歷.(新) 漢太初曆 : ① 以正月爲歲首, 規定一回歸年爲365 335/1539日, 一朔望月等于29 43/81日, 故又稱'八十一分律歷'. 還首次規定以沒有中氣的月分爲閏月, 并計算出交食周期及推步五大行星位置的方法.(新) ② 漢曆法名. 漢武帝太初元年鄧平, 落下閎等人所造. 把一日分做八十一分, 故又稱'八十一分律曆'. 太初曆第一次把二十四節氣訂入曆法, 以沒有中氣的月份爲閏月, 推算出135個月有23次交食的周期. 從漢武帝太初元年(公元前104年)起到東漢章帝元和二年(公元85年)止, 共施行188年. 原著已佚.(漢)

84) 色上黃 數用五 : 時議者謂漢以土德旺, 土色黃而數五, 故上黃而用五. 張晏曰, 用五, 謂印文也. 若丞相曰, "丞相之印章", 諸卿及守相印文不足五字者, 以"之"字足之.(胡) 色上黃 : 議者以漢爲土德 故尙黃.(新)

85) 宛 : ① 大宛.(新) ② 於元翻.(胡)

86) 貳師 : 大宛城名.(胡)

87) 欲侯寵姬李氏 : 謂欲封寵姬李氏之兄弟爲侯.(今)

88) 期 : 期望.(新)

武帝無見於置將

司馬公曰，武帝欲侯寵姬李氏，而使廣利將兵伐宛，其意以爲非有功不侯，不欲負高帝之約也.[89] 夫軍旅大事,[90] 國之安危民之死生繫焉. 苟爲不擇賢愚而授之，欲徼幸咫尺之功,[91] 藉以爲名而私其所愛，不若無功而侯之爲愈也. 然則武帝有見於封國,[92] 無見於置將,[93] 謂之能守先帝之約，過矣.

【戊寅(前103年) 太初二年】

○【公孫賀不受相】

公孫賀不受相

太僕公孫賀爲丞相，時朝廷多事，督責大臣，自公孫弘後，丞相比坐事死.[94] 石慶雖以謹得終,[95] 然數被譴.[96] 賀引拜爲丞相，不受印綬,[97] 頓首涕

89) 負：違背.(新) 高帝之約：漢高祖有'無功不能封侯'之約.(新)
90) 夫：(春)作'然'，誤.(◉)
91) 徼幸：僥倖.(新) 咫尺之功：謂小小的功績. 古代八寸爲咫，咫尺，比喩極短. 這里以咫尺喩極小.(新)
92) 有見於封國：意謂明白封國需要建功.(新)
93) 無見於置將：意謂不明白用將不當，則難以建功，反而導致失敗.(新)
94) 自公孫弘後 丞相比坐事死：自公孫弘元狩二年(前21)善終之後，元狩五年丞相李蔡有罪自殺，元鼎二年丞相庄青翟自殺，元鼎五年丞相趙周下獄死，至太初二年(前103)公孫賀爲相，近二十年間，坐事死了三個丞相.(新) 比：頻也.(胡)
95) 石慶雖以謹得終：石慶雖然以謹愼小心而能壽終.(岳白) 石慶：萬石君石奮之子，官至丞相，封牧丘侯，卒諡恬.(新)
96) 數：① 屢次.(新) ② 所角翻.(胡) 譴：譴責.(新)
97) 不受：不肯接受.(新) 印綬：指丞相之印.(新)

泣不肯起. 上乃起去,[98] 賀不得已拜,[99] 出曰, "我從是殆矣."[100]

【己卯(前102) 太初三年】

○【河帶山礪】

河帶山礪

睢陽侯張昌坐爲太常乏祠,[101] 國除.[102] 初, 高祖封功臣爲列侯百四十有三人. 時兵革之餘,[103] 大城名都民人散亡,[104] 戶口裁什二三.[105] 大侯不過萬家,[106] 小者五六百戶.[107] 其封爵之誓曰,[108] "使黃河如帶, 泰山若礪, 國以永存, 爰及苗裔."[109] 逮文景世,[110] 流民旣歸,[111] 戶口亦息,[112] 列侯大者至三四萬戶,

98) 上乃起去 : 武帝就其身離開.(新)
99) 拜 : 拜受印.(新)
100) 殆 : 危.(今)
101) 睢陽侯張昌坐爲太常乏祠 : 班書功臣表及公卿表皆作"睢陵侯". 高祖功臣張敖封宣平侯, 傳國至曾孫壬失侯, 元光三年, 封其弟廣爲睢陵侯, 紹國. 昌, 廣之子也. 睢陵縣, 屬臨淮郡. 乏祠, 祠事有闕也. 睢, 音雖.(胡) 太常 : 官名, 掌宗廟禮儀.(新)
102) 國除 : 廢睢陽侯國.(新)
103) 兵革 : 指戰爭.(新) 革 : 甲冑之屬.(國)
104) 名都 : 有名的都城.(新) 散亡 : 逃散.(新)
105) 戶口裁什二三 : 裁, 與'纔'同, 十分之內纔有二三也.(胡)
106) 大侯 : 大的侯國.(新)
107) 小者 : 指小的侯國.(新)
108) 其封爵之誓 : 封爵之誓, 國家欲使功臣傳祚無窮也.(胡)
109) 礪 : (資治)作'厲', '厲'通'礪'.(◉) 黃河如帶⋯爰及苗裔 : 帶, 衣帶也. 厲, 砥石也. 河當何時如衣帶, 山當何時如厲石, 言如帶厲, 國猶永存, 以及後世之子孫也.(胡) 苗裔 : 後代子孫.(新)
110) 逮文景 : 及至文帝景帝之世.(新)

小國自倍,[113] 富厚如之.[114] 子孫驕逸,[115] 多抵法禁,[116] 隕身失國,[117] 至是見侯纔四人,[118] 罔亦少密焉.[119]

○ 【貳師破宛】

貳師破宛

貳師西行至宛, 圍其城, 虜宛貴人,[120] 宛大恐, 走入城中, 持王毋寡頭,[121] 宛乃出其馬, 令漢自擇之, 而多出食食漢軍,[122] 漢軍與盟而罷兵.[123]

【庚辰(前101) 太初四年】

○ 【侯李廣利】

侯李廣利

乃下詔封李廣利爲海西侯.

---

111) 歸：歸於本土.(新)
112) 息：繁殖.(新)
113) 小國自倍：謂舊五百戶, 今者至千戶也. 曹參初封萬六百戶, 至後嗣宗免時, 有戶二萬三千, 是爲戶口蕃息故也. 他皆類此.(胡) 自倍：比原來的戶數自增一倍.(新)
114) 富厚如之：言資財之富厚, 亦如戶口之增多.(今)
115) 驕逸：驕縱不法.(新)
116) 抵法禁：觸犯法律.(新)
117) 隕身：亡身, 死亡.(漢)
118) 至是：到了這時. 指太初年間.(新) 見侯纔四人：酇侯蕭壽成繆侯酈世宗汾陽侯靳石封弁睢陵侯張昌爲四人耳. 見, 賢遍翻.(胡) 見侯：現存的功臣侯.(中白)
119) 罔：法網, 法禁.(新) 少：梢.(新) 密：嚴密.(新)
120) 宛貴人：大宛貴族.(中白)
121) 毋寡：大宛王之名.(新)
122) 出食：拿出食物.(新) 食食：① 下食, 讀曰飤.(胡) ② 食(sì), 給吃.(新)
123) 罷兵：休戰, 撤軍.(新)

○【西域震懼】

西域震懼

自大宛破後, 西域震懼, 漢使入西域者益得職.[124] 於是自燉煌西至鹽澤往往起亭,[125] 而輪臺渠犁皆有田卒數百人,[126] 置使者校尉領護,[127] ⁋以給使外國者.¶[128]

○【下復讎之詔】

下復讎之詔

春秋大九世復讎

天子⁋欲¶因伐宛之威°˙遂困胡,[129] 下詔曰, "高帝遺朕平城之憂,[130] 高后時,[131] 單于書絶悖逆.[132] 昔齊襄公復九世之讎, 春秋大之."[133] 時單于初立, 恐漢襲之, 乃曰, "我兒子,[134] 安敢望漢天子?[135] 漢天子, 我丈人行也."[136] 因盡歸⁋漢使之不降者¶路

---

124) 漢使入西域者益得職 : 賞其勤勞, 皆得拜職也. 余謂顔說非也. 此言漢使入西域, 諸國不敢輕辱, 爲得其職耳. 得職者, 不失其職也.(胡)

125) 燉煌 : 同'敦煌'.(漢) 起亭 : 置驛站.(今) 亭 : 崗亭, 哨所.(新)

126) 渠犁 : ① 渠犁在輪臺東, 東南與且末接, 南與精絶接.(胡) ② 亦作'渠黎'. 漢西域諸國之一.(漢) ③ 渠犁與渠黎混用, 則'犁'之國音當讀曰'려'.(◉) 田卒 : 屯田的士兵.(新)

127) 領護 : 統領保護屯田之事也.(胡)

128) 給使外國者 : 收其五穀以供之. 使, 疏吏翻.(胡)

129) 天子⁋欲¶因伐宛之威°˙遂困胡 : (春)作'天子因伐宛之威欲遂困胡', 欲字在遂字上. 此當從(資治), 欲字在因字上.(◉) 困胡 : 困辱匈奴.(新)

130) 平城 : 指漢高祖受困平城, 事見本書11卷高祖7年.(新)

131) 高后 : 即呂后.(新)

132) 絶 : 極爲.(新) 悖逆 : 背禮違理. 單于書悖逆, 事見本書12卷惠帝3年.(新)

133) 春秋大之 : 公羊傳, 莊四年春, 齊襄公滅紀, 復讎也. 襄公之九世祖爲紀侯所譖而烹殺于周, 故襄公滅紀也. 九世猶可以復讎乎. 曰, 雖百世可也.(胡)

134) 我兒子 : 我是兒輩.(新)

135) 安 : 何.(新) 望 : 通'方', 相比.(新)

充國等,[137] °使˙使來獻.[138]◥

【辛巳(前100) 天漢元年】

○【蘇武守節】

蘇武守節 遣中郎將蘇武張勝常惠. 使匈奴, 單于使衛律召武欲降之,[139] 律謂武曰, "律前負漢歸匈奴,[140] 幸蒙

衛律說蘇武 大恩賜號稱王, 擁衆數萬, 馬畜彌山,[141] 富貴如此. 蘇君今日降, 明日復然, 空以身膏草野,[142] 誰復知之!" 武不應. 律曰, "不聽吾計, 後雖欲復見我, 尙可得乎!"[143] 武罵律曰, "汝爲人臣子, 不顧恩義, 畔主背親,[144] 爲降虜於蠻夷, 何以汝爲見!"[145] 律知武終不可脅,[146] 白單于,[147] 單于乃幽武置大窖

136) 丈人行 : 顔師古曰, "丈人, 尊老之稱." 沈欽韓曰, "尸子發蒙篇 '家人子姪和, 臣妾力, 則家富, 丈人誰厚衣食, 無傷也.' 此以丈人爲家長也, 故單于比漢天子於丈人行. 若泛然尊老之稱, 不當加一行字.(今) 行 : 胡浪反, 輩行也.(春)

137) 路充國等 : 漢使之不降者.(要)

138) 使 : (春)作'遣', 據(資治)改.(◉) 獻 : 貢獻財物.(新)

139) 單于使衛律召武欲降之 : 喩說令武降也.(胡) 衛律 : 漢人, 因使匈奴遂降.(春)

140) 負 : 背叛.(新)

141) 馬畜 : 馬牛羊等牲畜.(漢) 彌 : 滿.(今)

142) 膏 : 作肥料. 作動詞用.(新)

143) 尙可得乎 : 還可能嗎.(新)

144) 畔 : 通'叛'.(新)

145) 何以汝爲見 : ① 言何用見爾.(新) ② 王念孫曰, "見字本當在汝字上. 何以見汝爲, 猶論語言 '何以文爲' '何以伐爲' 耳. 若云何以汝爲見, 則文不成意矣"(今)

146) 脅 : 威脅, 脅迫.(新)

147) 白 : 報告.(新)

齧雪牧羝 羝乳得歸

中,[148] 絶不飮食,[149] 天雨雪,[150] 武臥, 齧雪與旃毛幷咽之,[151] 數日不死. 匈奴以爲神, 乃徙武北海上▶無人處◀,[152] 使牧羝,[153] 曰, "羝乳乃得歸."[154] 別其官屬常惠等,[155] 各置他所.[156]

【壬午(前99) 天漢二年】

○【李陵自請自當一隊】

李陵自請自當一隊

初, 李廣有孫陵, 爲侍中,[157] 善騎射, 愛人下士.[158] 帝以爲有廣之風,[159] 拜騎都尉,[160] 貳師擊匈奴, 陵自請曰, "臣所將屯邊者, 皆荊楚勇士奇材劍客

---

148) 幽 : 幽禁.(新) 窖 : ① 舊米粟之窖而空者也.(胡) ② 江孝反, 藏也.(春)
149) 絶不飮食 : 斷絶飮食.(岳白) 絶 : 斷絶.(新) 飮食 : ① 使吃喝.(新) ② 飮, 於禁反. 食, 音嗣.(春)
150) 雨雪 : 下雪.(新) 雨 : 于具翻.(胡)
151) 齧雪與旃毛幷咽之 : 靠呑食雪花和氈毛爲生.(岳白) 齧 : 齩. 此句言呑喫雪和旃毛.(新) 咽 : 音宴, 呑也.(胡)
152) 北海 : 湖名. 今貝加爾湖.(新)
153) 牧 : 放牧.(新) 羝 : 牡羊也.(胡)
154) 羝乳乃得歸 : 羝不當産乳, 故設此言, 示絶其事, 若燕太子丹烏白頭馬生角之比也.(胡) 乳 : 産子.(新)
155) 別 : 分離.(新)
156) 他所 : 其他地方.(新)
157) 侍中 : 古代職官名. 秦始置, 兩漢沿置, 爲正規官職外的加官之一. 因侍從皇帝左右, 出入宮廷, 與聞朝政, 逐漸變爲親信貴重之職.(漢)
158) 下士 : 尊重士人.(新) 下 : 禮遇之也.(要)
159) 有廣之風 : 有李廣的風範.(新)
160) 騎都尉 : 續漢志, 騎都尉比二千石. 杜佑曰, 奉車都尉駙馬都尉騎都尉並漢武帝置, 東晉省奉車騎都尉, 惟留駙馬, 尙主者爲之.(胡)

也,[161] 力扼虎,[162] 射命中,[163] 願得自當一隊, 以少擊衆."上壯而許之.

○【李陵力屈而降】

李陵力屈而降

陵於是將其步卒五千人. 至浚稽山, 與單于相値,[164] 漢軍追擊殺數千人. 單于大驚, 虜不利, 欲去, 會陵軍候管敢爲校尉所辱,[165] 亡降匈奴,[166] 具言,[167] "陵軍無後救,[168] 射矢且盡." 單于得敢大喜, 使騎并攻漢軍, 疾呼曰, "李陵韓延年趣降!"[169] 遂遮道急攻陵.[170] 陵居谷中, 虜在山上, 四面射, 矢如雨下. 韓延年戰死. 陵曰, "無面目報陛下." 遂降. 邊塞以聞.

○【司馬遷盛稱李陵】

---

161) 荊楚：卽楚. 指先秦時楚國.(新)
162) 力扼虎：謂力能捉虎.(今) 扼：① 捉持.(新) ② 與'搤'同, 握也.(要)
163) 射命中：所指名處卽中之也. 中, 竹仲翻.(胡)
164) 相値：相當, 對陣.(新)
165) 軍候：軍吏名. 掌軍紀. 部曲中每曲有軍候一人.(新) 管敢：人名.(新) 校尉：軍官名. 位高于軍候.(新)
166) 亡降匈奴：逃亡投降于匈奴.(新)
167) 具言：陳述.(新)
168) 後救：後續救援部隊.(新)
169) 趣降：速降. 趣讀促.(今)
170) 遮道：攔路.(新)

司馬遷盛稱李陵

上怒問太史令司馬遷, 遷盛言,[171] "陵事親孝, 與士信, 常奮不顧身以徇國家之急,[172] 其素所畜積也,[173] 有國士之風.[174] 今擧事一不幸, 全軀保妻子之臣隨而媒櫱其短,[175] 誠可痛也. 且陵提步卒不滿五千, 深蹂戎馬之地,[176] °抑˙數萬之師,[177] 虜救死扶傷不暇,[178] 悉擧引弓之民共攻圍之,[179] 轉鬪千里, 矢盡道窮, 士張空弮,[180] 冒白刃,[181] 北首爭死敵,[182] 得人之死力, 雖古名將不過也.[183] 身雖陷敗, 然其所摧敗亦足暴於天下.[184] 彼之不死, 宜欲得當以報漢也."[185] 上以遷爲誣罔,[186] 欲沮貳師,[187]

下遷腐刑

李陵得人之死力

171) 盛言 : 極力申說.(漢)
172) 徇 : ① 獻身.(新) ② 從也.(要)
173) 畜積 : 謂平素修養. 畜, 同'蓄'.(新)
174) 國士 : 國中杰出人物.(新)
175) 全軀 : 保全自身.(新) 媒櫱 : ① 醞釀. 喩構陷害人以罪.(新) ② 媒, 酒敎, 櫱, 麯也, 謂釀成其罪也.(胡)
176) 蹂 : 踐.(新)
177) 抑 : ① (春)作'却', 據(資治)改.(◉) ② 抑制.(新)
178) 救死扶傷 : 救護生命垂危者, 照顧傷病者.(漢)
179) 引弓之民 : 指匈奴.(新)
180) 空弮 : 有弩弓而無箭.(新)
181) 冒 : 犯.(新)
182) 北首 : 北向.(新) 首 : 向也, 謂北向爭致死命於敵也.(春)
183) 不過 : 不能超過.(新)
184) 所摧敗 : 敗匈奴之兵也.(胡) 暴 : 音僕, 言已足以暴露其功於天下也.(春)
185) 欲得當 : 言欲立功以當罪.(新)
186) 誣罔 : 誣陷欺騙.(新)
187) 沮 : 暗譏之意.(新) 貳師 : 李廣利.(新)

爲陵游說,[188] 下遷腐刑.[189]

○【作沈命法】

作沈命法

上以法制御下, 好尊用酷吏,[190] 而郡國二千石爲治者大抵多酷暴,[191] 吏民益輕犯法,[192] 東方盜賊滋起,[193] 大群攻城邑, 小群掠鄕里, 上乃使范昆張德等衣繡衣,[194] 持節虎符,[195] 發兵以興擊.[196] 斬首或至萬餘級, 散亡聚黨, 無可奈何. 於是作沈命法,[197] 曰, "群盜起, 不發覺, 發覺而捕弗滿品者,[198] 二千石以下至小吏, 主者皆死."[199] 其後小吏畏誅, 雖有盜不敢發, 上下相爲匿, 以文辭避法焉.[200]

---

188) 爲：于僞翻.(胡) 說：式芮翻.(胡)
189) 腐刑：腐, 宮刑也. 丈夫割勢不復能生子, 如腐木不生實.(胡)
190) 好：喜歡.(新) 尊用：重用.(新)
191) 爲治：進行統治.(新)
192) 輕：輕易.(新)
193) 滋：增多.(新)
194) 繡衣：① 朝服.(新) ② 漢書百官表"侍御史有繡衣直指, 出討奸猾, 治大獄, 武帝所制, 不常置." 按直指謂指事而行, 無所阿私. 衣繡衣, 以示尊寵.(今) 衣：穿.(新)
195) 虎符：銅制的虎形之符. 帝王授予臣下兵權或調發軍隊的信物.(新)
196) 興擊：以軍興法(動員令)討擊.(新)
197) 沈命法：① 處分捕盜不力之官的連坐法. 意謂隱藏盜賊者沒其命.(新) ② 沈, 沒也, 敢蔽匿盜賊者沒其命也.(今)
198) 滿品：達到規定的數額. 品, 比率.(新)
199) 主者：主管人員.(新)
200) 以文辭避法：言以虛文掩飾詐稱無盜藉避法網.(今)

○【暴勝之爲直指使者】

暴勝之爲直指使者

是時，暴勝之爲直指使者，[201] 所誅殺二千石以下尤多，威振州郡．至勃海，[202] 聞郡人雋不疑賢，[203] 請與相見．不疑據地曰，[204]"竊伏海瀕，[205] 聞暴公子舊矣，[206] 今乃承顏接辭．凡爲吏，太剛則折，[207] 太柔則廢，[208] 威行，施之以恩，然後樹功揚名，[209] 永終天祿."[210] 勝之深納其戒，[211] 及還，表薦不疑，[212] 上召拜不疑爲靑州刺史．

雋不疑戒暴勝之

○【王賀活萬餘人】

王賀活萬餘人

濟南王賀亦爲繡衣御史，[213] 逐捕魏郡群盜，多所縱捨，[214] 以奉使不稱免，[215] 歎曰，"吾聞活千人，子

---

201) 直指使者：官名．朝廷直接派往處理問題的專員．(新)
202) 勃海：郡名．郡治浮海，在今河北滄州東南．(新)
203) 雋：徂兗翻，又辭兗翻．姓譜有雋姓．(胡)
204) 據地：猶言按地．周壽昌曰，"據地，以手下據．古人席地而坐，不疑因進戒辭，故先據地以示敬."(今)
205) 海瀕：猶言海濱．(今)
206) 公子：勝之字也．(今)　舊：久．(今)
207) 太剛：過分剛强．(新)　折：斷．(新)
208) 柔：柔弱．(新)　廢：不中用．(新)
209) 樹：立．(新)
210) 永終天祿：永遠享受天賜的福祿．(新)
211) 戒：告誡．(新)
212) 表薦：上表推薦．(新)
213) 濟南王賀：① 王賀，西漢濟南東平陵人，字翁孺．武帝時爲繡衣御史，逐捕魏郡羣盜及吏畏懦當坐者，皆縱不誅．….(人)　② (新)云，"劉賀，封爲濟南王."非是．王賀是王氏，非劉氏，亦非濟南王．王賀之史蹟，見漢書(卷98元后)傳．(◉)

孫有封,[216] 吾所活者萬餘人, 後世其興乎!”

【癸未(前98) 天漢三年】

○【初榷酒酤】

初榷酒酤 初榷酒酤.[217]

【丁亥(前94) 太始三年】

○【皇子弗陵生】

皇子弗陵生 趙倢伃 鉤弋宮 堯母門

皇°˙子弗陵生.[218] 弗陵母曰河間趙倢伃,[219] 居鉤弋宮,[220] 任身十四月◗而◖生.[221] 上曰, “聞昔堯十四月而生, 今鉤弋亦然.”[222] 乃命其所生門曰堯母門.

---

214) 縱捨 : 放縱, 讓人活命.(新)
215) 不稱 : 不稱職.(新) 免 : 罷官.(新)
216) 封 : 封爵.(新)
217) 初榷酒酤 : ① 如淳曰, 榷, 音較. 應劭曰, 縣官自酤榷賣酒, 小民不復得酤也. 韋昭曰, 以木渡水曰榷, 謂禁民酤釀, 獨官開置, 如道路設木爲榷, 獨取利也. 師古曰, 榷者, 步渡橋, 爾雅謂之石杠, 今之略彴是也. 禁閉其事, 揚利入官, 而下無由以得, 有若渡水之榷, 因立名焉. 彴, 音酌.(胡) ② 榷, 專利, 專賣. 酤, 通‘沽’. 賣酒.(新)
218) 皇子弗陵生 : 子生不書, 此何以書? 危太子也.(綱合) °˙ : (春)有‘太’字, 當削. 此時皇太子, 卽衛太子(戾太子)劉據. 元狩元年(前122)4月劉據立爲太子矣. 弗陵之爲皇太子, 定於甲午(前87 後元二年), 則‘太’字爲衍文.(◉) 弗陵 : 昭帝名. 衛太子之異母弟.(◉)
219) 趙倢伃 : ① 河間人. 武帝的寵姬.(新) ② 帝置倢伃, 位視上卿, 爵比列侯. 師古曰, 倢, 言接幸於上也. 伃, 美貌. 倢, 音接. 伃, 音予.(胡) 倢伃 : 亦作‘倢好’.(中)
220) 居鉤弋宮 : 黃圖, 鉤弋宮在城外, 漢武故事, 在直門南.(胡)
221) 任 : 同‘妊’, 懷孕.(今)
222) 鉤弋亦然 : 王念孫謂鉤弋下當有‘子’字, 因漢書外戚傳云, “生昭帝, 號鉤弋子.” 又云, “鉤弋子年五六歲, 壯大多知.” 此云, “今鉤弋子亦然,” 係對上文, “堯十四月而生” 言之, 下云, “迺命其所生門曰堯母門.”(今)

○【堯母之名 卒成巫蠱之禍】

堯母之名 卒成巫蠱之禍

溫公曰, "爲人君者, 動靜擧措不可不愼°˙,[223] °發於˙中必形於外,[224] 天下無不知之. 當是時也, 皇后太子皆無恙,[225] 而命鉤弋之門曰堯母, 非名也.[226] 是以姦臣逆探上意,[227] 知其奇愛少子, 欲以爲嗣,[228] 遂有危皇后太子之心, 卒成巫蠱之禍,[229] 悲夫!"

○【江充爲直指繡衣使者】

江充爲直指繡衣使者

趙人江充, 初, 爲趙敬肅王客,[230] 得罪於太子丹,[231] 亡逃, 詣闕告趙太子陰事,[232] 太子坐廢.[233] 上召充◖入見,◗[234] 與語◖政事.◗ 大悅, 拜爲直指繡衣使者,[235] 使督察貴戚近臣.

---

223) °˙ : (春)有'也'字, 當削.(◉)
224) 發於 : (春)作'有', 據(資治)改.(◉) 中 : 指內心, 思想.(新)
225) 無恙 : 沒有疾病, 沒有憂患.(漢)
226) 非名 : 不符合名分.(新)
227) 姦臣 : 江充.(要) 逆探 : 推測.(新) 上意 : 皇帝的意圖.(新)
228) 嗣 : 接位人.(新)
229) 巫蠱之禍 : 女能事無形, 以舞降神曰巫, 執左道, 以亂政惑人曰蠱. 指體卽藥毒害人, 是若行符厭俗之術.(春)
230) 趙敬肅王 : 劉彭祖. 景帝之子. 封爲趙王. 卒謚敬肅.(新)
231) 太子丹 : 劉丹. 趙王彭祖之子.(新)
232) 詣闕 : 到宮闕.(新) 告 : 告發.(新) 陰事 : 詭秘之事.(新)
233) 坐廢 : 坐罪廢太子.(新)
234) 見 : 賢遍翻.(胡)
235) 直指繡衣使者 : 朝廷派往軍國的特派員.(新)

【庚寅(前91) 征和二年】

○【武帝當其勞 以逸遺太子】

武帝當其勞以逸遺太子

戾太子仁恕

初, 上年二十九乃生戾太子,[236] 甚愛之. 及長,[237] 性仁恕溫謹, 上嫌其材能少,[238] 不類己,[239] 皇后太子寵寖衰,[240] 常有不自安之意. 上覺之, 謂大將軍青曰, "漢家庶事草創,[241] 加四夷侵陵中國,[242] 朕不變更制度,[243] 後世無法, 不出師征伐, 天下不安, 爲此者不得不勞民.[244] 若後世又如朕所爲, 是襲亡秦之迹也, 太子敦°重˙好靜,[245] 必能安天下, 欲求守文之主,[246] 安有賢於太子者乎! 聞皇后與太子有不安之意, 可以意曉之."[247] 大將軍頓首謝.[248] 太子每諫征伐四夷,[249] 上笑曰, "吾當其勞,[250] 以

---

236) 戾太子 : 劉據. 又稱衛太子. 武帝與衛皇后所生子. 傳見漢書卷63.(新)
237) 長 : 知兩翻.(胡)
238) 少 : 缺乏.(新)
239) 不類己 : 不像自己.(新)
240) 寖 : (資治)作'浸', '浸'與'寖'通.(◉) 浸衰 : 逐漸衰微.(新)
241) 漢家 : 指劉漢朝廷.(新) 草創 : 草, 略也. 創, 造也.(胡)
242) 四夷 : 指四邊各族.(新) 中國 : 指漢朝.(新)
243) 更 : 工衡翻.(胡)
244) 爲 : 于僞翻.(胡) 勞民 : 勞苦百姓.(新)
245) 敦重 : 敦厚, 持重.(新) 重 : (春)作'厚', 據(資治)改.(◉)
246) 守文 : 言以文守業.(新)
247) 以意曉之 : ① 以帝意告知他.(新) ② 倆可以把朕的意思轉告他們.(中白)
248) 頓首 : 叩頭.(新) 謝 : 感謝.(新)

逸遺汝,[251] 不亦可乎!"

○【巫蠱之禍起】

巫蠱之禍起

上用法嚴, 多任深刻吏,[252] 太子寬厚, 多所平反,[253] 雖得百姓心, 而用法大臣皆不悅. 是時, 方士及諸神巫多聚京師,[254] 率皆左道惑衆,[255] 變幻⁋無所不爲.⁋[256] 女巫往來宮中, 敎美人度厄,[257] 每屋輒埋木人祭祀之,[258] 因妬忌恚°詈˙,[259] 更相告訐,[260] 以爲祝詛上, 無道.[261] 上怒, 所殺數百人. 上心旣以爲疑, 嘗晝寢, 夢木人數千持杖欲擊上,[262] 上驚寤,[263]

---

249) 諫 : 勸止.(新)
250) 當 : 値.(新)　勞 : 辛苦.(新)
251) 以逸遺汝 : 言讓儞得以安逸.(新)
252) 任 : 任用.(新)　深刻 : 苛刻的官吏.(新)
253) 平反 : ① 理正寃枉, 減免罪刑.(今) ② 謂錄囚覆奏使從輕也.(春) ③ 反, 音翻, 謂平其不平, 而反罪人辭, 使從輕也.(綱鑑)
254) 神巫 : 裝神弄鬼的巫者.(新)
255) 左道 : 左道, 謂邪道也. 地道尊右, 右爲貴, 故漢書云, 右賢左愚, 右貴左賤, 故正道爲右, 不正道爲左, 若巫蠱及俗禁者.(胡)
256) 變幻 : 變化莫測, 不規則地改變.(漢)
257) 敎美人度戹 : 謂女巫在宮中敎美人渡過災難之法. 美人, 女官名, 位視二千石, 爵比少上造. '度'同'渡'. '戹'亦作'厄', 作阨, 災難.(今)
258) 每屋輒埋木人祭祀之 : 在每間屋裏都埋上木鬥人, 進行祭祀.(中白)
259) 恚詈 : 怨恨呪罵.(新)　詈 : (春)作'罵', '詈'與'罵'義同, 而據(資治)改.(◉)
260) 更相告訐 : 互相攻訐.(新)　更 : 工衡翻.(胡)
261) 祝詛上 : 祈使鬼神降禍于武帝.(新)　詛 : 謂祝之使沮敗也. 漢法有大逆無道之科. 祝, 職救翻. 詛, 莊助翻.(胡)
262) 木人 : 木偶人. 這是江充使胡巫僞造的證據.(新)
263) 寤 : 醒.(新)　上驚寤 : 霍然驚醒.(中白)

因是體不平.[264] 江充自以與太子及衛氏有隙,[265] 見上年老, 恐晏駕後爲太子所誅,[266] 因言上疾祟在巫蠱.[267] 於是上以充爲使者, 治巫蠱獄, 充云, "於太子宮得木人尤多,[268] 又有帛書,[269] 所言不道, 當奏聞."[270] 江充持太子甚急,[271] 太子計不知所出, 從其少傅石德計.[272] 收捕充等, 太子自臨斬充, 罵曰, "趙虜![273] 前亂乃國王父子不足邪![274] 乃復亂吾父子也!"

江充治巫蠱獄

太子斬江充

○【壺關三老茂上書】

壺關三老茂上書

太子出武庫兵,[275] 發長樂宮衛卒.[276] 長安擾亂, 言太子反.[277] 帝在甘泉, 詔捕斬反者, 太子兵敗, 南

264) 體不平 : 身體不適.(新)
265) 隙 : 隔閡, 矛盾.(新)
266) 晏駕 : 謂天子初崩. 韋昭曰, "凡初崩爲晏駕者, 臣子之心, 猶謂宮車當駕而晚出.(今)
267) 祟 : 祟謂禍咎之徵也, 故其字從'出'從'示', 言鬼神所以示人者也. 音息遂翻.(胡)
268) 於太子宮得木人尤多 : 三輔舊事云, 充使胡巫作桐木人而薶之.(胡) 木人 : 木偶人. 這是江充使胡巫僞造的證據.(新)
269) 帛書 : 寫字于帛的書.(新)
270) 當奏聞 : 應當報告天子.(新)
271) 持 : 對抗.(新)
272) 少傅 : 官名. 掌輔佐太子.(新)
273) 趙虜 : 江充, 趙人, 故太子罵之爲趙虜.(今) 虜 : 猶賤奴. 罵人語.(新)
274) 前亂乃國王父子不足邪 : 江充, 趙人, 故罵爲趙虜. 乃, 汝也, 謂充前告趙太子陰事, 使太子見廢也.(胡) 乃國王 : 你的國王. 即趙王.(新)
275) 出 : 取出.(新) 武庫 : 武器庫.(新) 兵 : 武器.(新)
276) 長樂宮 : 卽漢代東宮. 太后住處.(新) 衛卒 : 衛士.(新)
277) 言 : 傳言.(新)

犇. 上怒甚, 壺關三老茂上書曰,[278] "皇太子承萬世之業, 親則皇帝之宗子也.[279] 江充, 閭閻之隷臣,[280] °銜˙至尊之命迫蹵太子,[281] 造飾姦詐, 太子進不得見上, 退困於亂臣, 寃結無告, 不忍忿忿之心, 起而殺充, 子盜父兵, 以救難自免耳,[282] 臣竊以爲無邪心." 書奏, 天子感寤, 然尙未顯言赦之也.

○【戾太子自殺】

戾太子自殺 太子自度不得脫,[283] 卽自經.[284] 初, 上爲太子立博望苑,[285] 使通賓客, 從其所好, 故賓客多以異端進者.[286]

○【戾太子不終】

戾太子不終 溫公曰, 古之明王敎養太子, 爲之擇方正敦良之

---

278) 壺關三老茂：班志, 壺關縣屬上黨郡. 荀悅漢紀, 茂, 姓令狐.(胡) 壺關：縣名. 治所在今山西屯留東.(新) 三老：鄕官. 掌鄕里敎化.(新) 茂：人名. 荀悅漢紀載, 茂姓令狐.(新)

279) 宗子：嫡子. 承大宗, 故謂之宗子.(國)

280) 閭閻：閭里.(新) 隷：賤.(今)

281) 銜至尊之命：奉天子之命.(新) 銜：(春)作'御', 誤.(◉) 迫蹵：迫, 急, 蹵, 躡. 王先謙曰, "迫之使不得退, 蹵之使不得進.(今) 蹵：(資治)作'蹴', '蹵'與'蹴'同.(◉)

282) 難：乃旦翻.(胡)

283) 度：徒洛翻.(胡)

284) 自經：頸在前, 項在後, 故引繩經其頸, 謂之自經, 以刀割其頸, 謂之自剄.(胡)

285) 爲：于僞翻.(胡) 博望苑：① 苑名.(新) ② 三輔黃圖曰, 博望苑在長安杜門外五里. 師古曰, 取其廣博觀望也.(胡)

286) 異端：不符合儒敎之人.(新) 進：進用.(新)

士,[287] 以爲保傅師友,[288] 使朝夕與之游處, 左右前後無非正人,[289] 出入起居無非正道, 然猶有淫放邪僻而陷於禍敗者焉.[290] 今乃使太子自通賓客, 從其所好. 夫正直難親,[291] 諂諛易合,[292] 此固中人之常情,[293] 宜太子之不終也![294]

【辛卯(前90) 征和三年】

○【田千秋訟太子寃】

田千秋訟太子寃

吏民以巫蠱相告言者,[295] 案驗多不實. 上頗知太子惶恐無它意,[296] 會高寢郎田千秋上急變,[297] 訟太子寃曰,[298] "子弄父兵, 罪當笞.[299] 天子之子過誤殺人,[300] 當何罪哉!" 上乃大感寤, 召見千秋, 謂曰,

287) 方正敦良 : 規矩誠實.(新)
288) 保傅 : 師傅.(新) 師友 : 老師和朋友. 亦泛指可以請益的人.(漢)
289) 無非 : 都是.(新)
290) 淫放 : 淫亂, 放蕩.(新)
291) 正直 : 正直之人.(新) 難親 : 難于親近.(新)
292) 諂諛 : 指阿諛奉迎之徒.(新) 易合 : 容易迎合.(新)
293) 中人 : 中等人, 一般人.(新)
294) 宜 : 無怪.(新) 不終 : 不得善終.(新)
295) 巫蠱 : 古代稱巫師使用邪術加害於人爲巫蠱.(漢)
296) 它 : (資治)作'他', '它'與'他'通.(◉) 無他意 : 言爲江充所迫, 惶恐無以自明, 而起兵殺江充, 非有他意也.(胡)
297) 高寢郎 : 高廟衛寢之郎.(要) 上急變 : ① 上報非常之事.(新) ② 所告非常, 故云急變. 上, 時掌翻.(胡)
298) 訟 : 訴訟.(新)
299) 笞 : 鞭打.(新)

"父子之間, 人所難言也, 公獨明其不然.[301] 此高廟神靈使公教我,[302] 公當遂爲吾輔佐." 立拜千秋爲大鴻臚,[303] 而族滅江充家, 上憐太子無辜,[304] 乃作思子宮, 爲歸來望思之臺於湖,[305] 天下聞而悲之.

思子宮

歸來望思臺

【壬辰(前89) 征和四年】

○【武帝爲方士所欺】

武帝爲方士所欺

上乃言曰, "朕卽位以來, 所爲狂悖, 使天下愁苦, 不可追悔. 今事有傷害百姓, 糜費天下者, 悉罷之!"[306] 田千秋曰, "方士言神仙者甚衆, 而無顯功, 臣請皆罷斥遣之!"[307] 上曰, "鴻臚言是也."[308] 於是悉罷方士候神人者.[309] 是後上每對群臣自歎, "曏時愚惑,[310] 爲方士所欺. 天下豈有仙人, 盡妖妄耳!

罷方士

天下豈有仙人

300) 過誤 : 言不是有意.(新)
301) 公獨明其不然 : 只有你地道我們之間的不是.(岳白)
302) 高廟 : 死後廟號爲'高'的君主. 指漢高祖劉邦.(漢)
303) 立拜千秋爲大鴻臚 : 當其立見而卽拜之, 言不移時也. 臚, 陵如翻.(胡)　立 : 隨卽.(新) 大鴻臚 : 鴻, 聲也, 臚, 傳也, 所以傳聲讚導賓客.(綱鑑)
304) 無辜 : 無罪.(新)
305) 爲歸來望思之臺於湖 : 言已望而思之, 庶太子之魂歸來也.(胡)　湖 : 縣名. 治所在今河南靈寶西.(新)
306) 罷 : 停止.(新)
307) 罷斥 : 廢逐.(新)　遣 : 遣散.(新)
308) 鴻臚 : 卽大鴻臚, 指田千秋.(◉)
309) 神人 : 蓬萊仙人之屬.(春)
310) 曏時 : 往日, 舊時.(新)

節食服藥,[311] 差可少病而已."[312]

○【田千秋爲一言取相】

田千秋爲一言取相

六月, 以大鴻臚田千秋爲丞相, 封富民侯.[313] 千秋無他材能術學, 又無伐閱功勞,[314] 特以一言寤意,[315] 數月取宰相, 封侯, 世未嘗有也.

○【輪臺之悔】

輪臺之悔

上乃下詔, 深陳旣往之悔曰, 有司奏請遠田輪臺,[316] 欲起亭隧,[317] 是擾勞天下,[318] 非所以°優˙民也,[319] 朕不忍聞. 當今務在禁苛暴, 止擅賦,[320] 力本農,[321] 修馬復令,[322] 以補缺毋乏武備而已."[323] 由是不復

代田

出軍,[324] 而封田千秋爲富民侯, 以明休息,[325] 『思』

311) 節食 : 節制飮食.(新)
312) 差 : 差不多, 也許.(新)
313) 封富民侯 : 恩澤侯表, 富民侯食邑於沛郡蘄縣. 師古曰, 欲百姓之殷實, 故取其嘉名也.(胡)
314) 閥閱 : 伐, 積功也. 閱, 經歷也. 今人以家世門戶爲閥閱誤矣. 伐, 通作'閥'.(春)
315) 寤意 : 言使天子醒悟而符合其意.(新)
316) 遠田 : 言到遙遠的地方屯田.(新) 輪臺 : 西域邑名. 在今新疆輪臺東.(新)
317) 亭隧 : ① 亭燧. 古代築在邊境上的烽火亭, 用作偵伺和擧火報警.(漢) ② 隧, 在深險處開道. 隧道.(新)
318) 擾勞 : 困擾, 辛苦.(新)
319) 優 : ① 優待.(新) ② (春)作'安', 誤.(◉)
320) 止擅賦 : 漢有擅賦法, 今止不行.(今) 擅賦 : 非常賦也.(春)
321) 力本農 : 努力從事本業, 卽農業.(新)
322) 馬復令 : 減免養馬者服役納稅的法令.(新) 復 : 音福, 除也.(春)
323) 補缺 : 指補充邊防減損的馬匹.(新) 毋乏武備 : 不能缺乏軍備.(新)
324) 復 : 扶又翻.(胡)

富養民也. 又以趙過爲搜粟都尉. 過能爲代田,[326] 其耕耘田器皆有便巧,[327] 以教民, 用力少而得穀多, 民皆便之.

○【天下未嘗無士】

天下未嘗無士

溫公曰, "天下信未嘗無士也! 武帝好四夷之功,[328] 而勇銳輕死之士充滿朝廷, 闢土廣地,[329] 無不如意. 及後息民重農,[330] 而趙過之儔教民耕耘,[331] 民亦被其利. 此一君之身趣好殊別,[332] 而士輒應之,[333] 誠使武帝兼三王之量以興商周之治,[334] 其無三代之臣乎!"

【癸巳(前88) 後元元年】

325) 明：表示 表明.(新)

326) 代田：① 卽代田法. 于同一塊旱地上作物種植位置隔年代換, 故名. 其法是將耕地分成圳和壟, 圳壟相間, 圳寬深各一尺, 壟寬一尺. 種子播于圳中, 苗發之後, 中耕鋤草則以壟土及草逐次入圳, 培壅苗根, 使作物根深叶茂, 可以增加産量.(新) ② 班志, 一畝三甽, 歲代處, 故曰代田, 古法也. 後稷始甽田, 以二耜爲耦, 廣尺深尺曰甽, 長終畝, 一畝三甽, 一夫三百甽, 而播種於三甽中. 師古曰, 代, 易也. 余謂此卽周禮一易再易之田之類.(胡)

327) 田器：積田的器具.(新) 便巧：指簡便靈巧之處.(漢)

328) 好四夷之功：喜好攻伐四夷時.(岳白)

329) 廣地：開拓疆土.(新)

330) 息民：讓民休息(而不征役).(新)

331) 儔：輩, 等.(新)

332) 趣好殊別：興趣愛好不同.(新)

333) 應：響應.(新)

334) 三王：指夏禹商湯周文武.(新) 量：度量, 水平.(新) 治：直吏翻.(胡)

○【畫周公圖 賜霍光】

畫周公圖 賜霍光

時鉤弋夫人之子弗陵,[335] 年數歲, 形體壯大, 多知, 上奇愛之, 心欲立焉,[336] 以其年穉, 母少,[337] 猶與久之.[338] 察群臣, 唯奉車都尉霍光,[339] 忠厚可任大事, 上乃使黃門畫周公負成王朝諸侯以賜光.[340]

○ ⁋【殺鉤弋夫人】

殺鉤弋夫人

後數日, 帝譴責鉤弋夫人. 夫人脫簪珥,[341] 叩頭. 帝曰, "引持去,[342] 送掖庭獄!"[343] 夫人還顧,[344] 帝曰, "趣行,[345] 汝不得活!" 卒賜死.[346] 頃之,[347] 帝閑居, 問左右曰, "外人言云何?" 左右對曰, "人言'且立其子, 何去其母乎?'" 帝曰, "然, 是非兒

335) 弗陵 : 武帝之子. 武帝與鉤弋夫人所生.(新)
336) 立 : 立爲太子.(新)
337) 少 : 年輕.(新)
338) 猶與 : 同猶豫, 遲疑不決.(今)
339) 奉車都尉 : 武帝初置, 秩比二千石, 掌御乘輿車.(今) 霍光 : ?~前68. 霍去病的異母弟.(新)
340) 黃門 : 宦者.(新) 黃門畫周公負成王朝諸侯 : 黃門之署, 職任親近, 以供天子, 百物在焉, 故亦有畫工.(胡) 周公負成王朝諸侯 : 周公是周武王之弟. 武王死, 成王卽位, 年少, 周公輔佐之, 安定天下. 武帝命黃門畫此歷史情節, 意在使霍光輔佐少主.(新) 畫 : 去聲. 俗作'畫'.(要)
341) 簪 : 頭飾.(新) 珥 : 耳飾也.(胡)
342) 引持去 : 帶出去. 引, 退.(新)
343) 掖庭 : 後宮官名. 屬少部. 設有秘獄. 處治宮內有罪者.(新)
344) 還顧 : 回頭看(武帝).(新)
345) 趣 : 讀曰促.(胡)
346) 卒 : 終于.(新)
347) 頃之 : 過了不久.(新)

立子何去母

曹愚人之所知也.[348] 往古國家所以亂, 由主少母壯也.[349] 女主獨居驕蹇,[350] 淫亂自恣,[351] 莫能禁也. 汝不聞呂后邪![352] 故不得不先去之也."¶

【甲午(前87) 後元二年】

○【霍光等受顧命】

霍光等受顧命

金日磾不如光

春, 正月, 上病篤,[353] 霍光涕泣問曰, "如有不諱,[354] 誰當嗣者?"[355] 上曰, "君未諭前畫意邪?[356] 立少子,[357] 君行周公之事!" 光頓首讓曰,[358] "臣不如金日磾!"[359] 日磾亦曰, "臣, 外國人, 不如光, 且使匈奴輕漢矣!" 乙丑, 詔立弗陵爲皇太子, 時年八歲. 丙寅, 以光爲大司馬大將軍,[360] 日磾爲車騎將

348) 是非：這不是.(新)　母壯：國君之母各當壯年.(岳白)
349) 主少：君主年幼.(新)
350) 驕蹇：傲慢不順.(新)
351) 恣：放肆.(新)
352) 汝不聞呂后邪：你沒有聽說過呂后臨朝稱制的故事嗎? 呂后, 卽呂雉. 漢高帝之后.(新)
353) 病篤：病情嚴重.(新)
354) 如有不諱：① 死者人之所不能避, 故云, 如有不諱.(春)　② 賢曰, 不諱, 謂死也. 死者人之常, 故言不諱也. 師古曰, 不諱, 言不可諱也.(胡)
355) 嗣者：繼承人.(新)
356) 諭：明白, 知曉.(新)　前畫意：日前畫'周公負成王朝諸侯'的意圖.(新)
357) 立少子：立我最小的兒子.(中白)
358) 讓：謙讓.(新)
359) 金日磾：日磾, 休屠王子, 故云然.(胡)
360) 大司馬：漢武帝元狩四年始置. 初爲加于將軍之前的一種官號. 武帝臨終以霍光爲大司馬大將軍, 輔佐少主, 爲中朝官領袖.(新)　大將軍：官名, 爲將軍的最高稱號, 漢代多由貴戚

軍, 太僕上官桀爲左將軍,[361] 受遺詔輔少主.[362]

○【霍光進止有常處 金日磾篤愼】

霍光進止有常處 金日磾篤愼

光出入禁闥二十餘年,[363] 出則奉車,[364] 入侍左右, 小心謹愼,[365] 未嘗有過.[366] 爲人沈靜詳審,[367] 每出入下殿門, 進止有常處,[368] 郎僕射竊識視之,[369] 不失尺寸. 日磾在上左右, 目不忤視者數十年,[370] 賜出宮女, 不敢近,[371] 上欲內其女後宮,[372] 不肯, 其篤愼如此, 上尤奇異之.

○ 丁卯, 帝崩于五柞宮.[373] °☞˙

擔任, 掌握朝政.(新)

361) 左將軍 : 官名. 戰國已有. 秦因之. 漢不常置, 金印紫綬, 位僅次于上卿, 職務或典京師兵衛或屯兵邊境. 漢末以後, 將軍名號繁多, 名稱素朴之前後左右之類, 遂漸廢棄.(百度百科)

362) 遺詔 : 皇帝臨終時所發的詔書.(漢)

363) 禁闥 : 宮門.(新)

364) 奉車 : 掌天子車駕.(新)

365) 小心謹愼 : 謂說話做事非常愼重.(漢)

366) 過 : 過錯.(新)

367) 沈靜 : 沈着冷靜.(新) 詳審 : 仔細, 細心.(新)

368) 進止 : ① 進退.(漢) ② (資治)作'止進', 恐節要以便文變作'進止'也.(◉) 止 : 停留, 休息.(新)

369) 郎僕射竊識視之 : 識, 式志反, 記也. 郎與僕射, 皆官名, 謂郎僕射皆私竊識見光之進止處.(春) 射 : 音夜.(綱鑑)

370) 忤視 : 逆視, 抗視.(新)

371) 近 : 接近.(新)

372) 內 : 通'納'.(新)

373) 崩 : 帝死曰崩. 武帝死時71歲.(新)

○【武帝有亡秦之失 免亡秦之禍】

武帝有亡秦之失 免亡秦之禍

溫公曰, "孝武窮奢極欲,[374] 繁刑重歛,[375] 內修宮室, 外事四夷,[376] 信惑神怪,[377] 巡遊無度,[378] 使百姓疲敝, 起爲盜賊, 其所以異於秦始皇者無幾矣.[379] 然秦以之亡, 漢以之興者, 孝武能尊先王之道, 知所統守,[380] 受忠直之言,[381] 惡人欺蔽,[382] 好賢不倦,[383] 誅賞嚴明, 晩而改過, 顧托得人,[384] 此其所以有亡秦之失而免亡秦之禍乎!"

○【天下想聞霍光風采】

天下想聞霍光風采

『太子卽位, 霍光輔幼主, 政自己出,[385] 天下想聞其風采.[386]』

374) 窮奢極欲 : 極爲奢侈貪求.(新)
375) 繁刑重歛 : 刑法賦斂都很繁重.(新) 歛 : (資治)作'斂', '歛'同'斂'.(◉)
376) 外事四夷 : 對外征伐四夷.(岳白) 四夷 : 指四周各族.(新)
377) 神怪 : 神仙和鬼怪, 鬼神怪異之物.(漢)
378) 無度 : 沒有節制.(新)
379) 無幾 : 言不多.(要)
380) 知所統守 : 知道如何治理國家守住基業.(岳白)
381) 受 : 接受.(新)
382) 惡 : ① 討厭, 憎恨.(新) ② 烏路翻.(胡)
383) 好賢不倦 : 始終喜好賢才.(中白) 好 : ① 喜愛.(新) ② 好, 呼到翻.(胡)
384) 顧託得人 : 指託孤于霍光金日磾等人.(新) 托 : (資治)作'託', '托'通'託'.(◉)
385) 自 : 從.(新)
386) 天下想聞其風采 : 天下人都想領略他的風采.(中白) 風采 : 風度.(新)

▪ 孝昭皇帝

在位十三年, 壽二十一.

名弗陵, 武帝之子也. 以童稚之年辨霍光之忠, 何天資之明也! 享國不永惜哉!

【己亥(前82) 始元五年】

○【雋不疑引經斷獄】

雋不疑引經斷獄

有男子乘黃犢車詣北闕,[387] 自謂衛太子,[388] 詔使公卿將軍中二千石雜識視.[389] 至者莫敢發言.[390] 京兆尹雋不疑後到, 叱從吏收縛.[391] ⁋不疑⁋曰, “昔蒯聵出奔,[392] 輒距而不納,[393] 春秋是之.[394] 衛太子

---

387) 男子 : 目成方遂也.(要) 黃犢車 : 黃牛犢拉的車.(新) 北闕 : ① 未央宮的北闕. 漢時上書奏事謁見之人皆詣北闕.(新) ② 北闕, 蕭何築也. 師古曰, 未央宮雖南向, 而上書奏事謁見者皆詣北闕, 公車司馬在焉.(胡)

388) 自謂衛太子 : 戾太子死後, 太子舍人之夏陽縣姓成名方遂, 居湖, 舍人謂曰, “子狀貌甚似衛太子.” 方遂利其言, 冀得富貴, 坐誣罔腰斬.(要) 衛太子 : ① 武帝衛皇后之子劉據. 又稱‘戾太子’. 傳見漢書卷63.(新) ② 太子據衛后所生, 故稱.(綱鑑)

389) 公卿將軍中二千石 : 皆朝廷大官三公九卿等.(新) 中二千石 : 漢官秩名. 漢書宣帝紀, “潁川太守黃霸以治行尤異, 秩中二千石.” 顔師古注, “漢制, 秩二千石者, 一歲得一千四百四十石, 實不滿二千石也. 其云中二千石者, 一歲得二千一百六十石, 擧成數言之, 故曰中二千石. 中者, 滿也.” 漢制九卿秩皆中二千石, 故又用爲九卿的代稱.(漢) 雜識視 : ① 雜, 共也. 有素識之者, 令視知其是非也.(胡) ② 雜, 共同. 識視, 辨認.(新)

390) 莫敢 : 無人敢.(新)

391) 從吏 : 隨行之吏.(今) 收縛 : 猶收繫.(漢)

392) 蒯聵 : 衛靈公世子之名, 與靈公夫人南子有惡, 欲殺南子, 靈公怒, 蒯聵懼而奔宋. 蒯, 苦怪反. 聵, 五怪反.(春)

得罪先帝, 亡不卽死,[395] 今來自詣,[396] 此罪人也!"

公卿當用有經術明大誼者

遂送詔獄.[397] 天子與大將軍霍光聞而嘉之曰, "公卿大臣當用有經術明於大誼者."[398] 繇是不疑名聲重於朝廷,[399] 在位者皆自以不及也.[400] 廷尉驗治,[401] 竟得奸詐, 坐誣罔不道.[402] 要斬.[403]

不疑名重朝廷

○【杜延年勸光儉約】

杜延年勸光儉約

諫大夫杜延年見國家承武帝奢侈師旅之後, 數爲大將軍光言,[404] "年歲比不登,[405] 流民未盡還,[406] 宜修孝文時政,[407] 示以儉約寬和, 順天心, 說民意,[408] 年歲宜應."[409] 光納其言.

393) 輒距而不納 : 輒, 蒯聵子名也. 蒯聵奔宋, 已而之晉. 衛人立輒爲君, 是爲出公. 晉大夫趙鞅送蒯聵入衛, 衛距之不得入.(春) 距 : 通'拒'. 拒絶.(新)
394) 春秋 : 春秋時魯國的官吏, 據說經孔子編定, 傳於後世.(新) 是之 : 肯定這件事.(新)
395) 亡不卽死 : ① 以罪去國曰亡, 謂旣亡去, 何不卽就死地.(春) ② 卽, 就. 謂太子逃亡而不歸罪就死.(今)
396) 自詣 : 自己來到.(新)
397) 詔獄 : 奉天子詔令拘禁犯人的牢獄.(新)
398) 經術 : 指儒家之術.(新) 誼 : 同'義'.(新)
399) 繇 : 通'由'.(新) 由是 : 從此.(新)
400) 在位者 : 在官位的人.(新)
401) 驗治 : 查究, 處治.(新)
402) 坐誣罔不道 : 因欺騙天子犯了大逆不道之罪.(新)
403) 要斬 : 刑名. 將犯人身體從腰部斬斷. 要同'腰'.(新)
404) 數 : 音朔, 屢次.(今) 爲 : 於僞翻.(胡)
405) 年歲 : 爲年成.(新) 比 : 頻數.(今) 不登 : 歉收.(新)
406) 還 : 指還鄕.(新)
407) 孝文 : 漢文帝.(新)
408) 說 : 讀曰'悅'.(今)

【庚子(前81) 始元六年】

○【桑弘羊主鹽鐵之議】

桑弘羊主鹽鐵之議

春, 二月, 詔有司問郡國所擧賢良文學,[410] 民所疾苦敎化之要,[411] 皆對,[412] "願罷鹽鐵酒榷均輸官,[413] 毋與天下爭利, 示以儉節. 然後敎化可興." 桑弘羊難,[414] 以爲, "此國家大業, 所以制四夷, 安邊足用之本, 不可廢也." 於是鹽鐵之議起焉.[415]

○【蘇武還自匈奴】

蘇武還自匈奴

節旄盡落

初, 蘇武旣徙北海上,[416] 杖漢節牧羊,[417] 臥起操持,[418] 節旄盡落.[419] 及壺衍鞮單于立, 國內乖離,[420] ⌜常恐漢兵襲之,⌟ 於是衛律⌜爲單于⌟謀, 與漢和親.

---

409) 宜應 : 當順應(好轉).(新)
410) 賢良文學 : 皆漢代選拔官吏的科目之名.(新)
411) 敎化 : 敎育感化.(新) 要 : 關鍵.(新)
412) 對 : 指對詔所問.(新)
413) 願 : 希望.(新) 罷 : 廢除.(新) 塩鐵酒榷 : 謂鹽鐵酒的官營專賣. 鹽鐵事始見本書武帝元狩四年. 酒榷事始見天漢三年.(新) 榷 : 古岳翻.(胡) 均輸官 : 掌管郡國轉運賣買的官, 其事始見本書元鼎三年.(新)
414) 難 : 乃旦翻.(胡)
415) 塩鐵之議起焉 : 議罷鹽鐵之官, 百姓皆得鬻鹽鑄錢, 因摠論政治得失也. 據班史藝文志, 有鹽鐵論十篇, 今行於世.(胡)
416) 蘇武旣徙北海上 : 事見天漢元年.(胡前100)
417) 杖 : 拄着.(新) 漢節 : 漢天子所授予的符節.(漢) 節 : 符節.(新)
418) 臥起 : 睡覺和起身活動.(新)
419) 節旄 : 節, 使者所持以示信者, 編毛爲之, 以象竹節, 名曰旄節, 謂節上之毛.(今)
420) 乖離 : 背離.(漢)

雁足帛書

漢使至，求武等，[421] 匈奴詭言武死.[422] 常惠私教使者謂單于，[423] 言，"天子射上林中，[424] 得雁，足有繫帛書，[425] 言武等在某澤中." 使者如惠語以讓單于. 單于驚，謝. 乃歸武. 武留匈奴凡十九歲. 始以彊壯出，及還，鬚髮盡白.

○【罷榷酤官】

罷榷酤官

秋，罷榷酤官，[426] 從賢良文學之議也. 武帝之末，海內虛耗，戶口減半. 霍光知時務之要，輕傜薄賦，[427] 與民休息. 至是匈奴和親，百姓充實，[428] 稍復文景之業焉.[429]

稍復文景之業

【辛丑(前80) 元鳳元年】

○【上官桀等陷霍光】

上官桀等陷霍光

上官桀之子安有女，卽霍光外孫. 安因光欲內

421) 求：尋求.(新)
422) 詭言：謊言.(新)
423) 常惠：漢人，隨蘇武出使匈奴，被扣留多年.(新) 謂：告語也.(胡)
424) 天子：指漢朝皇帝.(新) 上林：苑名. 在故長安西南.(新)
425) 帛書：寫在帛上的信.(新)
426) 罷：廢除.(新) 榷酤官：專賣酒類的官員.(新)
427) 傜：同'徭'. 徭役.(新)
428) 百姓充實：百姓日益富足.(岳白)
429) 稍：稍微.(新) 復：恢復.(新) 文景：漢文帝漢景帝.(新)

之,[430] 光以其幼, 不聽. 安遂因帝姊蓋長公主,[431] 內入宮爲婕妤,[432] ⁋數⁋月餘, 立爲皇后[433], 年甫六歲. 於是桀安深怨光而德蓋主.[434] 知燕王旦以帝兄不得立, 亦怨望, 乃⁋詐⁋令人°˙爲燕王上書.[435] ⁋又引"大將軍長史敞無功,[436] 爲搜粟都尉, 又擅調益莫府校尉."[437] 桀欲從中下其事,[438] 桑弘羊當與諸大臣.⁋ °˙共執退光,[439]

○【昭帝辨上官桀之詐】

昭帝辨上官桀之詐

書奏, 光聞之, 不入.[440] 上問,[441] "大將軍安在?"[442] 桀對⁋曰,⁋ "以燕王告其罪,[443] 不敢入." 有詔, "召大將軍." 光入, 免冠頓首⁋謝.⁋[444] 上曰, "將軍冠![445]

---

430) 內 : '納'的古字.(漢)
431) 蓋長公主 : 武帝女, 爲蓋侯妻.(要)
432) 婕妤 : 宮中女官名. 漢武帝時始置, 位視上卿, 秩比列侯. 自魏晉至明多沿設.(漢)
433) 上官桀之子安有女 … 立爲皇后 : 此屬於B.C.84~83年之事, 則'上官桀'之前, 當有'初'字.(◉)
434) 蓋主 : 蓋長公主.(新)
435) °˙ : (春)有'詐'字, '詐'字當在'令'字上.(◉)
436) 敞 : 楊敞.(中白)
437) 調 : 選也.(胡) 莫府 : 大將軍府也.(胡)
438) 中 : 宮中.(新) 下 : 謂交付有司.(新)
439) °˙ : (春)有'欲'字, '欲'字當在上之'從中'字上.(◉) 當 : 親自負責.(新) 執 : 捉.(新) 退 : 貶.(新)
440) 入 : 指入朝.(新)
441) 上 : 指昭帝.(新)
442) 安在 : 在哪裏.(新)
443) 以 : 因.(新)
444) 免冠 : 脫去頂冠.(新) 頓首 : 叩頭.(新) 謝 : 謝罪.(新)

朕知是書詐也,[446] 將軍無罪. 將軍調校尉,[447] 未十日, 燕王何以知之!" 是時帝年十四, 尙書左右皆驚.[448] 而上書者果亡.[449] 後桀黨與有譖光者,[450] 上輒怒曰, "大將軍忠臣, 先帝所屬以輔朕身,[451] 有毁者坐之!"[452] 自是桀等不敢復言.[453]

○【上官桀等謀叛伏誅】

上官桀等謀叛伏誅

上官桀等謀令長公主置酒請光, 伏兵格殺之,[454] 因廢帝, 迎立燕王爲天子.[455] 安又謀誘燕王至而誅之. 因廢帝立桀. 會蓋主舍人知其謀,[456] 以告, 詔捕桀安等, ⁌幷⁍宗族悉誅之, 蓋主自殺. 燕王自絞死,[457]

上官皇后不廢

皇后以年少, 不與謀,[458] 亦霍光外孫,[459] 故

445) 冠 : ① 戴(冠).(新) ② 令復著冠也.(胡)
446) 朕 : 漢天子自稱.(新)
447) 調 : 選拔.(岳白)
448) 尙書 : 官名. 西漢時掌章奏文書.(新) 左右 : 指天子近侍人員.(新)
449) 果亡 : 果然逃跑.(新)
450) 譖 : 誣陷.(新)
451) 屬 : ① 通'囑'.(新) ② 之欲翻.(胡)
452) 坐之 : 謂判誣罔罪.(新)
453) 復 : 扶又翻.(胡)
454) 格殺 : 不用器械而白手殺之.(要)
455) 燕王 : 指燕王劉旦.(新)
456) 會 : 適値.(新) 蓋主舍人 : 蓋長公主的親近左右.(新)
457) 自絞死 : 自己勒死.(新)
458) 與 : 讀'預'. 參預.(新)
459) 外孫 : 外孫女.(新)

得不廢.

【甲辰(前77) 元鳳四年】

○【傅介子斬樓蘭王】

傅介子斬樓蘭王

樓蘭國最在東垂,[460] 近漢, 當白龍堆,[461] ⁋乏水草,[462] 常主發導,[463] 負水擔糧, 送迎漢使. 又數爲吏卒所寇,[464] 懲艾,[465] 不便與漢通. 後復爲匈奴反間,[466]¶ 數遮殺漢使.[467] 傅介子使大宛,[468] 詔因令責樓蘭龜茲.[469] 其王皆謝服.[470] 介子還謂大將軍霍光曰, "樓蘭龜茲數反覆, 不誅, 無所懲艾.[471] 願往刺之以威示諸國."[472] 大將軍於是白遣之.[473] 介子與士卒俱齎金幣,[474] ⁋揚言¶以賜外國爲名. ⁋樓蘭¶王

---

460) 東垂 : 指西域的東方邊陲. 垂, 通'陲'.(新)
461) 當 : 對着.(新) 白龍堆 : ① 白龍堆 : 沙漠名. 在新疆天山南路. 簡稱龍堆.(漢) ② 岸似白龍, 故名.(要)
462) 乏 : 缺乏.(新)
463) 常主發導 : 常常主管遣發嚮導之事.(新)
464) 又數爲吏卒所寇 : 又屢次受到漢朝吏卒的掠奪.(岳白)
465) 懲艾 : 被懲創而從中吸取教訓. 艾, 讀'乂'.(新)
466) 反間 : 用計使敵方內部鬧矛盾.(新)
467) 數 : 音'朔'.(綱鑑) 遮 : 攔截.(新)
468) 傅介子 : 傅姓, 介子名.(要)
469) 令責 : 命其指責.(新) 龜茲 : 龜茲國治延城, 去長安七千四百八十里. 龜, 音丘.(胡)
470) 謝服 : 讓錯服罪.(新)
471) 艾 : 音乂, 懲也. 與'乂'同, 治也.(要)
472) 刺 : 刺, 七亦翻, 下同.(胡)
473) 白 : 報告天子.(新) 遣 : 派遣.(新)

更名樓蘭爲鄯善

貪漢物, 來見使者. 介子使壯士刺死之, 諭以王負漢罪,[475] 更立王弟尉屠耆爲王,[476] 更名其國爲鄯善.[477] 封傅介子爲義陽侯.

○【美傅介子以爲奇功 過矣】

美傅介子以爲奇功過矣

溫公曰, “王者之於戎狄,[478] 叛則討之, 服則舍之.[479] 今樓蘭王旣服其罪, 又從而誅之, 後有叛者, 不可得而懷矣.[480] 必以爲有罪而討之, 則宜陳師鞠旅,[481] 明致其罰.[482] 今乃遣使者誘以金幣而殺之, 後有奉使諸國者, 復可信乎![483] 且以大漢之彊而爲盜賊之謀於蠻夷,[484] 不亦可羞哉![485] 論者或美介子以爲奇功,[486] 過矣![487]

---

474) 齎 : 携帶.(新)
475) 負 : 背叛.(新)
476) 更 : 工衡翻.(胡) 尉屠耆 : ① 人名. 樓蘭王安歸之弟.(新) ② 屠耆, 音除祈. 尉屠耆, 名也.(目)
477) 鄯善 : 西域古國名. 漢昭帝元風四年, 樓蘭改名爲鄯善.(新)
478) 戎狄 : 指北方少數民族.(新)
479) 舍 : 讀曰捨.(今)
480) 懷 : 懷柔.(新)
481) 陳師鞠旅 : 鞠, 告也. 將戰之日, 陳其師旅, 誓告之也.(胡)
482) 明致其罰 : 申明對其懲罰.(新)
483) 復 : 扶又翻.(胡) 復可信乎 : 還能令人信服嗎. 信, 信義, 誠信.(新)
484) 盜賊之謀 : 指陽謀凶殺.(新) 蠻夷 : 指少數民族.(新)
485) 不亦可羞哉 : 不也可羞嗎.(新) 羞 : 羞恥.(新)
486) 美 : 稱讚.(新) 奇功 : ① 特殊的功勳.(新) ② 贊美傅介子立了一件奇功.(中白)
487) 過 : 錯誤.(新)

【丁未(前74) 元平元年】

○【霍光立昌邑王】

霍光立昌邑王 四月, 帝崩,[488] 無嗣. 大將軍光與群臣議, 迎昌邑王賀. 賀哀王之子,[489] 在國素狂縱,[490] 動作無節.[491] 王吉諫昌邑王 嘗遊方與[492], 不半日馳二百里.[493] 中尉王吉上疏諫曰,[494] "夫廣廈之下,[495] 細旃之上,[496] 明師居前,[497] 勸誦在後°,[498] 上論唐虞之際,[499] 下及殷周之盛, 考仁聖之風, 習治國之道, 於以養生, 豈不長哉!" 王終不改節. 六月, 王受皇帝璽綬,[500] 襲尊號.[501]

○【田延年勸霍光廢立】

488) 帝 : 昭帝. 昭帝死時二十三歲.(新)
489) 昌邑哀王 : 卽劉髆, 武帝之子.(新)
490) 國 : 指昌邑王國.(新) 素 : 向來.(新) 狂縱 : 狂妄, 放蕩.(新)
491) 動作 : 行爲.(新) 節 : 禮節.(新)
492) 遊方與 : 方與縣本屬山陽郡, 武帝以山陽爲昌邑王國, 方與縣屬焉. 方, 音房. 與, 音豫.(胡) 與 : 與之音'豫'者, 昔日讀音曰'예', 而今讀音曰'여'. 此例亦有'參與'嘗讀曰'참예'(朝鮮語辭典, 朝鮮總督府編), 而今讀曰'참여'者.(◉)
493) 不半日 : 不到半天時間.(新)
494) 中尉 : 官名. 掌治安.(新)
495) 廣廈 : 大屋.(新)
496) 旃 : 與'氈'同.(胡)
497) 明師 : 高明的老師.(新)
498) 明師居前 勸誦在後 : 德才兼備的老師在前面諄諄敎誨, 勸學好問的學生在後面孜孜苦讀.(二十四史全釋 漢書 卷72 王吉列傳)
499) 唐虞 : 傳說中陶唐氏堯有虞氏舜.(新)
500) 璽綬 : 玉璽綬帶. 卽天子之印.(新)
501) 襲 : 繼承. 尊號. 指皇帝之位.(新)

田延年勸霍光廢立

昌邑王既立, 淫戲無度.[502] 諫多不聽. 光憂懣,[503] 問所親故吏田延年,[504] 延年曰, "將軍爲國柱石,[505] 審此人不可,[506] 何不建白太后,[507] 更選賢而立之?"[508] 光曰, "於古有此不?"[509] 延年曰, "伊尹相殷, 廢太甲以安宗廟,[510] 後世稱其忠. 將軍若能行此, 亦漢之伊尹也." 光乃陰與張安世圖計.[511]

霍光爲國柱石

○【夏侯勝諫王出遊】

夏侯勝諫王出遊

王出遊, 光祿大夫夏侯勝當乘輿前諫曰, "天久陰不雨, 臣下有謀上者. 陛下出, 欲何之?"[512] 王怒, 謂勝爲妖言,[513] 縛以屬吏.[514] 光乃召問勝. 勝對言, "在鴻範傳曰,[515] '皇之不極, 厥罰常陰,[516] 時

502) 淫戲 : 荒淫嬉戱.(新) 無度 : 沒有限度.(新)
503) 懣 : ① 煩惱.(新) ② 母本翻, 又音滿, 又音悶, 煩懣也.(胡)
504) 故吏 : ① 舊屬.(岳白) ② 原來的屬吏.(漢)
505) 柱石 : ① 柱者, 梁下之柱. 石, 承柱之礎. 言大臣負國重任, 如屋之柱及其石也.(胡) ② 意謂負重大責任.(新)
506) 審 : 了解.(新)
507) 建白太后 : 建白, 立議而上言. 太后, 指昭帝上官皇后.(今) 太后 : 霍光之外孫女.(◉)
508) 更選 : 改選.(中白)
509) 於古有此不 : ① 光不涉學, 故有此問也. 不, 讀曰否.(胡) ② 於古有此不, 意謂有沒有這種先例.(新)
510) 廢太甲以安宗廟 : 太甲商湯之孫. 旣立而無道, 爲其相伊尹放逐於桐.(今)
511) 張安世 : 張湯之子.(新) 圖計 : 計謀.(新)
512) 之 : 往也.(胡)
513) 妖言 : 蠱惑人心的話.(新)
514) 屬吏 : 交給主管官吏處理.(新) 屬 : 之欲翻.(胡)
515) 洪範傳 : 卽洪範五行傳, 漢劉向撰. 十一篇. 以陰陽災異附會朝政人事禍福, 宣揚"天人感應"

霍光益重經術士

則『有』下人°˙伐上者.'"[517] 光安世大驚, 以此益重經術士.

○【霍光奏廢昌邑王】

霍光奏廢昌邑王

楊敞汗出洽背

光安世既定議, 乃使田延年報丞相楊敞. 敞驚懼, 不知所言, 汗出°洽˙背,[518] 徒唯唯而已.[519] 光卽與羣臣俱見,[520] 白太后,[521] 具陳昌邑王不可以承宗廟狀.[522] 皇太后詔, 昌邑王伏前聽詔,[523] 光令王起, 拜受詔, 光持其手, 解脫其璽組,[524] 扶王下殿, 送至昌邑邸.[525] 『光謝曰,[526] "願王自愛, 臣長不復左右."[527] 光涕泣而去.』

說和讖緯神學. 書已佚. 基本內容保存于漢書·五行志.(新) 洪:與'鴻'同.(中)

516) 皇之不極 厥罰常陰:漢儒作洪範傳, 以五事應五行. "皇之不極, 是謂不建, 厥罰常陰, 時則有下人伐上之痾."皇, 君也. 極, 中也. 建, 立也. 人君貌言視聽思五事皆失, 不得其中, 則不能立萬事, 失在眊悖, 故其咎眊也. 王者承天理物, 雲起于山而彌於天, 天氣亂, 故其罰常陰也. 君亂且弱, 人之所叛, 故有下人伐上之痾也.(胡)

517) °˙:(春)有'有'字, 有當在'下人'之上.(◉)

518) 洽:(春)作'沾', '洽'與'沾'義同, 而據(資治)改.(◉) 洽:沾濕.(新)

519) 唯唯:謙恭應命之詞. 猶今'是, 是'.(新)

520) 見:賢遍翻.(胡)

521) 白太后:白, 奏也, 見太后而奏之.(春)

522) 具陳:詳細陳述.(新) 承宗廟狀:繼承劉氏宗廟的情況.(新)

523) 伏前:跪拜在面前.(新)

524) 璽組:卽璽綬.(新)

525) 昌邑邸:昌邑王在京師的公館.(新)

526) 謝:告辭.(新)

527) 長不復左右:言不復得侍見于左右.(胡)

○【丙吉護養宣帝】

丙吉護養宣帝

初, 衛太子之子史皇孫.[528] 生子病已,[529] 號皇曾孫. 皇曾孫生數月, 遭巫蠱事, 太子男女妻妾皆遇害,[530] 獨皇曾孫在, 亦坐收繫獄.[531] 丙吉受詔治巫蠱獄, 吉心知太子無°事實˙,[532] 重哀皇曾孫無辜,[533] 擇謹厚女徒,[534] 令乳養曾孫,[535] 置閒燥處.[536] 曾孫高材好學, 然亦喜游俠,[537] 以是具知閭里奸邪, 吏治得失.[538]

○【霍光立宣帝】

霍光立宣帝

及昌邑王廢, 霍光與張安世諸大臣議所立,[539] 未定. 丙吉奏記光曰,[540] "武帝曾孫名病已者, 至今

528) 史皇孫 : ① 劉進, 武帝之孫.(新) ② 以外家姓稱之曰史.(春)
529) 生子病已 : 已, 止也, 夙遭屯難而多病苦, 故名病已, 欲速差也, 後改名詢.(春)
530) 太子 : 指衛太子劉據.(新)
531) 收繫 : 收捕拘囚.(新)
532) 事實 : (春)作'辜', 誤.(◉) 無事實 : (指罪行)不是實事.(新)
533) 重哀 : 非常可憐.(新) 重 : 直用翻.(胡) 無辜 : 無罪(新)
534) 女徒 : 謂女子而判徒罪者.(今)
535) 乳養 : 喂奶撫養.(新)
536) 閒燥處 : ① 安靜高燥的地方.(新) ② 閒, 寬淨之處也. 閒, 讀曰閑. 燥, 高敞也.(胡)
537) 游俠 : 謂輕死重氣, 如荊軻豫讓之輩. 遊, 從也, 行也, 俠, 扶也, 持也, 言能相從遊行挾輔之事也.(春)
538) 治 : 直吏翻.(胡)
539) 立 : 立帝.(新)
540) 奏記 : 漢代下級對上級寫在簡牘上的書面意見.(新)

丙吉奏記光

十八九矣. 通經術, 有美材, 行安而節和.[541] 願將軍定大策." 光與丞相敞上奏曰, "武帝曾孫病已, 年十八, 師受詩論語孝經, 躬行節儉,[542] 慈仁愛人, 可以嗣孝昭皇帝後." 皇太后詔曰, "可." 迎曾孫, 即皇帝位.[543]

○【嚴延年劾奏霍光】

嚴延年劾奏霍光

侍御史嚴延年劾奏,[544] "大將軍光擅廢立主,[545] 無人臣禮, 不道."[546] 奏雖寢,[547] 然朝廷肅然敬憚之.

541) 行安 : 行爲安好.(新) 節和 : 氣節和順.(新)
542) 躬行 : 親自履行.(新)
543) 即皇帝位 : 癸巳(六月二十八日)廢昌邑王, 庚申(七月二十五日)立宣帝, 漢朝無君者二十七日, 天下不搖, 霍光處此, 誠難能也.(胡)
544) 侍御史 : 屬御史大夫, 員十五人, 受公卿奏事擧劾.(今) 嚴延年 : 人名.(新)
545) 廢立 : 帝王廢置皇后太子諸侯, 或大臣廢舊君立新君.(漢)
546) 不道 : 猶無道.(新)
547) 寢 : 擱置.(新)

通鑑節要增損校註 卷十二

漢紀

▪ 中宗孝宣皇帝 上

在位二十五年, 壽四十二.

初名病已, 後改名詢. 武帝曾孫, 衛太子孫, 史皇孫子. 信賞必罰, 吏稱民安, 可謂中興, 侔德商周. 然刑名繩下, 德敎不純, 漢家之元氣索矣.

【戊申(前73) 本始元年】

○【霍光專權】

霍光專權 霍光稽首歸政

大將軍光稽首歸政,[1] 上謙讓不受,[2] 諸事皆先關白光,[3] 然後奏御.[4] 自昭帝時, 光黨親連體,[5] 根據於朝廷. 及昌邑王廢, 光權益重, 每朝見,[6] 上虛己

1) 稽首 : 行跪拜禮.(新)　歸政 : 歸還執政權.(新)
2) 上 : 指宣帝.(新)
3) 先關白光 : 先報告霍光.(新)　關白 : 猶今言稟告稟知, 關訓通, 謂通其意以言之, 故曰關白.(中) 關 : 由也, 如行者之有關鍵也.(要)
4) 奏御 : ① 上奏天子.(新) ② 奏御, 皆進也.(要)
5) 黨親連體 : 指姻親同宗結成集團.(新)

斂容,[7] 禮下之已甚.[8]

○【黃霸寬和】

黃霸寬和

初, 上官桀與霍光爭權, 光旣誅桀, 遂遵武帝法度, 以刑罰痛繩羣下,[9] 由是俗吏皆尙嚴酷以爲能,[10] 而河南太守丞黃霸獨用寬和爲名.[11] 上在民間時, 知百姓苦吏急迫, 聞霸持法平,[12] 乃召爲廷尉正,[13] 數決疑獄,[14] 庭中稱平.[15]

【己酉(前72) 本始二年】

○【夏侯勝黃霸俱下獄】

夏侯勝黃霸俱下獄

夏, 詔曰, "孝武皇帝躬仁誼,[16] 厲威武,[17] 功德茂盛, 而廟樂未稱,[18] 朕甚悼焉. 其與列侯二千石博

---

6) 見 : 賢遍翻.(胡前36年)
7) 虛己斂容 : 謙虛嚴肅, 以示恭敬.(新) 斂容 : 正容. 顯出端莊的臉色.(漢) 斂 : (資治)作'歛', '歛'同'斂'.(◉)
8) 禮下之已甚 : 言對待臣下之禮已過分.(新) 已甚 : ① 言過當也.(胡) ② 已, 亦甚也.(要)
9) 痛繩羣下 : 狠狠地整治下級官吏和百姓.(新)
10) 能 : 能干, 才干.(新)
11) 太守丞 : 官名. 郡太守的屬官.(新)
12) 持法平 : 執法寬平.(新)
13) 廷尉正 : 官名. 秩千石廷尉的屬官.(新)
14) 數 : 所角翻.(胡) 決 : 判處.(新) 疑獄 : 疑難的案件.(新)
15) 庭中稱平 : 漢書作'廷中'. 師古曰, "此廷中, 謂廷尉之中也." 余謂通鑑作'庭中', 言漢庭之中也.(胡) 庭中 : 漢朝廷之中.(新) 稱平 : 謂稱美其持法輕重適中.(春)
16) 躬 : 親自實踐.(新) 誼 : 同'義'.(新)
17) 厲 : '勵'的本字. 磨勵.(新)

士議." 群臣皆曰, "如詔." 夏侯勝獨曰,[19] "武帝雖有攘四夷廣土境之功, 然多殺士衆, 竭民財力, 奢泰無度,[20] 無德澤於民, 不宜爲立廟樂."[21] 於是丞相御史劾奏勝非議詔書,[22] 毁先帝, 不道,[23] 及丞相長史黃霸阿縱勝,[24] 不擧劾,[25] 俱下獄. 有司遂請尊孝武帝廟, 爲世宗廟.[26]

○【黃霸獄中受書】

黃霸獄中受書

夏侯勝黃霸旣久繫,[27] 霸欲從勝受尙書,[28] 勝辭以罪死.[29] 霸曰, "朝聞道, 夕死可矣."[30] 勝賢其言,[31] 遂授之. 繫再更冬,[32] 講論不怠.

---

18) 稱 : 副也.(胡)
19) 夏侯勝獨 : (春)作'獨夏侯勝', 據(資治)改.(◉)
20) 泰 : 侈也.(要)
21) 爲 : 于僞翻.(胡)
22) 御史 : 指御史大夫.(新)
23) 不道 : 大逆不道.(新)
24) 長史 : 官名. 丞相長史, 是丞相的屬官.(新) 阿縱 : 曲從, 放縱.(新)
25) 擧劾 : 檢擧, 彈劾.(新)
26) 世宗 : ① 帝王的廟號之一. 言其文治武功爲一世之宗.(漢) ② 六月庚午, 尊孝武廟爲世宗廟, 奏盛德文始五行之舞, 天子世世獻.(漢書 卷8 宣帝紀)
27) 繫 : 囚禁.(新)
28) 受 : 受讀, 學習.(新)
29) 辭 : 推辭.(新) 罪死 : 犯罪將死.(新)
30) 朝聞道, 夕死可矣 : 論語里仁篇所載孔子之言.(今)
31) 賢 : 稱贊的意思.(新)
32) 更 : 歷也. 更, 工衡翻.(胡)

【庚戌(前71) 本始三年】

○【霍顯毒許后】

霍顯毒許后

霍光夫人顯欲貴其小女成君,[33] ⁋道無從.⁋[34] 會許后當娠,[35] 病, 女醫淳于衍者,[36] 霍氏所愛, 嘗入宮侍疾. 顯使衍因投毒藥以飮皇后,[37] 有頃,[38] 遂加煩懣,[39] 崩.

○【匈奴大虛弱】

匈奴大虛弱

匈奴擊烏孫

冬, 匈奴單于自將數萬騎擊烏孫,[40] 頗得老弱.[41] 欲還, 會天大雨雪,[42] 一日深丈餘,[43] 人民畜產凍死,[44] 還者不能什一.[45] 於是丁令乘弱攻其北,[46] 烏桓入其東,[47] 烏孫擊其西, 凡三國所殺數萬級, 馬數萬

---

33) 顯 : 霍光夫人之名.(新) 成君 : ① 霍光的小女.(新) ② 名也.(國)
34) 道無從 : ① 言無由達到目的.(新) ② 從, 因也, 由也, 無由得納其女.(胡)
35) 許后 : 宣帝許皇后. 許廣漢之女. 卒謚恭哀.(新) 娠 : 懷孕也.(綱鑑)
36) 淳于 : 姓譜, 淳于出於姜姓, 州公之後.(胡)
37) 飮 : 於禁翻.(胡)
38) 有頃 : 一會兒.(新)
39) 煩懣 : 亦作'煩滿'. 中醫謂內熱鬱結之症.(漢)
40) 烏孫 : 古代西域國名. 地在今伊犂河谷.(漢)
41) 得 : 獲取.(新)
42) 雨雪 : 下雪.(新) 雨 : 于具翻.(胡)
43) 一日 : 一天之內.(新) 深丈餘 : 雪深一丈多.(新)
44) 畜產 : 指馬牛羊駱駝等.(新)
45) 不能 : 不及, 不到.(新) 什一 : 十分之一.(新)
46) 丁令 : 同'丁零'. 古民族名. 漢時爲匈奴屬國.(漢)
47) 烏桓 : 亦作烏丸. 族名. 因居于烏桓山而得名.(新)

匹, 牛羊甚衆, 匈奴大虛弱. 其後漢出三千餘騎爲三道,[48] 並入匈奴, 捕虜得數千人還, 匈奴終不敢取當,[49] 滋欲鄉和親,[50] 而邊境少事矣.[51]

○ 【趙廣漢爲鉤距】

趙廣漢爲鉤距

是歲, °潁˙川太守趙廣漢爲京兆尹.[52] °潁˙川俗, 豪傑相朋黨.[53] 廣漢爲缿筩,[54] 受吏民投書, 使相告訐,[55] 於是更相怨咎,[56] 姦黨散落, 盜賊不°敢˙發.[57]

發姦擿伏如神

▸廣漢◂尤善爲鉤距以得事情,[58] 閭里銖兩之姦皆知之.[59] 長安少年數人會窮里空舍,[60] 謀共劫人,[61] 坐語未訖,[62] 廣漢使吏捕治, 具服.[63] 其發姦擿伏如

---

48) 爲三道 : 分三條路線.(新)
49) 取當 : 報其直也.(要) 當 : 謂相當的數量或價値.(新)
50) 滋 : 益加.(今) 鄉和親 : 向往和親. 鄉, 通'向'.(新)
51) 邊境 : 指漢的邊境.(新) 少事 : 謂很少騷擾的事.(新)
52) 潁 : (春)作'穎', 誤. 下同.(◉)
53) 相朋黨 : 互相句結成團夥.(新)
54) 廣漢爲缿筩 : ① 形似筒的密告箱.(新) ② 缿, 若今盛錢臧瓶, 爲小孔, 可入而不可出. 或缿或筩, 皆爲此制, 而用受書, 令投于中也.(胡)
55) 相告訐 : 互相揭發陰私.(新) 訐 : ① 攻發人之陰私.(今) ② 居謁反.(春)
56) 怨咎 : 埋怨, 責備.(新) 更 : 工衡翻.(胡)
57) 敢 : (春)作'得', 據(資治)改.(◉)
58) 廣漢 : 據(資治)補.(◉) 鉤距 : ① 鉤, 鉤取. 距, 同致. 鉤距, 謂鉤致情僞.(今) ② 如釣鉤之有鉅, 呑之則順, 吐之則逆, 使人入術中而不能出, 以鉤索其隱情也.(春) ③ (資治)作'鉤距', (漢)載'鉤距'與'鉤鉅'兩語而意同, 則'鉅'與'距'通用耳.(◉)
59) 閭里 : 鄉里.(新) 銖兩之姦 : 指很小的貪汚行爲.(新)
60) 會 : 集合.(新) 窮里空舍 : 偏僻無人的地方.(新)
61) 劫人 : 劫人爲質, 以勒索錢財. 猶近世綁票.(新)
62) 訖 : 完畢.(新)

神.[64] 京兆政清, 吏民稱之不容口.[65] 長老傳以爲自漢興,[66] 治京兆者莫能及.

【辛亥(前70) 本始四年】

○【霍后立】

霍后立 春, 立霍光女爲皇后.

【壬子(前69) 地節元年[67]】

○【于定國治獄無寃】

于定國治獄無寃 于定國爲廷尉.[68] 定國決疑平法,[69] 務在哀鰥寡,[70] 罪疑從輕,[71] 加審愼之心. 朝廷稱之曰, "張釋之爲廷尉,[72] 天下無寃民.[73] 于定國爲廷尉, 民自以

---

63) 具：同'俱', 都.(新)
64) 發姦擿伏：揭發奸邪和隱秘.(新)　擿：發露.(今)
65) 不容口：說不盡的意思.(新)
66) 長老：老年人.(新)
67) 地節元年：以先者地震, 山崩水出, 於是改元曰地節, 欲令地得其節.(胡)
68) 于定國爲廷尉：周武王子封於邘, 子孫以國爲氏, 其後去'邑', 單爲'于'.(胡)
69) 決疑平法：處決疑案, 用法持平.(新)
70) 哀：憐憫.(新)　鰥：鰥夫, 無妻或喪妻的人.(新)　寡：死了丈夫的女人, 稱寡婦.(新)
71) 罪疑從輕：罪案可疑則從輕處理.(新)
72) 張釋之：西漢南陽堵陽人, 字季. 文帝時以貲爲騎, 十年不得調遷. 後言秦漢興亡得失, 得到文帝賞識, 得任謁者仆射, 遷公車令. 後任廷尉, 以用法持平著稱. 時有人犯蹕, 惊天子乘輿馬, 奏當罰金. 文帝以爲判罪太輕而發怒, 釋之以爲用法應當公平, 取信于民. 晚年出任淮南王相. 傳見史記 卷102 漢書卷50.(新)
73) 天下無寃民：謂決罪皆當, 故無寃民.(今)

不寃."[74]

【癸丑(前68) 地節二年】

○【霍光薨】

霍光薨

三月,[75] 霍光薨.

○【魏相白去副封】

魏相白去副封

上思報大將軍德[76] 乃封光兄孫山爲樂平侯,[77] 使以奉車都尉領尙書事.[78] 魏相奏封事,[79] 言"春秋

魏相諫寵霍氏

譏世卿,[80] 惡宋三世爲大夫,[81] 今光死, 子復爲右將軍, 兄子秉樞機,[82] 昆弟諸壻據權勢,[83] 在兵官,[84]

---

74) 民自以不寃 : 言知其寬平, 皆無寃枉之慮也.(胡)
75) 三月 : 春.(春)
76) 報 : 報答.(新)
77) 山 : 霍山.(新)
78) 領 : 漢代以後, 以地位較高的官員, 兼理較低的職務, 謂之'領'. 也稱'錄'.(漢)
79) 封事 : 密封的奏章.(新)
80) 春秋譏世卿 : ① 公羊傳, 隱三年, 尹氏卒. 尹氏者何, 天子之大夫也. 其稱尹氏何. 譏世卿. 世卿, 非禮也.(胡) ② 譏, 諷刺. 世卿, 世襲卿的地位.(新)
81) 惡宋三世爲大夫 : ① 春秋公羊傳曰, "宋三世無大夫, 三世內取也." 師古曰, "三世, 謂襄公成公昭公也. 內取於國之大夫也. 爲, 恐當作'無'." 取, 同娶. 春秋通例, 諸侯應娶於國外, 今宋旣三世娶於國內之大夫, 則諸侯與大夫敵體, 無上下之分, 故春秋惡之. 魏相引之, 以刺霍氏.(今) ② 公羊傳說, 宋三世無大夫, 三世內取也. 所謂內取, 是言取別國的大夫.(新) 惡 : 烏路翻.(胡) 宋 : 春秋時代列國之一.(新)
82) 兄子 : 子恐孫字之誤. 霍山是去病之孫, 今言兄子誤矣.(要) 樞機 : 謂領尙書事也. 賢曰, 樞機, 近要之官也. 春秋運斗樞曰, 北斗, 第一天樞, 第二旋, 第三機也.(胡)
83) 昆弟 : 兄弟.(新) 據 : 占據, 盤據.(新)
84) 在 : 當作'任', 擔任.(新) 兵官 : 武官. 掌握兵權.(新)

驕奢放縱，宜有以損奪其權，[85] 破散陰謀，以全功臣之世."[86] 又故事，[87] 諸上書者皆爲二封，[88] 署其一曰，"副，"[89] 領尙書者先發副封，[90] 所言不善，[91] 屛去不奏.[92] 相復因許伯白去副封以防壅蔽.[93] 帝善之，詔相給事中，[94] 皆從其議.[95]

○【宣帝厲精爲治】

宣帝厲精爲治

帝興于閭閻，[96] 知民事之艱難.[97] 霍光旣薨，始親政事，厲精爲治，[98] 五日一聽事.[99] 自丞相以下各奉職奏事，敷奏其言，考試功能.[100] 侍中尙書功勞當遷及有異善，[101] 厚加賞賜，至于子孫，終不改易.[102]

---

85) 損奪：減損削奪.(新)
86) 世：謂世代相襲.(新)
87) 故事：原先的事例.(新)
88) 二封：卽一式二封上書，一是正，是上呈天子，一是副，是領尙書者先看的.(新)
89) 署其一曰，'副'：其中一份注明爲副本.(中白)
90) 領尙書者：兼職尙書的人.(新)　發：發封，拆開封書.(新)
91) 所言不善：指尙書中有不安的內容.(新)
92) 屛：丢棄(包括正封).(新)
93) 許伯：① 卽許廣漢.(新) ② 伯者，盖尊之也.(要)　白：報告.(新)　去副封：取消副封的手續和制度.(新)　壅蔽：遮蓋. 持君主受蒙蔽而視聽不明.(新)
94) 詔相給事中：以魏相爲給事中也.(要)
95) 從其議：漢三公九卿皆外朝，今魏相給事中，則得入禁中，預中朝之議.(胡)
96) 興：興起，出身.(新)　閭閻：閭，里門也. 閻，里中門也. 言從里巷而卽天位也.(胡)
97) 艱：艱，古'艱'字.(胡)
98) 厲精爲治：盡力治理國家. 厲，古時'勵'的本字.(新)
99) 聽事：猶治事.(漢)
100) 敷奏其言 考試功能：敷，陳也. 各自奏陳其言，然後試之以官，考其功德也.(胡)
101) 當遷：應當昇官.(新)　異善：特殊的長處.(新)

樞機周密,[103] 品式備具,[104] 上下相安, 莫有苟且之意.[105] 及拜刺史守相,[106] 輒親見問,[107] 觀其所由,[108] 退而考察所行以質其言,[109] 有名實不相應,[110] 必知其所以然.[111] 嘗稱曰,[112] "庶民所以安其田里而亡歎息愁恨之心者,[113] 政平訟理也.[114] 與我共此者, 其惟良二千石乎!"[115] 以爲太守, 吏民之本, 數變易則下不安,[116] 民知其將久,[117] 不可欺罔,[118] 乃服從其教化.[119] 故二千石有治理效,[120] 輒以璽書勉厲,[121] 增秩賜金,[122] 或爵至關內侯,[123] 公卿缺, 則

親問刺史守相

太守吏民之本

漢世良吏爲盛

102) 終不改易：言各久其職事也. 貢父曰, 至于子孫, 謂賞賜逮及子孫也, 非謂侍中尚書官至子孫不改易也.(胡)
103) 樞機：機要部門.(新)
104) 品式：指規章制度.(新)
105) 苟且：不正當的, 或得過且過.(新)
106) 拜：任命.(新) 刺史：州的長官.(新) 守：郡的長官.(新) 相：王國的行政長官.(新)
107) 輒親見問：總是親自會見詢問.(新)
108) 由：經過.(新)
109) 質：正也.(胡)
110) 相應：相副, 相符合.(新)
111) 所以然：指原因和道理.(新)
112) 嘗：(資治)作'常'.(◉)
113) 亡：古'無'字通.(胡)
114) 訟理：訟理, 言所訟見理而無寃滯也.(胡)
115) 二千石：謂郡守及諸侯國相.(今)
116) 數：所角翻.(胡) 變易：指官員調動.(新) 下：指下層百姓.(新)
117) 久：謂久於其任.(新)
118) 欺罔：欺騙, 誣罔.(新)
119) 教化：教導感化.(新)
120) 效：成效, 效果.(新)
121) 璽書：天子加印之書.(新) 勉厲：即勉勵.(新)

選諸所表,[124] 以次用之.[125] 是故漢世良吏, 於是爲盛, 稱中興焉.[126]

【甲寅(前67) 地節三年】

○【詔賞王成】

詔賞王成

春, 詔曰, “有功不賞, 有罪不誅, 雖唐虞不能以化天下.[127] 今膠東相王成,[128] 勞來不怠,[129] 流民自占八萬餘口,[130] 治有異等之效.[131] 其賜成爵關內侯, 秩中二千石.” 未及徵用, 會病卒官.[132] 後詔使丞相御史問郡國上計長史守丞以政令得失.[133]

---

122) 秩 : 官品級.(新)
123) 關內侯 : 爵名. 第十九等級.(新)
124) 所表 : 謂增秩賜金爵, 爲帝所旌異者.(今)
125) 以次 : 按次序.(新)
126) 稱中興 : 號稱西漢'中興'.(新)
127) 唐虞 : 傳說中的陶唐氏堯有虞氏舜.(新) 能 : 據章校, '能'下有'以'字.(新)
128) 膠東 : 王國名. 治卽墨, 在今山東卽墨西北.(新) 相 : 王國的行政長官.(新) 王成 : 西漢人. 宣帝時爲膠東相. 地節三年(前67), 奏言戶口增加, 賜爵關內侯. 後人或言其虛增戶口. 傳見漢書卷89.(新)
129) 勞來 : 勞來並去聲, 謂慰勉而招延之.(春)
130) 流民自占八萬餘口 : 隱度名數而來附業也.(胡) 自占 : 自報人口而來從事生產.(新) 占 : 自報戶口數而落籍定居.(漢)
131) 治有異等之效 : 謂其治績異於常等.(今)
132) 會 : 適値, 恰好.(新) 卒官 : 死於任職期間.(新)
133) 丞相御史問郡國上計長史守丞以政令得失 : 郡使守丞, 國使長史, 皆一物也, 故揚言郡國上計長史守丞. 後漢百官志, 諸侯王相如太守, 長史如郡丞. 又邉郡有丞, 元有長史, 長史上計無疑矣. 上, 時掌翻.(胡) 御史 : 指御史大夫.(新) 郡國上計, 郡國每年派遣官吏進京, 向朝廷報告全年的戶口錢穀盜賊獄訟等情況.(新) 上計 : 地方官于年終將境內戶口賦稅盜賊獄訟等項編造計簿, 遣吏逐級上報, 奏呈朝廷, 借資考績, 謂之上計.(漢) 長史 : 這里指王國的官.(新) 守丞 : 郡的官.(新)

俗吏多爲虛名

或對言，"前膠東相成僞自增加以蒙顯賞.[134] °是˙後俗吏多爲虛名"云.[135]

○【丞相致仕自賢始】

丞相致仕自賢始

丞相韋賢以老病乞骸骨,[136] 賜黃金百斤安車駟馬,[137] 罷就第.[138] 丞相致仕自賢始.[139] ⁋六月,⁋ 以魏相爲丞相.

○【抑霍氏】

抑霍氏

霍氏驕侈縱橫,[140] 上頗聞霍氏毒殺許后而未察,[141] 乃徙光諸壻,[142] 收其印綬.[143] 諸領羽林及兩宮衛將屯兵,[144] 悉易以所親許史子弟代之.[145]

---

134) 僞：假造，虛報.(新) 蒙：受.(新)
135) 是：(春)作'其'，據(資治)改.(◉) 云：用于句尾表示不十分肯定，有'據說如此'的意思.(新)
136) 乞骸骨：古代官吏因年老請求退職，常稱乞骸骨. 言使骸骨得歸葬于故鄉.(新)
137) 安車：古代可以坐乘的小車. 古車立乘，此爲坐乘，故稱安車. 供年老的高級官員及貴婦人乘用. 高官告老還鄕或徵召有重望的人，往往賜乘安車. 安車多用一馬，禮尊者則用四馬.(漢)
138) 罷：休官.(新) 就第：回家.(新)
139) 致仕：① 退職.(新) ② 還祿位於君.(公羊傳 宣公元年 '退而致仕' 何休注)
140) 縱橫：放縱蠻橫.(新)
141) 未察：沒有調查明白.(新)
142) 徙：調動.(新)
143) 收：沒收.(新)
144) 諸領羽林及兩宮衛將屯兵：凡是統率羽林軍，以及擔任未央長樂兩宮的和那些率領駐屯軍的人.(岳白) 領：統領.(新) 羽林：擔任警衛天子任務的部隊.(新) 兩宮衛將屯兵：未央衛尉長樂衛尉所率領的守衛士卒.(新) 兩宮衛將：光兩女婿，范明友爲未央宮衛尉，鄧廣漢爲長樂宮衛尉.(國) 衛尉：秦官，掌宮門衛屯兵.(漢書 卷19上 百官公卿表)
145) 悉：全部.(新) 易：改變.(新) 許史：指外家許氏史氏，卽宣帝許皇后的娘家宣帝祖母

○【律令煩苛】

律令煩苛

初, 孝武之世, 徵發煩數,[146] 百姓貧耗,[147] 窮民犯法, 姦軌不勝,[148] 於是使張湯趙禹之屬, 條定法令,[149] 作見知故縱監臨部主之法,[150] 緩深故之罪,[151] 急縱出之誅.[152] 其後姦猾巧法轉相比況,[153] 禁罔寖密,[154] 律令煩苛,[155] 文書盈於几閣,[156] 典者不能偏睹.[157] 是以郡國承用者駮,[158] 或罪同而論異,[159] 姦吏因緣爲市,[160] 所欲活則傅生議,[161] 所欲陷則予死比,[162] 議者咸寃傷之.[163]

史良娣的娘家.(新) 良娣：太子婦官名.(國)

146) 煩數：次數煩雜.(新) 數：所角翻.(胡)

147) 貧耗：貧困耗損.(新)

148) 不勝：不勝數, 數不過來.(新) 勝：音升, 又如字.(胡)

149) 條定：逐條制定.(新)

150) 見知故縱：謂知人犯法而不擧告, 是爲故縱.(今) 監臨部主：謂政府派官監臨之區, 首長有罪, 其下併連坐之.(今)

151) 緩深故之罪：孝武欲急刑, 吏深害及故入人罪者, 皆寬緩之也.(胡)

152) 急縱出之誅：吏釋罪人, 疑以爲縱出, 則急誅之. 亦言尙酷.(胡)

153) 轉相比況：言以各種案例輾轉比附.(新) 比況：與類似事例進行比照.(漢)

154) 禁罔：法網. 罔通'網'.(新) 寖密：日益嚴密.(新)

155) 煩苛：煩雜, 苛刻.(新)

156) 文書：泛指法律條文及獄訟判決的案卷.(新) 盈：滿, 堆積.(新) 几閣：亦稱'几格'. 櫥架.(漢)

157) 典者：掌管的人.(新)

158) 駮：雜亂. 承用的人因不能完全理解條文, 故雜亂使用之.(新)

159) 論異：判罪不同.(新)

160) 因緣：借機.(新) 爲市：進行交易, 指營私舞弊.(新)

161) 傅：通'附'. 比附.(新)

162) 陷：陷害.(新) 予：與'與'通.(要) 死比：比附死罪.(新) 比：以例相比況.(今)

163) 寃傷之：不平而傷心.(新)

○【路溫舒上尚德緩刑書】

路溫舒上尚德緩刑書

廷尉史路溫舒上書曰,[164] "陛下初登至尊,[165] 宜改前世之失, 正始受命之統, 滌煩文,[166] 除民疾, 以應天意. 臣聞秦有十失, 其一尚存, 治獄之吏是也. 夫獄者, 天下之大命也,[167] 死者不可復生, 絶者不可復屬.[168] 書曰, '與其殺不辜, 寧失不經.'[169] 今治獄吏則不然, 上下相敺,[170] 以刻爲明,[171] 深者獲公名,[172] 平者多後患.[173] 故治獄之吏皆欲人死, 非憎人也, 自安之道在人之死.[174] 太平之未°洽˙,[175] 凡以此也. 俗語曰, '畫地爲獄, 議不入,[176] 刻木爲吏, 期不對.'[177] 此皆疾吏之風,[178] 悲痛之辭也.

與其殺不辜寧失不經

164) 廷尉史：官名. 廷尉的屬官.(新)
165) 至尊：指帝位.(新)
166) 滌：滌除.(新)
167) 大命：謂大事, 要事.(漢)
168) 復屬：復, 扶又翻. 屬, 連也, 音之欲翻.(胡)
169) 與其殺不辜, 寧失不經：虞書大禹謨載咎繇之言. 辜, 罪也. 經, 常也. 言人命至重, 治獄宜愼, 寧失不常之過, 不濫殺無罪之人, 所以崇寬恕也.(胡) "與其殺不辜"兩句：意謂寧可有寬容之過, 不濫殺無辜(無罪)之人.(新)
170) 敺：與'驅'同.(胡)
171) 刻：深刻, 刻薄.(新)
172) 深者獲公名：言深文者, 得奉公之名稱.(春)
173) 平者：用法持平的人.(新)
174) 自安之道：使自己安全的辦法.(新)
175) 洽：① 和睦, 協調.(新) ② 到來.(中白) ③ (春)作'治', 誤.(◉)
176) 畫地爲獄 議不入：言指畫地爲獄戶, 雖知非眞獄, 人且擬議, 而不願入也.(春)
177) 刻木爲吏 期不對：言彫刻木偶爲吏人, 雖識非眞吏, 且期望而不對也. 路溫舒傳註, 期, 猶

畫地爲獄 議不入

唯陛下省法制,[179] 寬刑罰, 則太平之風可興於世." 上善其言.

○【宣帝齋居決事】

宣帝齋居決事

十二月, 詔曰, "間者吏用法巧文寖深,[180] 使不辜蒙戮,[181] 朕甚傷之. 今遣廷史與郡鞫獄,[182] 任輕祿薄,[183] 其爲置廷尉平,[184] 秩六百石,[185] 員四人.[186] 其務平之,[187] 以稱朕意." 於是每季秋後請讞時,[188] 上常幸宣室,[189] 齋居而決事,[190] 獄刑號爲平矣.

○【鄭昌請刪定律令】

鄭昌請刪定律令

涿郡太守鄭昌上疏言, "今明主躬垂明聽,[191] 雖不

必也.(春)

178) 疾 : 憎恨.(新)

179) 省 : 省略.(新)

180) 間者 : 現在.(新)　巧文 : 玩文弄法.(新)　寖深 : 逐漸刻深.(新)

181) 不辜 : 指無罪之人.(漢)　蒙戮 : 受誅, 蒙受恥辱.(新)

182) 廷史 : ① 廷尉史.(國) ② 廷尉的屬官.(新)　鞫獄 : 審訊犯人.(新)

183) 任輕祿薄 : 職位低而祿俸少.(新)

184) 置 : 設置.(新)　廷尉平 : 新設的官名. 職掌同于廷尉.(新)

185) 秩 : 俸祿.(新)

186) 員四人 : 四名(廷尉平).(新)

187) 務平之 : 務在執法公平.(新)

188) 季秋 : 晚秋. 指陽曆九月.(新)　請讞 : 用季秋議罪, 順時殺之氣也.(春)　讞 : 語蹇翻, 又魚戰翻, 又魚列翻, 議獄也.(胡)

189) 宣室 : 殿名. 在長安未央宮中.(新)

190) 上常幸宣室 齋居而決事 : 宣室, 布政教之室也. 重用刑, 故齋戒以決事. 未央宮中有宣室殿. 賈誼傳亦云, "受釐坐宣室", 蓋其殿在前殿之側也, 齋則居之.(胡)　齋 : 齋戒. 決事, 審理案件.(新)

置廷平,[192] 獄將自正, 若開後嗣,[193] 不若刪定律令.[194] 律令一定, 愚民知所避, 姦吏無所弄矣. 今不正其本,[195] 而置廷平以理其末,[196] 政衰聽怠,[197] 則廷平將招權而爲亂首矣."[198]

【乙卯(前66) 地節四年】

○【霍氏謀反伏誅】

霍氏謀反伏誅

『五月,』 霍顯及禹山雲自見日侵削,[199] 數相對啼泣自怨. 謀廢天子, 事發覺. 『七月,』 雲山自殺. 禹要斬,[200] 顯及諸女昆弟皆棄市, 皇后霍氏廢.[201]

○【徐福請抑制霍氏】

徐福請抑制霍氏

初, 霍氏奢侈, 茂陵徐福, 上疏言, "宜以時抑制."[202] 其後霍氏誅滅, 而告者皆封,[203] 人爲徐生上

191) 躬 : 親自.(新) 垂 : 敬辭.(新)
192) 廷平 : 卽廷尉平.(新)
193) 開 : 啓.(新) 後嗣 : 後代人.(新)
194) 刪定 : 刪改, 修定.(新)
195) 正其本 : 這裏指刪定律令.(新)
196) 理其末 : 處理不重要的事.(新)
197) 政衰聽怠 : 政令衰敗, 處理案件也就懈怠.(新)
198) 招 : (資治)作'召', 漢書(卷23刑法志第3)作'招', '招'與'召'同義字.(◉) 召權 : 攬權, 專權.(新)
亂首 : 禍亂的開端.(漢)
199) 侵削 : 侵奪, 削奪.(漢)
200) 要斬 : 古代斬要的酷刑, 要, 通'腰'.(新)
201) 皇后霍氏廢 : 卽霍光小女成君.(新)

書曰,[204] “臣聞客有過主人者, 見其竈直突,[205] 傍有積薪,[206] 客謂主人, ‘更爲曲突,[207] 遠徙其薪, 不者且有火患.’[208] 主人不應. 俄而家果失火,[209] 鄰里共救之, 幸而得息.[210] 於是殺牛置酒, 謝其鄰人, 灼爛者在於上行,[211] 餘各以功次坐,[212] 而不錄言曲突者.[213] 人謂主人曰, ‘鄕使聽客之言,[214] 不費牛酒, 終亡火患.[215] 今論功而請賓,[216] 曲突徙薪無恩澤,[217] 焦頭爛額爲上客邪?’主人乃寤而請之.[218] 今茂陵徐福, 數上書言霍氏且有變,[219] 宜防絶之. 鄕使福說得行,[220] 則國無裂土出爵之費,[221] 臣無逆

曲突徙薪無恩澤

焦頭爛額爲上客

202) 宜 : 應當. 時 : 時常.(新)
203) 告者皆封 : 告霍氏反者皆封.(春)
204) 人 : 謂當時有人也.(春) 爲 : 去聲, 助也.(春) 徐生 : 卽徐福.(春)
205) 直突 : 直的烟囱.(新) 竈 : 牕也.(春)
206) 積薪 : 堆積着柴草.(新)
207) 更爲曲突 : ① 改建爲彎曲的烟囱.(新) ② 更, 平聲, 改也. 曲則不直而火勢慢也.(春)
208) 不者 : 不, 俯丸反, 猶言否則也.(春)
209) 俄而 : 不久.(新)
210) 息 : 同‘熄’. 熄滅.(新)
211) 灼爛 : 謂被火燒炙者.(今) 灼 : 謂被燒炙者也.(胡) 上行 : ① 上座.(新) ② 行, 胡郎反, 列也. 救火而被燒炙者, 坐於上列.(春)
212) 餘 : 其餘的人.(新) 以功次坐 : 論功大小按次序就坐.(新)
213) 錄 : 序錄, 省察記錄.(新)
214) 鄕 : 通‘向’, 從前.(新)
215) 亡 : 古‘無’字通.(胡)
216) 請賓 : 宴請賓客.(新)
217) 曲突徙薪 : 後用以比喩事先采取措施, 防患於未然.(漢)
218) 寤 : 通悟.(新)
219) 數 : 所角翻.(胡)

亂誅滅之敗. 往事旣已,[222] 而福獨不蒙其功,[223] 唯陛下察之, 貴徙薪曲突之策,[224] 使居燋髮灼爛之右!"[225] 上乃賜福帛十匹, 後°以˙爲郞.[226]

○【霍氏之禍萌於驂乘】

霍氏之禍萌於驂乘

芒刺在背

帝初立, 謁見高廟,[227] 大將軍光驂乘,[228] 上內嚴憚之,[229] 若有芒刺在背.[230] 後車騎將軍張安世代光驂乘, 天子從容肆體,[231] 甚安近焉. 及光身死而宗族竟誅, 故俗傳霍氏之禍萌於驂乘.[232]

○【宣帝少恩】

宣帝少恩

溫公曰, "霍光之輔漢室, 可謂忠矣, 然卒不能庇其宗,[233] 何也? 夫威福者, 人君之器也,[234] 人臣執

220) 鄕 : 讀曰嚮.(胡) 福說得行 : 徐福說的話能够實行.(新)
221) 裂土出爵 : 指封侯予邑.(新)
222) 已 : 完了.(新)
223) 蒙 : 蒙受.(新)
224) 貴 : 注重.(新)
225) 居 : 處於.(新) 右 : 上也.(漢書 卷68 霍光傳 顔師古注)
226) 以 : (春)作'遷', 誤.(◉) 郞 : 官名. 屬光祿勳.(新)
227) 見 : 賢遍翻.(胡)
228) 驂乘 : 漢制, 大駕, 大將軍驂乘. 乘, 繩證翻, 下同.(胡)
229) 上 : 指宣帝.(新) 內 : 心裏.(新) 嚴憚 : 非常畏懼.(新)
230) 芒刺 : 草木上的小刺.(新)
231) 從容肆體 : 身體舒展, 毫無拘束的意思.(新) 肆 : 放也, 展也.(胡)
232) 萌 : 萌, 謂始生也.(胡)
233) 卒 : 終于.(新) 庇 : 庇護.(新) 宗 : 宗族.(新)
234) 夫威福者 人君之器也 : 威嚴權柄, 只有君王才能享有.(中白) 器 : 工具.(新)

之, 久而不歸,[235] 鮮不及矣.[236] 以孝昭之明, 十四而知上官桀之詐,[237] 固可以親政矣. 況孝宣十九卽位,[238] 聰明剛毅,[239] 知民疾苦, 而光久專大柄,[240] 不知避去, 多置親黨, 充塞朝廷,[241] 使人主蓄憤於上, 吏民積怨於下, 切齒側目,[242] 待時而發,[243] 其得免於身幸矣,[244] 況子孫以驕侈趣之哉![245] 雖然, 鄕使孝宣專以祿秩賞賜富其子孫,[246] 使之食大縣,[247] 奉朝請,[248] 亦足以報盛德矣, 乃復任之以政, 授之以兵,[249] 事叢釁積,[250] 更加裁奪,[251] 遂至

235) 歸：還, 回.(新)
236) 鮮：少. 鮮不及, 少有不受牽累.(新)
237) 十四：十四歲.(新)
238) 十九：十九歲.(新)
239) 剛毅：意志堅强.(新)
240) 久專大柄：長久把持大權.(新)
241) 充塞：充滿.(新)
242) 切齒：咬緊牙齒, 表示痛恨.(新) 側目：斜眼而視表示憎恨.(新)
243) 待時：等待時機.(新) 發：發動.(中白)
244) 身：自身.(新) 幸：僥幸.(新)
245) 趣：讀'促'.(新)
246) 鄕：往日.(新)
247) 食：食邑.(新)
248) 使之 … 奉朝請：給以參加朝會的待遇(而不給予實權).(新) 奉朝請：古代諸侯春季朝見天子叫朝, 秋季朝見爲請. 因稱定期參加朝會爲奉朝請. 漢代退職大臣將軍和皇室外戚多以奉朝請名義參加朝會. 晉代以奉車駙馬騎三都尉爲奉朝請, 南北朝設以安置閑散官員, 隋初罷之, 另設朝請大夫朝請郎, 爲文散官.(漢)
249) 兵：兵權.(新)
250) 事叢釁積：謂事端和矛盾增多.(新) 叢：同'叢'.(中)
251) 裁奪：處理, 裁決.(新)

怨懼以生邪謀, 豈徒霍氏之自禍哉?[252] 亦孝宣醞

赤子弄兵潢池

釀以成之也.[253] 昔鬪椒作亂於楚,[254] 莊王滅其族而赦箴尹克黃,[255] 以爲子文無後,[256] 何以勸善? 夫以顯禹雲山之罪, 雖應夷滅, 而光之忠勳不可不祀, 遂使家無噍類,[257] 孝宣亦少恩哉![258]

○【朱邑以治行第一】

朱邑以治行第一

北海太守朱邑以治行第一入爲大司農.[259]

○【龔遂治渤海】

龔遂治渤海

渤海太守龔遂入爲水衡都尉.[260] 先是, 渤海左右郡歲飢,[261] 盜賊並起, 二千石不能擒制.[262] 上選能治

252) 豈：難道.(新) 徒：只是.(新) 自禍：自招之禍.(新)

253) 醞釀：比喩逐漸形成.(新)

254) 鬪椒作亂於楚：鬪椒, 字子越. 亦作越椒. 春秋時代楚國令尹子文(名鬪穀於菟)之從子, 鬪氏是若敖氏的支族. 鬪椒初生, 令尹子文對其父子良說, 這孩子熊虎之狀, 豺狼之聲, 必殺之, 不殺, 必連累而滅若敖氏. 子良不聽. 子文死後, 其子鬪般繼爲令尹, 鬪椒爲司馬. 蔿賈譖殺鬪般, 而鬪椒代爲令尹, 又因厭惡而殺了蔿賈, 幷擧師攻楚王. 楚莊王抵御, 滅了若敖氏, 而赦了子文之孫克黃.(新)

255) 族：指若敖氏.(新) 箴尹：① 提出勸戒的令尹.(新) ② 楚官名. 箴, 之金翻.(胡) ③ 之金翻之音, 國音兩分, 以有'침'與'잠'音(韓國諸字典), 而勸戒之義, 則讀'잠'矣.(◉) 克黃：令尹子文之孫. 楚莊王滅若敖氏事. 參見左傳宣公4年.(新)

256) 子文：① 鬪穀於菟也.(胡) ② 穀, 奴口反. 於, 音烏. 菟, 音徒.(論語 公冶長 '令尹子文' 大全)

257) 噍類：活人.(新) 噍：① 才肖翻.(胡) ② 齧也. 言無復有活而噍食者.(春)

258) 少恩：① 缺乏恩德.(新) ② 宣帝比莊王, 則缺乏恩德.(◉)

259) 朱邑：西漢廬江舒人, 字中卿. 擧賢良爲大司農丞, 遷北海太守, 以治行第一爲大司農. 生活節儉, 祿賜以供九族鄕親, 家無餘財. 傳見漢書卷89.(新) 行：下孟翻.(胡)

260) 水衡都尉：官名. 掌上林苑, 保管皇室財物及鑄錢.(新)

者,[263] 丞相御史擧遂,[264] 上拜爲渤海太守. 召見,[265] 問,"何以治渤海, 息其盜賊?"[266] 對曰,"海瀕遐遠,[267] 不霑聖化,[268] 其民困於飢寒而吏不恤,[269] 故使陛下赤子盜弄陛下之兵於潢池中耳.[270] 今欲使臣勝之邪, 將安之也?"[271] 上曰,"選用賢良, 固欲安之也."[272] 遂曰,"治亂民猶治亂繩, 不可急也, 唯緩之, 然後可治. 臣願丞相御史且無拘臣以文法,[273] 得一切便宜從事."[274] 上許焉, 加賜黃金.[275] 乘傳至渤海界,[276] 郡聞新太守至, 發兵以迎. 遂皆遣還. 移書敕屬縣,[277] "悉罷逐捕盜賊吏,[278] 諸持

治亂民猶治亂繩

261) 左右 : 謂隣近.(今)
262) 二千石 : 指郡太守.(新) 禽制 : 掌握, 控除. 禽, 通'擒'.(新)
263) 治 : 直之翻.(胡)
264) 御史 : 指御史大夫.(新)
265) 召見 : 君王或上司命臣民或下屬來見面.(漢) 見 : 賢遍翻.(胡)
266) 息 : 停息, 消滅.(新)
267) 海瀕 : 海邊.(新) 瀕 : 涯也.(胡)
268) 霑化 : 接受敎化, 感受德化.(漢)
269) 恤 : 體恤, 憐憫.(新)
270) 赤子 : ① 猶言初生, 幼小之意也. 嬰孩初生體赤, 故曰赤子.(胡) ② 初生嬰兒, 比喩心靈純潔的人.(新) 兵 : 兵器.(新) 潢池 : 木星名, 引伸爲天子之池, 借指皇宮.(新)
271) 今欲使臣勝之邪 將安之也 : ① 如今陛下是要派臣去平定他們呢, 還是去安撫他們呢.(岳白) ② 勝, 謂以威力克而殺之. 安, 謂以德化撫而安之.(胡)
272) 固 : 本來.(新)
273) 拘 : 束縛, 限制.(新)
274) 便宜 : 謂臨事凡有便於今宜於世者, 可行卽行.(要)
275) 加 : 與常賜不同, 故云加也.(要)
276) 傳 : ① 驛車.(新) ② 知戀翻.(胡)
277) 移書 : 移送文書.(新)

鉏鉤田器者皆爲良民,[279] 吏毋得問,[280] 持兵者乃爲賊."[281] 遂單車獨行至府.[282] 盜賊聞遂敎令, 卽時解散, 棄其兵弩而持鉤鉏, 於是悉平.[283] 遂乃開倉廩假貧民,[284] 選用良吏慰安牧養焉. 遂見齊俗奢侈, 好末技,[285] 不田作. 乃躬率以儉約, 勸民『務』農桑. 民有帶持刀劍者, 使賣劍買牛, 賣刀買犢, 曰, "何爲帶牛佩犢!"[286] 勞來循行,[287] 郡中皆有畜積,[288] 獄訟止息.[289]

單車至府

帶牛佩犢

【丙辰(前65) 元康元年】

○【趙廣漢以剛愎誅】

趙廣漢以剛愎誅

趙廣漢好用世吏子孫新進年少者,[290] 專厲彊壯蠭

278) 罷 : 撤去.(新)
279) 鉏 : 同'鋤'.(新) 鉤 : 鎌也.(春) 田器 : 農具.(新)
280) 毋得問 : 不要審問.(新)
281) 兵 : 武器.(新)
282) 單車 : 一人乘車, 沒有隨從車輛.(新) 府 : 郡府署.(新)
283) 悉 : 全, 都.(新) 平 : 平息, 平定.(新)
284) 假 : 謂給與.(胡)
285) 末技 : ① 指手工業.(新) ② 人們喜歡經營工商業(中白)
286) 佩 : 帶.(新)
287) 勞來 : 勸勉.(新) 循行 : ① 到處視察.(新) ② 循, 謂撫循之循, 循其人民也. 行, 去聲, 巡視也.(國)
288) 畜 : 通'蓄'.(新)
289) 獄訟止息 : 刑獄訟案也大爲減少(中白)
290) 好用世吏子孫新進年少者 : 言舊吏家子孫, 而其人後出求進, 又年少也. 好, 呼到翻.(胡) 世吏 : 世代爲吏的人. 新進年少, 剛入仕途的年輕人.(新)

氣,[291] 見事風生,[292] 無所回避,[293] 率多果敢之計,[294] 莫爲持難,[295] 終以此敗. 廣漢以私怨論殺男子榮畜,[296] 人上書言之, 事下丞相御史按驗.[297] 廣漢疑丞相夫人殺侍婢,[298] 欲以此脅丞相, 帝惡之,[299] 下廣漢廷尉◤獄.◥[300] 吏民守闕號泣者數萬人,[301] 或言"臣生無益縣官,[302] 願代趙京兆死,[303] 使牧養小民!"[304] 廣漢竟坐要斬.[305] 廣漢爲京兆尹, 廉明,[306]

百姓追思廣漢

威制豪彊,[307] 小民得職,[308] 百姓追思歌之.[309]

---

291) 鑱氣 : 鑱與'鋒'同, 言鋒銳之氣.(胡)
292) 見事風生 : 言其見事疾速不可當也.(春) 風生 : 如風刮起, 形容快速.(新)
293) 無所回避, : 言不畏避也.(春) 回 : 曲也.(胡)
294) 率 : 大率, 通常.(新)
295) 莫爲持難 : 爲, 去聲, 難, 猶重愼也, 言無爲之持守重愼也.(要)
296) 廣漢以私怨論殺男子榮畜 : 初, 廣漢客私酤酒長安市, 丞相吏逐去. 客疑男子蘇賢言之, 以語廣漢, 案賢. 賢父上書訟罪, 廣漢坐貶秩, 疑其邑子榮畜教令, 以他法論殺畜.(胡) 榮畜 : 人姓名也.(胡)
297) 按驗 : 查証核實.(新)
298) 夫人殺侍婢 : 侍婢有罪自殺, 廣漢疑夫人妬殺之.(要)
299) 惡 : 烏路翻.(胡)
300) 廷尉獄 : 廷尉掌管的監獄.(岳白)
301) 守 : 詣也.(春)
302) 縣官 : 指天子.(新)
303) 趙京兆 : 京兆尹趙廣漢.(新)
304) 牧養 : 指治理.(新)
305) 廣漢竟坐要斬 : 要, 與'腰'同. 考異曰, 本紀, "元康二年, 冬, 廣漢有罪要斬." 百官表, "本始三年, 廣漢爲京兆尹, 六年, 要斬. 元康元年, 守京兆尹彭城太守遺." 按廣漢傳, 司直蕭望之劾奏廣漢摧辱大臣, 望之自司直爲平原太守. 元康元年, 自平原太守爲少府. 然則廣漢死當在元康元年, 本紀誤也. 廣漢傳又云, "地節三年七月, 丞相婢自絞死." 蓋婢死已數年, 而廣漢追發其事也.(胡)
306) 廉明 : 廉潔明察.(新)
307) 威制 : 以威制服.(新) 彊 : 同'强'.(漢) 豪强 : 仗勢横行的人.(新)
308) 得職 : 各得其常所也.(胡)

○【蕭望之不欲外補】

蕭望之不欲外補

上選博士諫大夫通政事者補郡國守相,[310] 以蕭望之爲平原太守. 望之上疏曰, "陛下哀愍百姓,[311] 恐德化之不究,[312] 悉出諫官以補郡吏. 朝無爭臣,[313] 則不知過, 所謂憂其末而忘其本者也." 上乃徵望之入守少府.[314]

○【尹翁歸爲右扶風】

尹翁歸爲右扶風

東海太守尹翁歸, 以治郡高第入爲右扶風.[315] 翁歸爲人, 公廉明察,[316] 郡中吏民賢不肖及奸邪罪名盡知之.[317] 各有記籍, ⁹輒⁹披籍.[318] 取人⁹必於秋冬課吏大會中及出行縣,[319] 不以無事時. 其有所取

---

309) 歌之 : 歌頌他.(新)

310) 選 : 選拔.(新) 博士 : 官名. 通儒學, 備顧問.(新) 諫大夫 : 官名. 掌議論.(新) 補 : 委任官職.(新) 郡國守相 : 卽郡太守諸侯王相.(新)

311) 哀愍 : 憐憫.(新)

312) 究 : 竟.(新)

313) 爭臣 : 諍臣. 爭通'諍'.(新)

314) 守 : 暫時署理.(新) 少府 : 秦官, 掌山林池澤之賦, 以給共養.(胡前209年)

315) 高第 : 高等. 這里指考核成績優秀.(新) 入爲右扶風 : 內地作扶風郡太守.(春) 右扶風 : 官名. 相當于郡太守. 治所在長安. 在今陝西西安市西北.(新)

316) 公廉 : 公正廉潔.(新)

317) 不肖 : ① 指壞人.(新) ② 肖, 似也, 言無所象類, 謂不才之人.(要)

318) 披籍 : 披有罪者籍也.(胡)

319) 取 : 收捕.(新) 課吏 : 考覈官吏.(新) 行縣 : 巡視各縣.(新) 大會中及出行縣 : 於大會之中及行縣時, 則取罪人以警衆. 行, 下孟反. 下'改行''以行', 同.(胡)

披籍取人

也,◖ 以一警百.[320] 吏民皆服, 恐懼, 改行自新. 其爲扶風,[321] 選用廉平疾奸吏以爲右職,[322] 接待以禮, 好惡與同之,[323] 其負翁歸,[324] 罰亦必行. 然溫良謙退, 不以行能驕人,[325] 故得名譽於朝廷.

○【馮奉世矯制破莎車】

馮奉世矯制破莎車

馮奉世使西域. 會◗故◖莎車王弟呼屠徵自立爲王.[326] 畔漢,[327] 奉世遂以節發諸國兵,[328] 擊斬之, ◗傳其首詣長安.◖[329] 上甚悅, 議封奉世. 蕭望之曰, "奉世矯制發兵,[330] ◗雖有功效, 不可以爲後法. 卽封奉世,[331] 開後奉使者利以奉世爲比,[332] 爭逐發兵,[333]◖ 要功萬里之外,[334] 爲國家生事於夷

蕭望之諫封馮奉世

320) 以一警百：懲罰一人以警戒衆人.(新)
321) 扶風：右扶風.(新)
322) 疾：通'嫉'. 憎恨.(新) 右職：高職位. 漢代以右爲尊.(新)
323) 好：呼到翻.(胡) 惡：烏路翻.(胡)
324) 負：違背.(新)
325) 行能：德行, 才能.(新) 驕人：對別人驕傲.(新)
326) 莎車：西域古國名.(新)
327) 畔：通'叛'.(新)
328) 節：符節.(新)
329) 傳其首：傳送其首級(頭).(新)
330) 矯制：指假托君命行事. 制, 制書.(漢)
331) 卽：如果.(新)
332) 比：榜樣.(中白)
333) 逐：競. 爭逐, 競爭.(新)
334) 要：通'邀'.(新)

狄,[335] 漸不可長.[336] 奉世不宜受封.” 上善望之議, 以奉世爲光祿大夫.[337]

【丁巳(前64) 元康二年】

○【魏相諫伐匈奴】

魏相諫伐匈奴

上與趙充國等議, 欲因匈奴衰弱, 出兵擊其右地,[338] 使不敢復擾西域.[339] 魏相上書諫曰, “救亂誅暴, 謂之義兵, 兵義者王. 敵加於己,[340] 不得已而起者, 謂之應兵, 兵應者勝, 爭恨小故,[341] 不忍憤怒者,[342] 謂之忿兵, 兵忿者敗. 利人土地貨寶者,[343] 謂之貪兵,[344] 兵貪者破. 恃國家之大, 矜民人之衆, 欲見威於敵者,[345] 謂之驕兵, 兵驕者滅. 間者匈奴未有犯於邊境,[346] 今聞欲興兵入其地,[347]

335) 爲 : 于僞翻.(胡) 生事 : 滋生事端.(新)
336) 漸不可長 : 謂此風不可滋長.(新) 長 : 畜也.(要)
337) 以奉世爲光祿大夫 : 漢書(卷79馮奉世傳)云, “以奉世爲光祿大夫水衡都尉.” 而顔師古注云, “‘善望之議’字下, 疑有‘竟不封’三字.”(◉)
338) 其右地 : 匈奴西邊之地.(新)
339) 復 : 扶又翻.(胡)
340) 加 : 言侵犯.(新)
341) 爭恨小故 : 爲一點小事而怨恨相爭.(新)
342) 忍 : 忍耐.(新)
343) 利 : 貪利.(新)
344) 貪 : 貪利.(新)
345) 見 : 音現, 顯示之也.(春)
346) 間者 : 現在.(新)

臣愚不知此兵何名者也.[348] 今年計子弟殺父兄妻殺夫者凡二百二十二人, 臣愚以爲此非小變也. 今左右不憂此,[349] 乃欲發兵報纖介之忿於遠夷,[350] 殆孔子所謂'吾恐季孫之憂不在顓臾而在蕭牆之內也'."[351] 上從相言.

○【魏相條漢便宜】

魏相條漢便宜 魏相好觀漢故事及便宜章奏,[352] 數條漢興已來國家便宜行事及賢臣賈誼鼂錯董仲舒等所言,[353] 奏請施行之. 相敕掾史按事郡國,[354] 及休告,[355] 從家還至府,[356] 魏丙同心輔政 輒白四方異聞.[357] 或有逆賊風雨災變, 郡°不˙上,[358] 相輒奏言之. 與御史大夫丙吉同心輔

347) 今聞欲興兵入其地：丞相不預中朝之議, 故言聞諸將軍. 大將軍車騎將軍前後左右將軍, 皆中朝官.(胡)
348) 何名：什麽名義.(新)
349) 左右：謂近臣在天子左右者.(胡)
350) 纖介：細微.(新) 遠夷：遠方的夷人. 這裏是指匈奴.(新)
351) "吾恐季孫之憂"句：引自論語季氏孔子之言.(新) 季孫：季孫氏. 春秋時代魯國的貴族.(新) 顓臾：春秋時代 魯的附庸小國.(新) 蕭牆：門屛. 這句言怕國家之憂不在外夷而在內患.(新)
352) 觀漢故事及便宜章奏：旣觀國家故事, 又觀前人所奏便宜之章也.(胡) 便宜章奏：指前人言利害得失相機行事的章奏.(新)
353) 數：① 所角翻.(胡) ② 屢次.(新) 條：整理.(新) 便宜行事：指經過實踐證明便利的事.(新)
354) 掾史：小吏. 這裏指丞相的屬吏.(新)
355) 休告：休假回家.(新)
356) 府：指丞相府署.(新)
357) 白：報告.(新) 異聞：各種新聞.(新)

政, 上皆重之.[359]

○【丙吉絶口不道前恩】

丙吉絶口不道前恩

丙吉爲人深厚,[360] 不伐善.[361] 自曾孫遭遇,[362] 吉絶口不道前恩,[363] 會掖庭宮婢,[364] 自陳嘗有阿保之功,[365] 辭引使者丙吉知狀.[366] 上親見問, 然後知吉有舊恩而終不言, 上大賢之.

○【蕭望之爲左馮翊】

蕭望之爲左馮翊

帝以蕭望之經明持重,[367] 論議有餘,[368] 材任宰相,[369] 欲詳試其政事, 復以爲左馮翊.[370] 望之從少府出

358) 郡不上：郡官吏沒有上報.(新)　不：(春)作'未', 誤.(◉)　上：時掌翻(胡)
359) 重：倚重, 尊重.(新)
360) 深厚：深沈厚道.(新)
361) 伐善：誇耀自己的長處.(新)
362) 曾孫遭遇：宣帝, 武帝之曾孫也. 征和二年, 遭巫蠱事, 繫獄時, 丙吉治獄. 武帝以獄中有天子氣, 遣使欲殺之. 丙吉閉門不納獲免. 故示遭遇.(春)　曾孫：指宣帝.(新)
363) 前恩：從前對宣帝的恩情.(新)
364) 掖庭：宮中旁舍. 妃嬪居住的地方.(新)　宮婢：宮中婢女.(新)
365) 自陳嘗有阿保之功：謂未爲宮婢時有舊夫, 見在俗間者.(胡)　阿保：保姆.(新)
366) 辭：供辭.(新)　使者：① 謂治獄者.(新) ② 吉受詔治巫蠱獄, 在上卷丁未年.(國)　知狀：知道情況.(新)
367) 經明：明習經書.(新)
368) 議論有餘：言善於議論.(新)　議論：(春)作'論議'.(◉)
369) 材：才能.(新)　任：堪也.(胡)
370) 復：扶又翻.(胡)　左馮翊：① 官名. 職掌相當於郡太守. 治所在長安, 在今陝西西安市西北.(新) ② 左馮(píng)翊, 官名. 政區名. 漢太初元年(公元前104年)改左內史置. 爲拱衛首都長安的三輔之一. 治所在長安(今西安市西北). 轄境約當今陝西渭河以北涇河以東洛河中下游地區.(漢)　馮：① 音憑.(杜詩詳註 卷23 送重表姪王砅評事使南海 吾客左馮翊 音注) ② 馮(píng)及音'憑', 韓國音當讀曰'빙', 不當讀曰'풍'. 馮有兩音, 一曰'píng 廣韻扶冰切, 平蒸, 並.'(據(漢), 下同.) 則以'빙'讀之. 二曰'féng 廣韻房戎切, 平東, 奉.' 則

爲左遷,[371] 恐有不合意, 卽°移˙病.[372] 上聞之, 使侍中金安°上˙諭意曰,[373] "所用皆更治民以考功.[374] 君前爲平原太守日淺,[375] 故復試之於三輔,[376] 非有所聞也."[377] 望之卽起視事.[378]

【戊午(前63) 元康三年】

○【張安世謹愼】

張安世謹愼

張安世以°˙父子封侯,[379] 在位°太˙盛.[380] 乃辭祿,[381] 詔都內別藏張氏無名錢以百萬數.[382] 安世謹愼周密, 每定大政, 已決, 輒移病出.[383] 聞有詔令, 乃

以'풍'讀之. 然則'左馮翊', 當讀曰'좌빙익', 而諸辭書多以'좌풍익'表音, 須當改之.(◉)

371) 從少府出爲左遷 : 少府, 正九卿, 三輔祿秩視九卿, 故爲左遷.(胡) 左遷 : 謂降職.(新)

372) 移病 : 上書言病, 猶今請病假. 一說因病而移居.(新) 移˙ : (春)作'稱', 據(資治)改.(◉)

373) 金安上 : 金日磾之子. 封爲成都侯.(新) 上 : (春)作'世', 誤.(◉)

374) 更治民以考功 : 功臣表及霍光傳皆作"都成侯", 此承望之本傳之誤. 更, 猶經歷也. 吏, 工衡翻.(胡) 考功 : 考核功績.(新)

375) 日淺 : 日子短.(新)

376) 三輔 : ① 卽京兆尹左馮翊右扶風.(新) ② 西漢治理京畿地區的三個職官的合稱. 亦指其所轄地區. 漢初京畿官稱內史, 景帝二年分置左右內史. 與主爵中尉(後改都尉)合稱三輔. 武帝太初元年更名主爵都尉爲右扶風, 右內史爲京兆尹, 左內史爲左馮翊, 治所皆在長安城中.(漢)

377) 所聞 : 謂聞其短失.(胡)

378) 視事 : 就職辦事.(新)

379) °˙ : (春)有'爲', 當削.(◉)

380) 太 : (春)作'大', 據(資治)改.(◉)

381) 辭祿 : 辭去俸祿.(新)

382) 都內 : 官名. 掌守牆錢財. 屬大司農.(新) 無名錢 : 沒有登記名目的錢.(新) 以百萬數 : 達道數百萬.(中白)

383) 移病出 : 謂疾病嚴重從官署移居私宅.(新)

驚, 使吏之丞相府問焉.[384] 自朝廷大臣, 莫知其與議也.[385] 嘗有所薦,[386] 其人來謝, 安世大恨, 以爲"擧賢達能,[387] 豈有私謝邪!"[388] 絶弗復°爲˙通.[389] 有郎功高不調,[390] 自言安世, 安世應曰,[391] "君之功高, 明主所知, 人臣執事何長短,[392] 而自言乎!" 絶不許.[393] 已而郎果遷.[394]

○【二疏請老】

二疏請老 皇太子年十二,[395] 通論語孝經. 太傅疏廣謂少傅受曰,[396] "吾聞'知足不辱, 知止不殆.'[397] 今仕宦至二千石, 宦成名立,[398] 如此不去, 懼有後悔." 卽日,

384) 使吏 : 派遣屬吏.(新)　之 : 到.(新)　丞相府 : 丞相官署.(新)　問 : 詢問.(新)
385) 與議 : 參與議大政.(新)　與 : 讀曰'豫'.(胡)
386) 薦 : 指推薦人才.(新)
387) 達 : 薦進.(新)
388) 私謝 : 私下謝恩.(新)
389) 絶弗復爲通 : 有欲謝者皆不通也. 一曰, 告此人而絶之, 更不與相見也. 復, 扶又翻. 爲, 于僞翻. 予謂絶弗爲通者, 安世敕其閽人之辭也.(胡)　絶 : 謝絶.(新)　爲 : (春)作'與', 據(資治)改.(◉)
390) 郎 : 官名. 侍衛天子.(新)　不調 : 調, 選也, 音徒釣翻.(胡)
391) 應 : 對答.(新)
392) 執事何長短 : 意謂工作有何功過.(新)
393) 絶 : 回絶.(新)
394) 已而郎果遷 : ① 安世外陽距之而實令其遷.(胡) ② 這位郎官果然升官了.(中白) ③ 已而, 不久. 遷, 提拔. 這說明張安世表面上拒之, 而實際上使郎得以提拔(新)
395) 皇太子 : 指劉奭. 漢宣帝的太子後立爲帝(元帝).(新)
396) 受 : 疏受. 疏廣兄子.(新)
397) 知足不辱 知止不殆 : ① 此老子之言而廣引之.(胡) ② 言知滿足的人不會受辱, 知止足不圖名利的人不會有危險. 辱, 屈辱. 殆, 危險.(新)

賢哉二大夫

父子俱移病,399) 上疏乞骸骨.400) 上皆許之, 加賜黃金二十斤, 皇太子贈五十斤. 公卿故人設祖道供張東都門外,401) 送者車數百兩.402) 道路觀者皆曰, "賢哉二大夫!" 或歎息爲之下泣.

○【二疏不以財累子孫】

二疏不以財累子孫

賣金共具

廣受歸鄕里,403) 賣金共具,404) 請族人故舊賓客, 與相娛樂. 或勸廣以其金爲子孫頗立産業者,405) 廣曰, "吾豈老誖不念子孫哉!406) 顧自有舊田廬,407) 令子孫勤力其中, 足以共衣食,408) 與凡人齊.409) 今復增益之以爲贏餘,410) 但敎子孫怠墮耳.411) 賢而多財, 則損其志,412) 愚而多財, 則益其過.413) 且富者衆之

賢而多財 則損其志 愚而多財 則益其過

---

398) 宦：(資治)作'官', 漢書疏廣傳作'宦', '宦'與'官'同義字.(◉)
399) 父子：古時亦稱叔侄爲父子.(漢) 移病：移書稱說有病.(新)
400) 乞骸骨：古代官吏因老或病請求退職, 常稱'乞骸骨'或'乞骸'.(新)
401) 祖道：古人於出行前祭祀路神稱'祖道'. 習俗以之稱餞行.(新) 供張：張, 通'帳', 帷帳. 陳設帷帳.(新) 東都門：長安東城門名.(新)
402) 兩：通'輛'.(新)
403) 廣受：東海蘭陵人.(胡)
404) 共具：擺設酒食的器具. 共通'供'.(新)
405) 爲：于僞翻.(胡)
406) 誖：惑也. 音布內翻.(胡)
407) 顧：思念也.(胡) 田廬：田地房産.(新)
408) 共：通'供'. 供給.(新)
409) 凡人：一般人.(新) 齊：相等.(新)
410) 增益：增加.(新) 贏餘：富裕.(新)
411) 怠墮：懈怠懶惰. 墮, 通'惰'.(新)
412) 損：損失.(新)

怨也, 吾既無以教化子孫, 不欲益其過而生怨. 又此金者, 聖主所以惠養老臣,[414] 故樂與鄕黨宗族共饗其賜,[415] 以盡吾餘日,[416] 不亦可乎!" 於是族人悅服.

不爲子孫立產

○【黃霸治爲天下第一】

黃霸治爲天下第一

°潁˙川太守黃霸力行教化而後誅罰,[417] 務在成就全安°˙長吏.[418] 許丞老,[419] 病聾, 督郵白欲逐之.[420] 霸曰, "許丞廉吏, 雖老, 尙能拜起送迎,[421] 重聽何傷!"[422] 或問其故, 霸曰, "數易長吏,[423] 送故迎新之費, 及姦吏因緣, 絶簿書, 盜財物,[424] 公私費耗甚多, 皆當出於民. 所易新吏又未必賢, 或不如其

413) 過 : 過錯.(新)
414) 聖主 : 指宣帝.(新)
415) 饗 : 通'享'. 享受.(新)
416) 餘日 : 猶晚年的時光.(新)
417) 潁 : (春)作'穎', 誤.(◉) 力行教化而後誅罰 : 力, 猶勤也. 言先以德教化於下, 若有弗從, 然後用刑罰也.(胡)
418) 全安長吏 : 謂對其重要僚屬, 不欲更動及損傷之.(今) °˙ : (春)有'之', 當削.(◉)
419) 許丞 : 謂許縣縣丞. 許縣, 屬潁川郡, 故城在今河南省許昌縣西南.(今) 丞 : 官名.(新)
420) 督郵 : 官名, 爲郡之佐吏, 司監察所屬各縣, 考課殿最. 每郡分東西南北中五部, 每部設一督郵, 謂之五部督郵.(今) 白 : 報告.(新)
421) 能拜起送迎 : 指勝任一般公務.(新)
422) 重聽 : 耳聾(新) 何傷 : 沒有大碍.(新)
423) 數 : ① 屢次.(新) ② 所角翻.(胡) 易 : 更換.(新) 長吏 : 指地方官吏.(新)
424) 因緣絶簿書 盜財物 : 謂因交代之際, 棄匿簿書, 以盜公家財物.(今) 因緣 : 借此交接班的機會.(新)

治道去其泰甚者

故,[425] 徒相益爲亂.[426] 凡治道, 去其泰甚者耳."[427] 霸以外寬內明,[428] 得吏民心, 戶口歲增, 治爲天下第一,[429] 徵守京兆尹.[430]

【庚申(前61) 神爵元年[431]】

○【求金馬碧雞之神】

求金馬碧雞之神

春, 正月, 上始行幸甘泉,[432] 郊泰畤,[433] ◗三月,◖ ◗行◖幸河東, 祠后土.[434] ◗上◖頗修武帝故事,[435]

用方士

謹齋祀之禮,[436] 以方士言增置神祠,[437] 聞益州有金馬碧雞之神,[438] 可醮祭而致,[439] 於是遣諫大夫蜀郡王褒使持節求之.[440]

---

425) 故 : 原來的.(新)
426) 徒 : 只是.(新) 相益爲亂 : 言反而增加混亂.(新)
427) 泰 : 通'太'.(新)
428) 外寬內明 : 表面寬容, 內心明察.(新)
429) 治 : 直之翻.(胡)
430) 守 : 暫時署理稱'守'.(新)
431) 神爵元年 : 前年神爵集長樂宮, 今故改元神爵, 大如鷃, 爵色有五采.(春)
432) 上 : 指宣帝.(新) 甘泉 : 宮名. 在今陝西淳化西北.(新)
433) 郊 : 祭祀.(新) 泰畤 : 卽泰壇, 祭天之處.(今)
434) 祠 : 祭祀.(新) 后土 : 地神.(新)
435) 修 : 實行.(新)
436) 齋祀 : 齋戒祭祀.(新)
437) 方士 : 以求神仙煉黃金爲名, 以欺世盜名的術士.(新)
438) 金馬碧雞 : 形狀像馬的金, 形狀像雞的碧. 皆爲寶物. 亦指神名. 後以'金馬碧雞'作爲祥瑞之物.(漢)
439) 醮祭而致 : 醮祭, 祭祀. 致, 引來.(新)
440) 諫大夫 : 官名. 掌諫議. 屬光祿勳.(新) 王褒 : 西漢蜀(治今四川成都)人, 字子淵.(新)

○【王褒聖主得賢臣頌】

王褒聖主得賢臣頌

賢者國家之器用

初, 上聞褒有俊才, 召見,[441] 使爲聖主得賢臣頌. 其辭曰, "夫賢者, 國家之器用也, 故君人者勤於求賢而逸於得人.[442] 昔賢者之未遭遇也,[443] 圖事揆策,[444] 則君不用其謀, 陳見悃誠,[445] 則上不然其信,[446] 是故伊尹勤於鼎俎,[447] 太公困於鼓刀,[448] 百里自鬻,[449] 甯子飯牛,[450] 離此患也.[451] 及其遇明君遭聖主也, 運籌合上意,[452] 諫諍卽見聽, 進退得關其忠,[453] 任職得行其術. 故世必有聖知之君,[454] 而

伊尹勤於鼎俎 太公困於鼓刀 百里自鬻 甯子飯牛

使 : 爲使者.(新) 持節 : 拿了符節.(新)

441) 見 : 賢遍翮.(胡)

442) 故 : (資治)作'由此言之'.(◉)

443) 未遭遇 : 謂未遭到時機.(新)

444) 圖 : 謀.(新) 揆 : 度量.(新)

445) 悃誠 : 誠實.(新) 悃 : 悃愊, 志純一也. 亦猶實也.(胡)

446) 不然其信 : 對其不信.(新)

447) 伊尹 : 商湯王的賢臣.(新) 勤於鼎俎 : 傳說伊尹負鼎俎(鼎和俎, 割烹的用具)以求見湯王.(新)

448) 太公困於鼓刀 : 姜太公. 卽呂尙太公望. 西周初人. 傳說姜太公曾屠牛於朝歌.(新) 鼓刀 : 謂擺弄刀子發出響聲. 宰殺牲畜時敲擊其刀, 使之發聲, 故曰鼓刀.(漢)

449) 百里自鬻 : 百里, 指百里奚. 鬻, 賣. 奚本虞大夫, 晉滅虞, 被虜, 將以爲秦穆公夫人媵. 奚走宛, 爲楚人所得. 穆公聞其賢, 以五羖羊皮贖之, 授以國政, 人號爲五羖大夫. 自鬻, 當指穆公以五羊皮相贖事.(今) 鬻 : 賣也. 呂氏春秋曰, 百里奚之未遇時也, 虞亡而虜縛, 鬻以五羊之皮, 公孫枝得而悅之, 獻諸穆公.(胡)

450) 甯子飯牛 : 寧子, 指甯戚. 飯牛, 謂飼牛. 戚, 衛人, 以修德不用, 遂爲商賈. 夜宿齊東門外, 桓公夜出, 戚方飯牛, 乃擊牛角而歌曰, "南山矸, 白石爛, 生不逢堯與舜禪. 短布單衣適至骭, 從昏飯牛薄夜半, 長夜曼曼何時旦." 桓公召與語, 以爲大夫.(今)

451) 離此患 : 四人皆遭此未遇之患. '離'與'罹'同, 遭也.(要)

452) 運籌 : 施用計謀.(新)

453) 關 : 通.(新)

後有賢明之臣. 故虎嘯而風冽,[455] 龍興而致雲,[456] 蟋蟀俟秋唫,[457] 蜉蝣出以陰.[458] 易曰, '飛龍在天, 利見大人.'[459] 詩曰, '思皇多士, 生此王國.'[460] 故世平主聖,[461] 俊艾將自至.[462] 明明在朝, 穆穆布列,[463] 聚精會神, 相得益章,[464] 雖伯牙操遞鍾,[465] 逢門子彎烏號,[466] 猶未足以喩其意也.[467] 故聖主必待賢臣而弘功業,[468] 俊士亦俟明主以顯其德.[469] 上

454) 知 : 讀曰智.(胡)
455) 風冽 : 冽冽, 風貌也, 音列.(胡) 冽 : 寒冷.(新)
456) 龍興而致雲 : 易乾卦, 雲從龍, 風從虎.(綱鑑)
457) 蟋蟀俟秋唫 : 喩賢人待明君以仕也. 詩傳曰, "蟋蟀似蝗而小, 一名促織, 九月在堂," 故曰俟秋唫.(春) 竢 : 等待.(新) 唫 : 古'吟'字.(春)
458) 蜉蝣出以陰 : 蜉蝣出有時, 故曰出以陰. 蜉蝣音浮油.(春) 陰 : 指陰暗處.(新)
459) 飛龍在天, 利見大人 : 乾卦九五爻辭也. 言王者居正陽之位, 賢才見之, 則利用也.(胡) 飛龍在天 : 引易乾卦. 謂王者在位, 賢才見之則任用.(新)
460) 思皇多士 生此王國 : 大雅文王之詩也. 思, 語辭也. 皇, 美也. 言美哉衆多賢士, 生此周王之國也.(胡)
461) 世平 : 時世和平.(新) 主聖 : 君主聖明.(新)
462) 俊艾 : 英俊的人才. 艾, 讀'乂'.(新)
463) 明明在朝 穆穆布列 : 君王勉力于朝, 人臣恭謹布列于庭.(岳白) 明明 : 謂明智聰察.(新) 穆穆 : 儀容美好, 容止端莊.(新)
464) 相得益章 : 相互配合, 作用益顯.(新) 章 : 明也.(胡)
465) 伯牙 : 春秋時人. 傳說以精於琴藝著名. 只有他的知友鍾子期完全理解其琴意, 子期死後, 伯牙終身不再鼓琴.(新) 操 : 拔琴.(新) 遞鍾 : 當作'號鍾'(王念孫說). 古琴名.(新) 遞 : 音遞送之遞. 二十四鍾各有節奏, 擊之不常, 故曰遞. 臣瓚曰, 楚辭云, "奏伯牙之號鍾." 號鍾, 琴名也. 馬融笛賦曰, 號鍾, 高調. 伯牙以善鼓琴, 不聞其能擊鍾也. 師古曰, 琴名, 是也. 字旣作遞, 則與楚辭不同, 不得卽讀爲號, 當依晉音耳.(胡)
466) 逢門子 : 卽逢蒙. 古代善射的人.(新) 逢 : 皮江翻.(胡) 彎 : 拉弓.(新) 烏號 : ① 弓名.(新) ② 楚有柘桑, 烏栖其上, 枝下著地, 不得飛, 欲墮, 號呼, 故曰烏號.(胡)
467) 喩 : 比喩.(新)
468) 弘 : 擴大.(新)
469) 俊士 : 賢俊之人.(新) 顯 : 逞.(新)

下俱欲, 驩然交欣,[470] 翼乎如鴻毛遇順風,[471] 沛乎如巨魚縱大壑.[472] 休徵自至,[473] 壽考無疆,[474] 何必偃仰屈伸若彭祖,[475] 呴噓呼吸如喬松,[476] ⁋眇然絕俗離世⁋哉!"[477] 是時上頗好神僊, 故褒對及之.

○【罷尚方待詔】

罷尚方待詔

京兆尹張敞亦上疏諫曰, "願明主時忘車馬之好, 斥遠方士之虛語,[478] 游心帝王之術,[479] 太平庶幾可興也."[480] 上由是悉罷尚方待詔.[481]

○【張敞能繼趙廣漢】

---

470) 交欣 : 互相歡喜.(新)
471) 翼 : 輔助.(新) 順風 : 君臣相合, 如鴻毛遇順風, 一擧千里.(要)
472) 沛 : 充盛.(新) 縱 : 放.(新) 大壑 : 大海.(漢)
473) 休徵 : 美好的徵兆.(春)
474) 壽考無疆 : 謂長命不終.(新)
475) 偃仰 : 猶俯仰.(新) 彭祖 : 古仙人. 姓籛名鏗. 堯時封於大彭, 至殷末七百餘歲而不衰.(今)
476) 呴噓 : 皆開口出氣也.(胡) 僑松 : 僑, 王僑, 松, 赤松子, 皆仙人也.(胡) 喬 : (資治)作'僑'. 諸書或作'僑'作'喬'而混用.(◉) 王子喬 : 一作王喬. 傳爲春秋周靈王太子, 名晉. 又稱王子晉. 以直諫被廢. 相傳好吹笙作鳳凰鳴. 有浮丘生接晉至嵩高山. 三十餘年後, 豫言于七月七日見于緱氏山巔. 至期, 晉乘白鶴至山頭, 擧手以謝時人. 數日而去.(人)
477) 眇然 : 高遠之意.(胡)
478) 斥遠 : 謂不聽信.(新) 遠 : 遠避.(今)
479) 游心 : 謂注意.(新)
480) 庶幾 : 表希望之意.(今) 幾 : 居希翻.(胡)
481) 悉 : 全, 都.(新) 罷 : 貶黜.(新) 尚方待詔 : ① 主方藥而等待詔命任命的人.(新) ② 此尚方, 非作器物之尚方. 尙, 主也, 主方藥也.(胡)

張敞能繼趙廣漢

初, 趙廣漢死後, 爲京兆尹者皆不稱職, 惟敞能繼其迹, 其方略耳目不及廣漢,[482] 然頗以經術儒雅文之.[483]

○【王吉謝病歸】

王吉謝病歸

上頗修飾,[484] 宮室車服盛於昭帝時, 外戚許史王氏貴寵.[485] 王吉上疏曰, "陛下躬聖質,[486] 總萬方,[487] 惟思世務, 將興太平, 詔書每下, 民欣然若更生.[488] 臣伏而思之, 可謂至恩, 未可謂本務也.[489] 欲治之主不世出,[490] 公卿幸得遭遇其時, 言聽諫從, 然未有建萬世之長策, 擧明主於三代之隆也.[491] 其務在於期會簿書斷獄聽訟而已,[492] 此非太平之基也. 臣願陛下承天心, 發大業, 與公卿大臣延及儒生, 述舊禮, 明王制, 敺一世之民躋之仁壽之域,[493] 則俗

482) 方略：計謀策略.(新) 耳目：謂視聽政事.(新)
483) 文：修飾.(新)
484) 修飾：謂講究儀容.(新)
485) 外戚：指后妃的娘家, 天子的舅家之人.(新)
486) 躬：親自, 親身.(新)
487) 總：總理.(新) 萬方：各處.(新)
488) 更生：猶'新生'.(新)
489) 可謂至恩, 未可謂本務也：言天子如此, 雖於百姓爲至恩, 然未盡政務之本.(今)
490) 欲治之主不世出：言有時遇之不常値. 治, 直吏翻.(胡) 不世出：意謂世上不相見.(今)
491) 三代：指夏殷周.(今)
492) 期會：約期聚集.(新) 簿書：日常的公文簿冊.(新)

何以不若成康,[494] 壽何以不若高宗!"[495] 上以其言爲迂闊,[496] 不甚寵異也. 吉謝病歸.[497]

○【趙充國擊先零】

趙充國擊先零

先零與諸羌,[498] 劫略小種,[499] °背畔犯塞˙.[500] 時趙充國年七十餘, 上老之,[501] 使丙吉問誰可將者.[502] 充國對曰, "無踰於老臣者矣."[503] 復問, "將軍度羌虜何如?[504] 當用幾人?"[505] 充國曰, "兵難遙度,[506] 願至金城,[507] 圖上方略."[508] 乃大發兵詣金城.

無踰老臣

兵難遙度

○【罕幵不煩兵而下】

493) 毆一世之民躋之仁壽之域 : 以仁撫下, 則羣生安逸而壽考. 余謂此以仁壽二字並言, 仁者不鄙詐, 壽者不夭折也. 毆, 與'驅'同.(胡) 躋 : 登, 升.(新)
494) 成康 : 西周的成王康王. 傳說成康之世天下大治.(新)
495) 高宗 : 殷王武丁也, 享國百年.(胡)
496) 迂闊 : 迂, 遠也, 音于.(胡)
497) 謝 : 告也.(國)
498) 先零 : 羌種名. 零, 音憐.(春)
499) 劫略 : 劫持脇迫.(新) 略 : 與'掠'同.(國) 小種 : 指小的種族或部落.(新)
500) 背畔犯塞 : (春)作'皆畔', 據(資治)改.(◉) 畔 : 同'叛'.(新)
501) 上 : 指宣帝.(新) 老之 : 以爲他年老了.(新)
502) 誰可將 : 哪个可以爲將.(新) 將 : 卽亮翻.(胡)
503) 無逾於老臣 : 無人超過我. 老臣, 趙充國自稱.(新)
504) 度 : 計也, 音大各翻.(胡)
505) 幾人 : 指多少人馬.(新)
506) 遙度 : 遙計.(新) 度 : 入聲, 計.(國)
507) 金城 : ① 郡名. 郡治允吾, 在今甘肅永靖西北.(新) ② 昭帝元始六年, 置金城郡, 唐蘭鄯廓州地.(胡)
508) 圖上方略 : 謂圖繪地形, 幷擬攻討方略, 一併奏上.(今)

罕幵不煩兵而下

充國常以遠斥堠爲務,[509] 行必爲戰備,[510] 止必堅營壁,[511] 尤能持重, 愛士卒, 先計而後戰. 遂西至西部都尉府,[512] 日饗軍士,[513] 士皆欲爲用. 虜數挑戰.[514] 充國欲以威信招降罕幵及劫略者,[515] 解散虜謀,[516] 徼其疲劇,[517] 乃擊之. 酒泉太守辛武賢奏, "以七月出兵擊罕幵." 充國以爲"先零首爲畔逆, 先誅先零已,[518] 則罕幵之屬不煩兵而服矣."[519] 璽書報,[520] 從充國計焉. 後罕幵竟不煩兵而下.[521]

○【趙充國屯田】

趙充國屯田

上詔進擊先零. 時羌降者萬餘人矣. 充國度其必壞,[522] 欲罷騎兵,[523] 屯田以待其敝.[524] 作奏未上,[525]

---

509) 遠斥堠：到遠處偵察.(新)
510) 行：行軍.(新)
511) 止：宿營.(新)
512) 西部都尉府：西部都尉的官署. 在今青海樂都西. 屬金城郡.(新)
513) 饗：以酒食款待.(新)
514) 數：所角翻.(胡)
515) 招降：號召勸諭敵人投降.(漢) 罕幵：罕, 俗作'罕'. 幵, 音牽, 皆西羌種, 漢武滅之, 置罕幵縣屬天水郡.(春) 罕：同'罕'. 羌的一種.(新62年) 幵：羌的一種.(新62年) 劫略者：指被羌所劫略的人.(新)
516) 解散：言破壞.(新)
517) 徼：偵察.(新) 疲劇：非常疲倦.(新)
518) 已：完畢.(新)
519) 不煩兵：言用不着再出兵.(新)
520) 璽書：秦以後專指皇帝的詔書.(漢) 報：來報.(新)
521) 不煩兵而下：言不用動武而得以安定之.(新)
522) 度：徒洛翻.(胡)

會得進兵璽書,[526] 充國子使客諫令出兵, 充國歎曰, "本用吾言,[527] 羌虜得至是邪![528] 往者金城湟中穀斛八錢, 吾謂耿中丞,[529] '糴三百萬斛穀, 羌人不敢動矣.'[530] 耿中丞請糴百萬斛, 乃得四十萬斛耳, 義渠再使,[531] 且費其半.[532] 失此二冊,[533] 羌人故敢爲逆."[534] 遂上屯田奏曰, "臣所將吏士馬牛食所用糧穀茭藁,[535] 調度甚廣,[536] 徭役不息, 恐生它變,[537] 且羌易以計破,[538] 難用兵碎也,[539] 故臣愚以爲擊之不便! 計度臨羌東至浩亹,[540] 羌虜故田及公田,[541]

---

523) 罷 : 休.(新)
524) 屯田 : ① 屯兵而田.(要) ② 利用戍卒或農民商人墾殖荒地. 漢以後曆代政府沿用此措施取得軍餉和稅糧. 有軍屯民屯商屯之分.(漢)
525) 未上 : 還沒有呈送天子.(新) 上 : 時掌翻.(胡)
526) 進兵璽書 : 皇帝命令進兵的璽書.(新)
527) 本 : 指當初.(新)
528) 至是 : 到這個地步.(新)
529) 耿中丞 : 指耿壽昌, 宣帝時爲司農中丞.(今)
530) 糴三百萬斛穀 羌人不敢動矣 : 謂預儲糧食, 可以制敵. 糴, 音'敵', 買米.(今)
531) 義渠 : 古代民族名. 西戎之一.(漢)
532) 費 : 花費.(新)
533) 失此二冊 : 指擧辛武賢使羌及糴穀二事.(今) 二冊 : 卽二策. 一指派遣行羌者問題, 不派辛武賢, 而派了義渠安國, 激起羌變. 一指糴穀問題, 糴穀甚少, 使得轉輪煩費.(新)
534) 故 : (資治)作'致', 漢書(卷69趙充國傳)作'故'.(◉)
535) 將 : 帶領.(新) 茭 : 乾草.(今) 藁 : 同'稾', 禾稈.(今)
536) 調度 : 並去聲, 賦調用度也.(國)
537) 它 : 古'他'字.(中) 他變 : 其他事變.(新)
538) 易 : 以豉翻.(胡)
539) 碎 : 破敗.(新)
540) 計度 : 估計.(新) 度 : 徒洛翻.(胡) 臨羌 : 縣名. 治所在今青海湟源東南.(新) 浩亹 : ① 浩, 音告. 亹, 音門. 水出西塞外, 東至允吾入湟水. 浩, 水名. 亹者水流峽山間

以全取勝 貴謀賤戰 百戰百勝 非計之善者

先爲不可勝以待敵之可勝

留田便宜十二事

民所未墾，可二千頃以上，[542] 臣願罷騎兵，留步兵萬二百八十一人，分屯要害處，[543] 浚溝渠，[544] 賦人二十晦，[545] 省大費."[546] 帝報曰，"即如將軍計，[547] 虜當何時伏誅？熟計其便，[548] 復奏!" 充國上狀曰，"臣聞帝王之兵，以全取勝，是以貴謀而賤戰．'百戰而百勝，非計之善者也，故先爲不可勝以待敵之可勝.'[549] 謹條不出兵留田便宜十二事."[550] 奏每上，[551] 輒下公卿議臣.[552] 初是充國計者什三，[553] 中什五，[554] 最後什八.[555] 有詔詰前言不便者，[556] 皆

兩岸深若門焉．今俗呼閤門河疾言訛傳耳.(春) ② 亦漢縣俱屬金城.(綱鑑)

541) 故田：指羌人原來的田.(新) 公田：指漢朝的田.(新)

542) 可：大約.(新) 頃：一百苗.(新)

543) 要害：喻緊要的關鍵的部分，亦指軍事上的要地.(漢)

544) 浚：深治也.(胡)

545) 賦人二十晦：分配給每人二十晦 .(新) 賦：謂班與之也．晦，古'畝'字.(胡)

546) 省大費：節省大量的耗費.(新)

547) 即：如果.(新)

548) 復：扶又翻.(胡)

549) 百戰而 … 待敵之可勝：① 此兵法之辭，言先自完堅，令敵不能勝我，乃可以勝敵也．余據此言本之孫子.(胡) ② 取意于孫子．孫子謀政的原文是，"是故百戰百勝，非善之善也，不戰而屈人之兵，善之善者也." 形篇的原文是，"昔之善戰者，先爲不可勝以待敵之可勝." 這句的意思是，先創造敵不可勝我的條件，然後我可以勝敵.(新)

550) 條：開列.(新) 便宜十二事：十二項好處.(新)

551) 上：時掌翻.(胡)

552) 下：遐稼翻.(胡) 公卿：三公九卿.(新) 議臣：謀議之臣.(新)

553) 初：開始.(新) 是：同意.(新) 什三：十分之三.(新)

554) 中：中間，始與終之中.(新) 什五：十分之五.(新)

555) 什八：十分之八．這幾句是說，趙充國的謀略，自始至終，得到越來越多的人的支持.(新)

556) 詰：① 責問.(新) ② 去吉翻.(胡)

頓首服.[557] 魏相曰, "臣愚不習兵事利害. 後將軍數畫軍冊,[558] 其言常是, 臣任其計必可用也."[559] 上於是報充國, 嘉納之.[560] ◖詔罷兵, 獨充國◗留屯田.

557) 頓首服 : 叩頭認錯.(新)
558) 後將軍 : ① 官名. 戰國已有. 秦因之. 漢不常置. 金印紫綬, 位次于上卿. 職掌爲典京師兵衛, 或屯兵邊境.(百度 百科) ② 充國爲後將軍.(漢書 卷69 趙充國傳) 數 : ① 婁次.(新) ② 所角翻.(胡) 畫 : 謀劃.(新) 冊 : 同'策'.(新)
559) 任 : 擔保.(新)
560) 嘉納之 : 稱贊他的謀略而采納.(新)

通鑑節要增損校註 卷十三

漢紀

▪ 中宗孝宣皇帝 下

【辛酉(前60) 神爵二年】

○【充國振旅而還】

充國振旅而還

夏, 充國奏言, "羌本可五萬人,[1] 已降并斬首級溺河湟飢餓死者四萬有餘,[2] 請罷屯兵." 奏可. 充國振旅而還.[3] 秋, 羌人降, 漢初置金城屬國以處降羌.[4]

置金城屬國

○【蓋寬饒自剄】

蓋寬饒自剄

司隸校尉蓋寬饒,[5] 剛直公淸, 數干犯上意.[6] 時上

1) 本 : 本來, 原來.(新)　可 : 大略.(新)
2) 首級 : 秦制以斬敵首多少論功晉級. 後因稱斬下的人頭爲'首級'.(漢)　溺 : 溺死.(新)　河湟 : 黃河, 湟水.(新)
3) 振旅而還 : 振, 整理. 旅, 士衆, 謂整衆而還.(今)　振旅 : 出曰治兵, 入曰振旅.(要)
4) 金城屬國 : 屬國名. 安置羌族歸漢的人於金城郡內.(新)　屬國 : 不改其國之俗而屬於漢, 故曰屬國.(國)
5) 司隸校尉 : 官名. 武帝征和四年卽西元前八十九年初置, 持節, 從屬官兵千二百人, 司捕治巫蠱, 督察姦猾. 後罷其兵, 監察三輔及三河(河東河內河南)弘農等郡. 以掌徒隸而司巡察, 故名司隸.(今)　蓋 : ① 音古盇翻.(胡) ② 此與孟子蓋大夫之集註 '蓋古盇反'同音(孟子公孫丑下),

方用刑法, 任中書官,[7] 寬饒奏封事曰,[8] "方今聖道浸微,[9] 儒術不行, 以刑餘爲周召,[10] 以法律爲詩書."[11] 又引易傳言,[12] "五帝官天下,[13] 三王家天下.[14] 家以傳子孫, 官以傳賢聖." 書奏, 上以爲寬饒怨謗, ◖下其書中二千石.◗[15] 九月, 下寬饒吏,[16] 寬饒引佩刀自剄北闕下,[17] 衆莫不憐之.

○【都護之置 自鄭吉始】

都護之置 自鄭吉始

日逐王素與握衍朐鞮單于有隙,[18] 率其衆◖欲◗降漢,[19]

孟子諺解音'합', 則當從'합'音. 而現用辭典(檀)云'蓋寬饒갑관요', 則未及察古音也.(◉)

6) 數 : 所角翻.(胡) 干犯 : 冒犯.(新) 上意 : 天子的旨意.(新)

7) 任 : 任用.(新) 中書官 : ① 武帝遊宴後庭, 用宦官爲中書官. 宣帝因之, 遂基弘恭石顯之禍.(胡) ② 指宦官.(新) ③ 本作任中書宦官, 故下云, 以刑餘爲周名.(春)

8) 奏封事 : 密封的言事奏章.(新) 封事 : 密封的奏章. 古時臣下上書奏事, 防有泄漏, 用皂囊封緘, 故稱.(漢)

9) 浸微 : 逐漸衰微.(新)

10) 以刑餘爲周召 : 謂以宦官而當權軸. 刑餘, 指宦官, 蓋謂其身爲刑罰所餘. 周召, 指周公旦及召公奭.(今) 刑餘 : 指宦官.(新) 爲周召 : 今以宦官居周公召公之位, 故云然.(春) 周召 : 周公姬旦, 召公姬奭, 二人皆是西周輔政大臣. 這句言以閹人(宦者)掌握大權.(新)

11) 以法律爲詩書 : 謂以刑罰代替敎化. 詩書, 是儒家的經典, 儒家用以進行敎育, 故代指敎化.(新)

12) 易傳 : 據漢書儒林傳, 這是指漢代韓嬰所著的易傳.(新)

13) 五帝 : 說法不一. 一般是指黃帝伏羲神農堯舜.(新) 官 : 謂公.(新)

14) 三王 : 指夏禹商湯周文武.(新) 家 : 謂私.(新)

15) 中二千石 : 官階名. 這裏指秩中二千石之官, 漢代九卿都是秩中二千石.(新)

16) 下吏 : 交付法吏處理.(新)

17) 自剄 : 自殺.(新) 北闕 : 在未央宮北.(新)

18) 日逐王 : 匈奴的王號.(新) 日逐王, 卽如休屠王渾邪王之稱.(春) 朐鞮 : 朐, 音'劬'. 鞮, 丁奚反. 匈奴單于號.(春)

19) 率 : (資治)作'帥', '帥'與'率'通.(◉) 降 : 戶江翻, 下同.(胡)

日逐王降

騎都尉鄭吉發渠犁龜茲諸國五萬人迎日逐王,[20] 將詣京師,[21] 漢封日逐王爲歸德侯.[22] 吉旣破車師, 降日逐,[23] 威震西域, 遂并護車師以西北道, 故號都護.[24] 都護之置, 自吉始焉.

【壬戌(前59) 神爵三年】

○【丙吉知大體】

丙吉知大體

春, 魏相薨.[25] 丙吉爲丞相. 吉上寬大,[26] 好禮讓, 不親小事, 時人以爲知大體.

○【益小吏俸】

益小吏俸

八月, 詔曰, "吏不廉平, 則治道衰.[27] 今小吏皆勤事而俸祿薄,[28] 欲無侵漁百姓,[29] 難矣. 其益吏百石已下俸十五."[30]

20) 渠犁 : 西域國名.(新) 龜茲 : 音丘慈, 西域國.(春)
21) 將 : 領也, 挾也.(胡)
22) 歸德侯 : 據漢書功臣表, 先賢撣之封在神爵三年, 食邑於汝南郡.(今)
23) 降 : 使日逐王投降.(新) 日逐 : 日逐王.(新)
24) 都護 : ① 官名. 漢設在西域的最高長官. 都護的語意是, 并護西域南北二道各國.(新) ② 並護南北二道, 故謂之都. 都, 猶大也, 總也.(今)
25) 魏相 : 西漢人, 曾爲丞相, 封高平侯, 卒謚憲.(新)
26) 上 : 通'尙', 崇尙, 提倡.(新)
27) 治 : 直吏翻, 下同.(胡)
28) 俸祿 : 錢帛曰俸, 米粟曰祿.(要)
29) 侵漁 : ① 猶掊克其民, 若漁獵然.(春) ② 侵奪, 敲詐勒索.(新)
30) 益 : 增加.(新) 百石 : 指小吏.(新) 俸十五 : ① 俸祿的十分之五. 例如原俸一石, 則增加

○【韓延壽恩信周徧】

韓延壽恩信周徧

是歲，東郡太守韓延壽爲左馮翊.[31] 始，延壽爲°潁˙川太守,[32] °潁˙川承趙廣漢構會吏民之後,[33] 俗多怨讐.[34] 延壽改更,[35] 敎以禮讓.[36] 黃霸代延壽居°潁˙川，霸因其迹而大治.[37] 延壽爲吏，上禮義,[38] 好古敎化,[39] 接待下吏，恩施甚厚而約誓明. 或欺負之者,[40] 延壽痛自刻責曰,[41] "豈其負之，何以至此!"[42] 吏聞者自傷悔，至自刺自剄.[43] 其在東郡三歲，令行禁止,[44] 斷獄大減,[45] 由是入爲馮翊.[46] 延壽出行縣至高陵,[47] 民有昆弟相與訟田,[48] 自言.

五斗，共一石五斗.(新) ② 若食一斛則益五斗. 說文十斗爲斛.(要)

31) 東郡：郡名.(新)　左馮翊：官名. 相當於郡太守. 掌治京畿東部地區.(新)

32) 潁：(春)作'穎'，誤. 下同.(◉)

33) 構：① (資治)作'搆'，'搆'與'構'通.(◉) ② 搆，結也. 患其俗多朋黨，故搆會吏民，令相告訐，故多怨讐.(要)　搆會：聚會.(新)

34) 怨讎：仇敵.(漢)

35) 更：工衡翻.(胡)

36) 禮讓：講究禮儀謙讓.(新)

37) 因其迹：因循韓延壽在潁川的業績.(新)　迹：指政積.(新)　治：直吏翻.(胡)

38) 上：通'尙'，崇尙，提倡.(新)

39) 好古敎化：向慕古代的政敎風化.(新)

40) 欺負：欺騙，背棄.(新)

41) 刻責：深刻地自我責備.(新)　曰：(資治)無'曰'字，(綱合)有'曰'字.(◉)

42) 豈其負之 何以至此：意謂豈非我有所負之，不然其人何以爲至此等事.(今)

43) 刺：七亦翻.(胡)

44) 令行禁止：① 令之必行，禁之必止，無違者也.(胡) ② 有令卽行，有禁卽止. 形容法令或紀律嚴明.(漢)

45) 斷獄：審理和判決案件，這裏指發生案件.(新)

46) 馮翊：卽左馮翊.(新)

延壽大傷之曰,49) "幸得備位,50) 爲郡表率,51) 不能宣明敎化,52) 至令民有骨肉爭訟,53) 旣傷風化, 咎在馮翊."54) 因閉閤思過.55) 於是訟者自悔, 願以田相移,56) 終死不敢復爭. 郡中翕然, 相敇厲,57) 不敢犯. 延壽恩信周徧二十四縣,58) 莫復以辭訟自言者.59) 推其至誠,60) 吏民不忍欺紿.61)

閉閤思過

【癸亥(前58) 神爵四年】

○【黃霸在郡 政事愈治】

黃霸在郡 政事愈治

°潁˙川太守黃霸在郡前後八年,62) 政事愈治,63) 是時

47) 行縣 : 巡行視察所屬各縣.(新)
48) 相與 : 共同.(新) 訟田 : 爲爭田產而訴訟.(新)
49) 大傷之 : 對此非常痛心.(新)
50) 備位 : 徒占其位. 舊時官員自謙之詞.(新)
51) 表率 : ① 榜樣.(新) ② 謂以身作則其行事爲群衆所法師也.(中)
52) 宣明 : 使人明白的意思.(新)
53) 骨肉 : 指同血統的至親.(新)
54) 咎 : 罪責.(新) 馮翊 : 卽左馮翊. 這裏是韓延壽自指.(新)
55) 閤 : 門.(新)
56) 願以田相移 : 甘願把田相讓給對方. 相移, 相讓.(新)
57) 敇厲 : 告誡, 勉勵. 厲, 同'勵'.(新)
58) 恩信 : 恩德 威信.(新) 二十四縣 : 謂左馮翊所統之二十四縣.(今)
59) 復 : (資治)作'敢', 漢書(卷76韓延壽傳)作'復'.(◉) 辭訟 : 訴訟, 打官司.(漢)
60) 推 : 謂推己及人.(新) 至誠 : 極爲誠懇.(新)
61) 欺紿 : 欺騙.(新)
62) 潁 : (春)作'穎', 誤. 下同.(◉) 在郡前後八年 : 地節四年卽西元前六六年霸爲潁川太守, 至元康三年卽西元前六三年霸入爲京兆尹, 數月還任故官, 至是適爲九年. 因中間入尹京師, 故在潁川前後八年.(今)
63) 愈 : 更加.(新) 治 : 直吏翻.(胡)

鳳凰神爵數集郡國,[64] °潁˙川尤多. 詔賜爵關內侯. 後數月, 徵霸爲太子太傅.[65]

○【嚴延年以殘酷誅】

嚴延年以殘酷誅

嚴延年素輕黃霸爲人

時, 河南太守嚴延年爲治陰鷙酷烈,[66] 素輕黃霸爲人,[67] 及比郡爲守,[68] 褒賞反在己前, 心內不服. 河南界中又有蝗蟲, 府丞義出行蝗,[69] 還, 見延年. 延年曰, "此蝗豈鳳凰食耶?"[70] 義年老, 素畏延年, 恐見中傷.[71] 上書言延年罪, ◖事下御史丞按◗驗,[72] 得怨望誹謗數事. 延年坐不道,[73] 棄市.[74] 初, 延年母從東海來, 欲從延年臘,[75] 到洛陽, 適見報囚,[76]

---

64) 爵 : 通'雀'.(新) 數 : ① 屢次.(新) ② 所角翻.(胡)
65) 太子太傅 : 輔導太子的官.(新)
66) 陰鷙 : 陰險凶猛.(新) 鷙酷烈 : 鷙, 脂利反, 擊也. 凡鳥之勇, 獸之猛, 皆曰鷙. 酷烈, 謂刑罰酷烈也.(春)
67) 輕 : 輕視.(新)
68) 比郡 : 兩郡相接.(新) 比 : 隣近.(今)
69) 府丞 : 卽郡丞, 官名. 郡太守的屬吏.(新) 義 : 府丞之名也, 失其名.(春) 行 : 下孟反, 巡行捕蝗也.(春)
70) 此蝗豈鳳凰食耶 : 這些蝗蟲豈不正好是鳳凰的食物嗎?(中白) 豈 : 難道.(新) 鳳皇食 : 鳳凰的食物.(新) 耶 : (資治)作'邪', '耶'通'邪'.(◉)
71) 中傷 : 中, 竹仲反, 陰中害之也.(春)
72) 下 : 遐稼翻.(胡) 御史丞 : 御史的屬官.(新) 按驗 : 追查核實. 這裏指按驗嚴延年.(新)
73) 坐 : 犯罪, 判罪. 引伸指犯有過錯.(漢) 不道 : 卽無道.(新)
74) 棄市 : 於鬧市處決, 陳尸示衆.(新)
75) 臘 : 古代祭名. 農曆十二月中舉行此祭.(新)
76) 報囚 : ① 謂奏報處決囚犯. 一說有司擬處囚罪, 報呈長吏判決.(今) ② 論囚曰報, 說文云, 當罪人也.(春)

人不可獨殺

母大驚. 謂延年曰, "天道神明, 人不可獨殺.[77] 我不意當老見壯子被刑戮也![78] 行矣,[79] 去汝東歸,[80] 掃除墓地耳!"[81] 遂去, 歸郡, 後歲餘, 果敗,[82] 東海莫不賢智其母.[83]

東海賢智延年母

【甲子(前57) 五鳳元年】

○【韓延壽以奢僭誅】

韓延壽以奢僭誅

韓延壽代蕭望之爲左馮翊.[84] 望之聞延壽在東郡時放散官錢千餘萬, 使御史案之.[85] 延壽聞知, 卽部吏案校望之在馮翊時廩犧官錢放散百餘萬.[86] 望之自奏, "職在總領天下,[87] 聞事不敢不問,[88] 而爲延

77) 人不可獨殺 : 謂多殺人, 己亦當死.(今)
78) 不意 : 猶言不料.(今)
79) 行矣 : 走了.(新)
80) 去 : 離開.(新) 東歸 : 東向歸家. 東海郡在洛陽的東面.(新)
81) 埽除墓地 : 謂知延年必死, 故掃除墓地以待其喪至. 埽, 同'掃'.(今)
82) 果敗 : 指嚴延年果然被殺.(新)
83) 賢智其母 : 稱其母爲賢智.(今)
84) 韓延壽代蕭望之爲左馮翊 : 漢書公卿表, 望之之後, 尙有左馮翊彊一人, 非卽以延壽代也. 望之由馮翊遷大鴻臚, 又二年, 而拜御史大夫, 其時延壽亦爲左馮翊矣.(今)
85) 望之聞 … 御使案之 : 望之以延壽代己爲馮翊有能名, 出己之上, 故忌害之, 欲陷以罪法.(今) 放散官錢 : 盜取官錢放貸於民, 以牟取利息. 這是違法行爲.(新) 放散 : 猶揮霍.(漢) 御史 : 官名. 御史大夫的屬官. 這時蕭望之爲御史大夫, 忌妬韓延壽聲名, 故欲陷害之.(新) 案 : 查究.(新)
86) 部 : 布置.(新) 案校 : 查究核實.(新) 廩犧 : 官名. 屬左馮翊. 廩, 主管藏穀, 犧, 主管養牲, 均供祭祀之用.(新)
87) 職 : 職責.(新)
88) 問 : 查究.(新)

壽所拘持."[89] 上由是不直延壽,[90] 各令窮考. 望之卒無事實. ◖而望之遣御史案東郡者,[91] 得其試騎士日◗[92] °·奢僭逾制,[93] 鑄刀, 效尚方等事,[94] 竟坐, 棄市. 百姓莫不流涕.

◖【乙丑(前56) 五鳳二年 】◗

○【楊惲怨】

楊惲怨 ◤光祿勳楊惲, 廉潔無私,[95] 然伐其行能,[96] 又性刻害,[97] 好發人陰伏,[98] 由是多怨於朝廷, 與太僕戴長樂相失,[99] 長樂上書告惲罪, ◖事下廷尉. 廷尉定國奏惲◗怨望,[100] 爲妖惡言. 上不忍加誅, ◖有詔皆

89) 而爲延壽所拘持 : 漢書韓延壽傳, "延壽劾奏移殿門, 禁止望之." 按當時有所劾奏, 並移宮中, 禁止被劾者入. 故望之奏爲延壽所拘持. 拘持, 猶言拘束.(今)
90) 不直延壽 : 不以延壽爲正直.(新)
91) 案 : 査考.(新)
92) 其 : 指延壽.(今) 試騎士 : 每歲大試也. 余謂卽都試也.(胡)
93) °· : (春)有'而延壽以在東郡'七字, 當削. 此句已載於上之'望之聞'之後.(◉) 奢僭踰制 : 鋪張排場, 超過制度的規定.(新) 逾 : (資治)作'踰', '逾'或作'踰'.(◉)
94) 效 : 倣效.(新) 尙方 : ① 官署名. 屬少府. 主管制造皇室所用刀劍等兵器及玩好器物. 主管有令丞.(新) ② 按蓋謂延壽鑄刀劍尙方規制, 亦言其奢侈.(今)
95) 光祿勳 : 官名. 掌領宿衛侍從之官.(新)
96) 伐其行能 : ① 誇耀其品行才能.(新) ② 伐, 矜也. 行, 身所行也. 行, 下孟翻. 能, 才所堪也.(胡)
97) 刻害 : 刻薄.(新)
98) 陰伏 : 隱秘之事.(新)
99) 太僕 : 官名. 掌天子的輿馬和馬政.(新) 戴長樂 : 人名.(新) 樂 : 音洛.(胡) 相失 : 言不和.(新)
100) 定國 : 于定國也.(胡)

免惲長樂◖爲庶人.[101]◥

【丙寅(前55) 五鳳三年】

○ 春, 丙吉薨.

○【黃霸功名損於治郡時】

黃霸功名損於治郡時 黃霸爲丞相. 霸材長於治民, 及爲丞相, 功名損於治郡.[102] 時京兆尹張敞舍鶡雀飛集丞相府,[103] 霸以爲神雀, 議欲以聞.[104] 後知從◗臣◖敞舍來, 乃止. 然自漢興, 言治民吏,[105] 以霸爲首.

【丁卯(前54) 五鳳四年】

○【初置常平倉】

初置常平倉 大司農丞耿壽昌奏言, "歲數豐穰,[106] 穀賤,[107] 農人

耿壽昌策漕運 少利.[108] 故事,[109] 歲漕關東穀四萬斛以給京師,[110] 用

101) 免 : 罷官.(新) 庶人 : 平民.(新)
102) 損 : 言不如.(新)
103) 舍 : 房屋.(新) 鶡雀 : 鳥名.(新) ① 顔師古曰, "此鶡, 音芬, 字本作'鳻', 此通用耳.(胡) ② 宋祁曰, "鶡音介字, 本作'鴭', 今本誤作'芬'並'鳻'字. 案許愼說文, 鴭音古拜反, 鳥似鶡而色靑, 出羌中, 與師古所引合." 王先謙曰, "下云 '邊吏多知鶡雀者', 則作'鴭'是. 雀出羌中, 故長安見而神之."(今) 鶡 : 音芬, 又音介, 後爲混用.(◉)
104) 以聞 : 奏報天子.(新)
105) 治民吏 : 治理民事的官.(新)
106) 歲 : 年成.(新) 數 : ① 屢次.(新) ② 所角翻.(胡) 豐穰 : 豐收.(新)
107) 穀賤 : 時穀每石五錢.(今)

卒六萬人.[111] 宜糴三輔弘農河東上黨太原郡穀,[112] 足供京師, 可以省關東漕卒過半."[113] 上從其計. 壽昌又白, "令邊郡皆築倉,[114] 以穀賤增其賈而糴,[115] 以利農, 穀貴時減賈而糶,[116] 名曰常平倉."[117] 民便之. 上乃詔賜壽昌爵關內侯. ☜

○【楊惲以怨望誅】

楊惲以怨望誅

惲旣失爵位, 家居治產業, 以財自娛. 其友安定太守孫會宗與惲書,[118] 諫戒之,[119] 爲言, "大臣廢, 當闔門惶懼,[120] 不當治產業, 通賓客, 有稱譽."

楊惲報孫會宗書

惲, 宰相子,[121] 有材能, 少顯朝廷,[122] 一朝以晻昧

108) 農人少利 : 時穀石五錢, 所謂穀賤傷農者也.(胡)　少利 : 言利益不多.(新)
109) 故事 : 以往的事例.(新)
110) 漕 : 水運.(新)　關東 : 指函谷關以東廣大地區.(新)　給 : 供給, 供應.(新)
111) 卒 : 服役的人.(新)
112) 糴 : 市穀也, 買入穀物也.(中)　三輔 : 指京兆尹左馮翊右扶風.(新)　弘農 : 郡名. 郡治弘農, 在今河南三門峽市西南.(新)　河東 : 郡名. 郡治安邑, 在今山西夏縣西北.(新)　上黨 : 郡名. 郡治長子, 在今山西長子西南.(新)　太原 : 郡名. 郡治晉陽, 在今山西太原西南.(新)
113) 省 : 節省.(新)　漕卒 : 水運穀物的勞動力.(新)　過半 : 半數以上.(新)
114) 邊郡 : 沿邊各郡.(新)　倉 : 穀倉.(新)
115) 賈 : 讀曰價.(今)
116) 糶 : 他弔切, 出穀也, 賣出穀物.(中)
117) 常平倉 : ① 古代爲調節米價而設置的一種倉廩. 漢宣帝時耿壽昌首先倡建, 以穀賤時用較高價糴入, 穀貴時減價糶出, 平衡米價而名.(漢) ② 常平倉始此.(胡)
118) 安定 : 郡名. 郡治高平, 在今寧夏固原.(新)　書 : 書信.(新)
119) 諫戒 : 規勸, 告誡.(新)
120) 闔門 : 閉門.(今)
121) 宰相子 : 丞相楊敞之子.(新)

南山種豆歌

語言見廢,[123] 內懷不服,[124] 報會宗書曰,[125] "過大行虧,[126] 當爲農夫以沒世,[127] 田家作苦,[128] 歲時伏臘,[129] 亨羊, 炰羔,[130] 斗酒自勞,[131] 酒後耳熱,[132] 仰天拊缶而呼烏烏,[133] 其詩曰, '田彼南山,[134] 蕪穢不治,[135] 種一頃豆,[136] 落而爲°萁˙.[137] 人生行樂耳, 須富貴何時!'[138] 誠荒淫無度, 不知其不可也."[139] 會有日食之變,[140] 騶馬猥佐成上書告,[141] "惲驕奢,

---

122) 少顯：自少而顯.(國) 顯：顯名.(新)
123) 晻昧：不明顯.(新) 晻：與'暗'同.(春)
124) 內懷：內心.(新)
125) 報：回答.(新)
126) 過：過失.(新) 行：品行.(新)
127) 沒世：終身, 了却一生.(新)
128) 作苦：謂耕作勞苦.(新)
129) 伏臘：① 伏, 泛指一般節日. 夏至之後第三個庚日稱初伏, 古時伏祭在這一天. 臘, 也是祭日, 漢代在冬至之後第三個戌日.(新) ② 釋名曰, 伏者, 金氣伏藏之日也. 金畏火, 故三伏皆庚日. 曆忌曰, 四時代謝, 皆以相生. 至於立秋, 以金代火. 金畏火, 故庚日必伏. 毛晃曰, 夏有三伏, 冬有臘, 故稱歲時伏臘.(胡)
130) 炰：步交反, 炙也.(春)
131) 自勞：自己慰勞.(新)
132) 耳熱：猶言酒方酣暢也.(春)
133) 仰天拊缶而呼烏烏：拊, 方武反, 拍也. 缶, 方久反, 瓦器也. 擊之以節歌.(春) 呼烏烏：李斯上書云, "擊甕, 叩缶, 彈箏, 搏髀而呼烏烏快耳者, 眞秦聲也." 是關中舊有此曲.(春) 烏烏：歌呼聲.(新)
134) 田彼南山：山高而在陽, 人君之象也.(春) 田：種田.(新)
135) 蕪穢不治：喩朝廷之荒亂也. 治, 平聲.(春) 治：指鋤草.(新)
136) 種一頃豆：喩百官也. 豆者, 貞實之物, 當在囷倉.(春) 一頃：一百畝.(新)
137) 落而爲萁：萁, 音其, 豆莖也. 萁, 豆莖, 零落在野, 喩已見放棄也. 楚昭王奉金幣聘孔子, 孔子乃歌曰, "大道隱兮禮爲萁, 賢人竄兮 將待時."(春) 萁：(春)作'箕', 誤.(◉)
138) 須富貴何時：等待富貴什麽時候來.(新) 須：等待.(新)
139) "誠荒淫無度"二句：意謂就算是荒淫無度, 自以爲還是可以的.(新) 不知其不可也：自謂爲可也.(胡)
140) 會：恰好.(新)

不悔過. 日食之咎, 此人所致." 章下廷尉, 按驗,[142] 得所予會宗書,[143] 帝見而惡之.[144] ◗廷尉當◖惲°˙大逆無道,[145] 腰斬.[146]

○【韓延壽獨蒙其辜】

韓延壽獨蒙其辜

溫公曰, 以孝宣之明,[147] 魏相丙吉爲丞相, 于定國爲廷尉, 而趙蓋韓楊之死皆不厭衆心,[148] 惜哉! 其爲善政之累大矣! 周官司寇之法, 有議賢議能,[149] 若廣漢延壽之治民, 可不謂能乎! 寬饒惲之剛直, 可不謂賢乎! 然則雖有死罪, 猶將宥之,[150] 況罪不足以死乎! 揚子雲以韓馮翊之愬蕭爲臣之自失.[151]

---

141) 騶：小吏的名稱.(新) 馬猥佐：佐史主管馬者. 屬于騶吏.(新) 成：人名.(新) 告：告發.(新)

142) 按驗：查證核實.(新)

143) 予：讀曰'與'.(胡)

144) 惡：烏路翻.(胡)

145) 當：謂處斷其罪.(胡) °˙：(春)有'以'字, 當削.(◉)

146) 要斬：古時酷刑, 將犯人從腰部斬爲兩截.(漢)

147) 孝宣：漢宣帝.(新)

148) 趙蓋韓楊：趙廣漢蓋寬饒韓延壽楊惲.(新) 厭：通'饜'. 滿足, 悅服.(新)

149) 周官司寇之法 有議賢議能：周官, 小司寇之職, 以八辟麗邦法, 附刑罰, 三曰議賢之辟, 四曰議能之辟. 鄭玄注曰, 賢, 謂有德行者. 能, 謂有道藝者. 鄭衆曰, 若今時廉吏有罪先請, 是也.(胡) 司寇：官名. 周禮秋官 大司寇, 主管刑獄.(新) 議賢議能：指議有德行者議有才幹者之法.(新)

150) 宥：寬恕.(新)

151) 揚子：① 揚雄. 西漢大學者.(新) ② (春)作'揚子雲'者, 以姓與字稱之也.(◉) 愬：蘇故反, 譖也.(春) 蕭：蕭望之.(新) 臣之自失：揚子法言重黎篇曰, "或問臣之自失, 曰, '李貳師之執貳, 田祁連之濫帥, 韓馮翊之愬蕭, 趙京兆之犯魏.'" 意謂四人乃咎由自取. 司馬光引之, 蓋不以其言爲然.(今)

夫所以使延壽犯上者, 望之激之也.[152] 上不之察,[153] 而延壽獨蒙其辜,[154] 不亦甚哉![155]

【戊辰(前53) 甘露元年】

○【張敞五日京兆】

張敞五日京兆

楊惲之誅也, 公卿奏京兆尹張敞,[156] 惲之黨友,[157] 不宜處位.[158] 上惜敞材, 獨寢其奏, 不下.[159] 敞使掾絮舜有所案驗,[160] 舜私歸其家曰, “五日京兆耳,[161] 安能復按事!”[162] 敞聞舜語, 卽部吏收舜繫獄,[163] 晝夜驗治,[164] 竟致其死▸事.◂[165] 舜當出死,[166] 敞使主簿持教告舜曰,[167] “五日京兆竟何如? 冬月已盡,[168]

---

152) 激 : 激發, 刺激.(新)
153) 上 : 指漢宣帝.(新)
154) 辜 : 罪.(新)
155) 不亦甚哉 : 不也太過分了嗎 甚, 過分.(新)
156) 奏 : 彈劾.(新)
157) 黨友 : 朋友.(新)
158) 處位 : 任職.(新)
159) 獨寢其奏 不下 : 因帝惜敞才能, 故獨將劾敞之美, 留中不下.(今) 寢 : 息也.(要) 不下 : 沒批下來.(新)
160) 掾 : 佐吏.(新) 絮舜 : 絮, 女居反. 絮舜, 姓名, 賊捕掾也.(春)
161) 五日京兆耳 : 舜以敞被奏當免官, 在位不久, 故有此語.(今)
162) 復 : 扶又翻(胡) 按 : (資治)作‘案’, ‘案’通‘按’.(◉) 案事 : 辦事.(新)
163) 卽部吏收舜繫獄 : 立卽派官吏將絮舜逮捕下獄.(中白) 部 : 部署, 布置.(新) 收 : 收捕.(新)
164) 驗治 : 查核處治.(新)
165) 竟治其死事 : 指不該死, 舞文弄法, 致人於死罪.(新)
166) 當 : 判罪.(新) 出死 : 出獄處死.(新)
167) 主簿 : 群吏, 文主簿.(今) 教 : 官府所出的教令諭告.(漢字典)

延命乎?"[169] 乃棄舜市.[170] 會立春, 行寃獄使者出,[171] 舜家載尸并編敞敎,[172] 自言使者. ⁋使者¶奏敞賊殺不辜.[173] ⁋上欲令敞得自便,[174] 卽先下敞前坐楊惲奏,¶[175] 免爲庶人.[176] 敞詣闕上印綬,[177] 便從闕下亡命.[178]

○【敞復就徵】

敞復就徵 數月, 京師吏民解弛,[179] 枹鼓數起,[180] 而冀州部中有大賊, 天子思敞功效, ⁋使¶使者卽家⁋在所¶召敞.[181] 敞身被重劾,[182] 及使者至, 妻子皆泣, 而敞

---

168) 冬月已盡 : 漢代於冬月處決死囚, 一般不留到來年春天. 故此意謂卽將處決.(新)
169) 延命乎 : 意謂爾還想延長壽命嗎.(新)
170) 棄舜市 : 將絮舜於鬧市處決, 陳尸示衆.(新)
171) 會立春 行寃獄使者出 : ① 會, 適遇也. 行, 去聲, 按行也. 言此事適遇使者出, 使者部刺史也. 律立春後不行刑, 故遣使者, 按行寃獄.(春) ② 行寃獄使者, 天子派遣巡行復查冤獄的使臣. 出, 出京巡視.(新)
172) 載尸 : 車載尸體.(新) 編敞敎 : 把張敞的話編排起來.(新) 編 : 聯接, 謂聯敞敎於訴狀之上.(今)
173) 不辜 : 無罪之人. 這裏指罪不當死的人.(新)
174) 得自便 : 師古曰, "從輕法以免也." 周壽昌曰, "敞本罪爲賊殺不辜, 當從重比, 坐楊惲事, 僅免爲庶人. 猶今官吏被訟逮, 主治者輕之, 令自仞輕罪一事, 得薄罰以免也."(今)
175) 先下 : 先發下(奏).(新) 敞前坐楊惲 : 張敞以前被劾爲楊惲的朋黨.(新)
176) 免 : 罷官.(新)
177) 闕 : 宮闕. 這裏借指朝廷. 下句'闕下'如此同.(新) 上 : 交上.(新) 印綬 : 官印.(新)
178) 便從闕下亡命 : 此卽令之得自便也. 亡命, 不還其本縣邑也. 命, 名也. 謂脫其名籍而逃亡.(胡)
179) 解 : 通'懈'.(新)
180) 枹鼓數起 : ① 擊鼓所以警衆. 數, 頻也, 數起者, 言偸盜之多也.(春) ② 枹, 音膚. 數, 所角翻.(胡)
181) 卽家在所召敞 : 就其所居處而召之.(胡) 在所 : 居處.(新) 卽 : 就也.(要)

獨笑曰, "吾身亡命爲民, 郡吏當就捕. 今使者來, 此天子欲用我也." 裝隨使者,[183] 詣公車上書曰,[184] "臣前幸得備位列卿, 待罪京兆,[185] 坐殺掾絮舜. 舜本臣敞素所厚吏,[186] 以臣有章劾當免, 謂臣五日京兆. 背恩忘義, 臣枉法◖以◗誅之.[187] 雖伏明法,[188] 死無所恨!" 天子引見敞,[189] 拜爲冀州刺史.[190] 敞到部,[191] 盜賊屛迹.[192]

敞到部盜賊屛迹

○【漢家自有制度】

漢家自有制度

皇太子柔仁好儒,[193] 見上所用多文法吏,[194] 以刑名

182) 敞身被重劾 : 指敞前賊殺不辜之事.(新)
183) 裝隨使者 : 治行裝而隨使者.(胡) 裝 : 整理行裝.(新)
184) 公車 : ① 漢代官署名. 設公車令, 掌宮中司馬門警衛和接待工作. 接待上書和應召的臣民.(新) ② 掌宮南闕門, 凡吏民上章四方貢獻及徵詣公事.(要)
185) 備位列卿, 待罪京兆 : 西都之制, 爲三輔者, 列於九卿. 待罪者, 謙言也. 謂身居其官而不稱職, 則將有瘵曠之罪, 故謂居職爲待罪. 西都之臣率有是言.(胡) 備位 : 居官的自謙之詞. 謂愧居其位, 不過聊以充數.(漢) 列卿 : 指九卿.(漢) 待罪 : 古代官吏任職的謙稱, 意謂不勝其職而將獲罪.(漢) 京兆 : 京兆尹.(新)
186) 素 : 向來.(新) 厚吏 : 厚待的官吏.(新)
187) 枉法 : 以私意借用法律.(新)
188) 伏明法 : 明正典刑. 指被按法判處死刑.(新)
189) 引見 : 引導入見. 舊指皇帝接見臣下或賓客時由有關大臣引導入見.(漢) 見 : 賢遍翻.(胡)
190) 拜爲冀州刺史 : 冀州部魏郡鉅鹿常山淸河等郡, 廣平眞定中山信都河間等國. 考異曰, 荀紀載於五鳳二年, 因楊惲事, 幷致此誤也. 百官表, "敞以神爵元年爲京兆尹, 八年免." 敞傳云, "爲京兆九歲免."(胡)
191) 部 : 指冀州.(新)
192) 屛迹 : 隱匿行迹.(新)
193) 皇太子 : 劉奭.(新)
194) 文法吏 : 通曉法令執法嚴峻的官吏.(漢)

繩下,[195] 嘗侍燕從容言,[196] "陛下持刑太深,[197] 宜用儒生." 帝作色曰,[198] "漢家自有制度, 本以霸王道雜之,[199] 奈何純任德敎,[200] 用周政乎![201] 且俗儒不達時宜,[202] 好是古非今,[203] 使人眩於名實,[204] 不知所守, 何足委任!" 乃歎曰, "亂我家者太子也!"

○【宣帝過甚】

宣帝過甚

溫公曰, 王霸無異道.[205] 皆本仁祖義,[206] 任賢使能,[207] 賞善罰惡, 禁暴誅亂, 顧名位有尊卑,[208] 德澤有深淺, 功業有鉅細耳,[209] 非若白黑甘苦之相反也.[210] 漢之所以不能復三代之治者, 由人主之不

---

195) 刑名 : ① 劉向別錄云申子學號刑名. 刑名者, 以名責實, 尊君卑臣, 崇上抑下. 宣帝好觀其君臣篇. 繩謂彈治之耳.(漢書 卷9 元帝紀 顔師古注) ② 漢書元帝紀作'刑名', 而(資治)但作'刑', 脫'名'字.(◉) 繩下 : ① 謂管束臣民.(漢) ② 繩, 糾正, 制馭. 下, 下層百姓.(新)
196) 侍燕 : ① 侍從宴飮.(新) ② 侍宴.(漢)
197) 持刑 : 依賴刑法.(中白)
198) 作色 : 作, 動. 因怒而色動.(今)
199) 霸王道雜之 : 霸道和王道摻染在一起. 這裏的霸道是指刑罰, 王道是指禮義.(新)
200) 純任 : 單獨使用.(新) 德敎 : 禮義之敎.(新)
201) 周政 : 周朝之政. 指仁政.(今)
202) 俗儒 : 謂徒托空言, 不達時務之儒.(今) 不達時宜 : 猶不識時務. 達, 通達, 通識.(新)
203) 好 : 喜歡.(新) 是古非今 : 肯定古人古事, 而認爲今不如昔.(新)
204) 眩 : 迷惑.(新) 名實 : 形式與內容, 表象和實質.(新)
205) 王霸無異道 : 王道與霸道沒有實質性差異. 道, 治道, 爲政之道.(新)
206) 本仁祖義 : 言根據於仁義.(新)
207) 任賢使能 : 委任使用有才德的人.(漢)
208) 顧名位有尊卑 : 二者只不過于名位上有尊卑之分.(中白) 名位 : 官職與品位, 名譽與地位.(漢)
209) 鉅細 : 大和小.(漢)

爲, 非先王之道不可復行於後世也.[211] 夫儒有君子, 有小人.[212] 彼俗儒者, 誠不足與爲治也,[213] 獨不可求眞儒而用之乎! 稷契皐陶伯益伊尹周公孔子,[214] 皆大儒也, 使漢得而用之, 功烈豈若是而止邪![215] 孝宣謂太子懦而不立,[216] 闇於治體,[217] 必亂我家, 則可矣, 乃曰王道不可行, 儒者不可用, 豈不過甚矣哉! 殆非所以訓示子孫, 垂法將來者也.

【己巳(前52) 甘露二年】

○【單于位在諸侯王上】

單于位在諸侯王上

匈奴呼韓邪單于款五原塞,[218] 願奉國珍朝,[219] 詔議其儀. 丞相御史曰, "宜如諸侯王,[220] 位次在下."[221]

---

210) 相反 : 謂對立.(新)
211) 復 : 扶又翻.(胡)
212) 儒有君子, 有小人 : 論語, 孔子謂子夏曰, 汝爲君子儒, 毋爲小人儒. 謝顯道爲之說曰, 志於義則大, 是以謂之君子, 志於利則小, 是以謂之小人.(胡)
213) 不足與爲治 : 不能靠他們治理天下.(新) 治 : 直吏翻. 下同.(胡)
214) 稷 : 後稷. 周的先祖.(新) 契 : ① 商的先祖.(新) ② 息列翻.(胡) 皐陶 : 傳說是舜之臣, 掌刑獄.(新) 陶 : 音遙.(胡) 伯益 : 傳說在舜時治水有功, 讓而不受王位.(新)
215) 功烈 : 功業.(新) 豈若是而止 : 豈, 難道. 若是, 這个樣子. 意謂難道僅達到這個樣子.(新)
216) 懦 : 怯懦, 懦弱.(新)
217) 治體 : 治國的綱領要旨.(漢)
218) 邪 : 音耶. 又時遮切.(目前57年) 款 : 叩也, 叩塞門, 來服從也.(春) 五原塞 : 五原郡的邊塞, 約在今內蒙古包頭市西北.(新)
219) 奉 : 奉獻.(新) 國珍 : 國家的珍寶.(新)
220) 如諸侯王 : 謂對待呼韓邪單于, 如同諸侯的禮遇.(新)
221) 位次在下 : ① 謂把呼韓邪單于之位排在諸侯王之下.(新) ② 此議猶依傍成周盛時朝諸侯之

太傅蕭望之以爲, "宜待以不臣之禮,[222] 位諸侯王上." 天子采之,[223] ⁋下詔曰⁋ "令單于位在諸侯王上, 贊謁稱臣而不名."[224]

【庚午(前51) 甘露三年】

○【呼韓邪單于來朝】

呼韓邪單于來朝

匈奴呼韓邪單于來朝.

○【烏孫等諸國咸尊漢】

烏孫等諸國咸尊漢

先是, 自烏孫以西至安息諸國近匈奴者, 皆畏匈奴而輕漢, 及呼韓邪單于朝漢後, 咸尊漢矣.

○【圖功臣於麒麟閣】

圖功臣於麒麟閣

上以戎狄賓服,[225] 思股肱之美,[226] 乃圖畫其人於麒麟閣,[227] 法其形貌,[228] 署其官爵姓名,[229] 唯霍光不

制.(胡)
222) 不臣 : ① 不待以臣禮也, 言敬之至也.(中) ② 謂客.(新)
223) 采之 : 采納他的意見.(新)
224) 贊謁 : 謁見之禮.(新) 贊 : 見也, 進見也.(國)
225) 賓服 : 古諸侯入貢, 而賓見於天子也. 引伸爲凡歸順臣服之意. 一作'賓伏'.(中)
226) 股肱 : 手足也 引伸爲輔佐之臣.(中)
227) 麒麟閣 : 在未央宮中. 張晏曰, 武帝獲麒麟時作此閣, 圖畫其像於閣, 遂以爲名. 師古曰, 漢宮閣疏云, 蕭何造. 畫, 古畵字通.(胡)
228) 法 : 倣效.(新) 形 : (資治)作'容', 漢書(卷54蘇武傳)作'形'.(◉)
229) 署 : 書寫.(新)

唯霍光不名

名,[230] 曰“大司馬大將軍博陸侯, 姓霍氏”其次張安世韓增趙充國魏相丙吉杜延年劉德梁丘賀蕭望之蘇武, 凡十一人,[231] 皆°有˙功德,[232] 知名當世, 是以表而揚之, 明著中興輔佐, 列於方叔召虎仲山甫焉.[233]

○【講五經同異】

講五經同異

詔諸儒講五經同異,[234] 蕭望之等平奏其議,[235] 上親稱制臨決焉.[236] 乃立梁丘易大小夏侯尙書穀梁春秋博士.[237]

立三經博士

230) 不名 : 不直呼其名, 表示優禮或尊重之意.(漢)

231) 凡十一人 : 圖畫功臣自此始. 觀麒麟閣股肱之次, 魏丙列於藿張韓趙之下, 則知漢之丞相在中朝諸將軍之後矣.(胡)

232) 有 : (春)作'以', 誤(◉)

233) 列於方叔召虎中山甫焉 : 三人皆周宣王之臣, 有文武之功, 佐宣王中興者也. 言宣帝亦重興漢室, 而霍光等並爲名臣, 皆比於方叔之屬.(胡) 列 : 竝列.(新)

234) 諸儒講五經同異 : 施讎論易, 周堪孔霸論書, 薛廣德論詩, 戴聖論禮, 公羊則嚴彭祖, 穀梁則尹更始. 同異者, 謂與經旨合否也.(春) 五經同異 : 謂解說五經的不同看法.(新)

235) 平奏 : 公平奏報於天子.(新) 平 : 謂無所可否.(春)

236) 上親稱制臨決 : 宣帝親自裁決.(新)

237) 梁丘易 : 梁丘, 複姓, 名賀, 字長翁, 琅耶諸人. 從京房受易, 帝聞京房易明, 求其門人而得賀.(春) 大小夏侯尙書 : 夏侯複姓, 大夏侯, 名勝, 字長公, 東平人. 其先夏侯都尉從濟南張生, 受尙書, 以傳族子始昌, 始昌傳勝. 小夏侯, 名建, 字長卿, 勝之從父子也. 勝以書受建, 建又事歐陽高, 由是尙書有大小夏侯之學.(春) 穀梁春秋 : 穀梁, 複姓, 名淑, 一名赤. 字元始. 魯人. 何休曰, 孔子至聖, 却觀無窮, 知秦將必燔書, 故以春秋之說, 口授子夏, 子夏授穀梁, 穀梁爲經作傳, 以授孫卿, 卿授申公, 申公授江翁, 其後榮廣大善穀梁, 以傳蔡千秋, 宣帝好穀梁, 乃擢千秋爲郎.(春) 博士 : 古代學官名. 六國時有博士, 秦因之, 諸子詩賦術數方伎皆立博士. 漢文帝置一經博士, 武帝時置'五經'博士, 職責是敎授課試或奉使議政.(漢)

【壬申(前49) 黃龍元年】

○ 帝崩，太子卽皇帝位.[238]

238) 太子卽位 : 卽漢元帝卽位.(新)

通鑑節要增損校註 卷十四

漢紀

▪ 孝元皇帝

在位十六年，壽四十三.

名奭，宣帝長子. 牽制文義，優游不斷，[1] 孝宣之業衰焉.[2]

【癸酉(前48) 初元元年】

○【貢禹勸節儉】

貢禹勸節儉

上素聞王吉貢禹皆明經潔行，[3] 遣使者徵之. 吉道病卒. 禹至，拜爲諫大夫.[4] 上數虛己問以政事，[5] 禹奏言，“古者人君節儉，什一而稅，[6] 亡他賦役，[7]

1) 牽制文義 優遊不斷：束縛于儒教的教條，缺少決斷能力.(新33年)
2) 孝宣之業：指漢宣帝勵精圖治的王覇之業. 宣帝剛毅善斷，治國儒法幷施. 元帝優柔寡斷，治國純用儒術.(新33年)
3) 王吉貢禹：① 漢元帝時大儒. 王吉，字子陽. 貢禹，字少翁，與王吉友善，官至御史大夫.(新) ② 姓譜，貢姓，子貢之後.(胡)
4) 諫大夫：官名. 郎中令屬官，掌議論，拾遺左右.(新)
5) 數：所角翻.(胡)　虛己：指皇帝虛心聽諫.(新)　事：(資治)無‘事’字，漢書(卷72貢禹傳)有‘事’字.(◉)

故家給人足. 臣愚以爲如太古難,[8] 宜少放古以自節焉."[9] 天子納善其言,[10] 詔令諸宮館希御幸者勿繕治,[11] 太僕減穀食馬,[12] 水衡省肉食獸.[13]

○【貢禹烏得爲賢】

貢禹烏得爲賢 溫公曰, 忠臣之事君也, 責其所難,[14] 則其易者不勞而正,[15] 補其所短, 則其長者不勸而遂.[16] 孝元踐位之初, 虛心以問禹, 禹宜先其所急, 後其所緩. 然則優游不斷,[17] 讒佞用權, 當時之大患也, 而禹不以爲言, 恭謹節儉, 孝元之素志也, 而禹孜孜言之,[18] 何哉! 使禹之智不足以知, 烏得爲賢![19]

---

6) 什一而稅 : 什與十通. 言取稅十分之一.(今)
7) 亡 : 與'無'同.(中) 賦役 : 賦捐稅錢物之總名. 役徵用人力之總名.(今)
8) 太古 : 遠古. 指儒家所褒美的堯舜時代.(新)
9) 放 : 效也.(要)
10) 納善 : 接納善言.(漢)
11) 希御幸 : 皇帝很少去過的閑置宮殿.(新) 御幸 : 衣服之加於身, 飮食之入於口, 妃妾之接於寢, 皆曰御. 上之親愛者曰幸. 又御幸皆臨也.(國) 繕 : 補也.(胡)
12) 太僕 : 官名. 九卿之一, 掌皇帝車馬.(新) 減穀食馬 : ① 減少食糧穀之馬.(今) ② 節省飼料用糧. 漢制, 皇帝有六廐, 各養馬萬匹.(新)
13) 水衡 : 官名. 水衡都尉之省稱. 掌上林苑馴養禽獸.(新) 肉食獸 : 專取肉類爲食之獸也.(中) 減省 : 減謂損其數, 省者全去之.(胡) 省 : 漢書(卷9元帝紀)作'省'字, (資治)作'減'字, 而胡本注'減'字, 下注曰, "省者全去之." 此注以'省'字換正文之'減'字, 則'減'當作'省'.(◉)
14) 責其所難 : 要求君王先做難事. 這裏指斥逐群小.(新)
15) 易者 : 容易做到的事, 這裏指節儉.(新) 不勞而正 : 不用費力卽可上正軌.(新)
16) 遂 : 完成.(今)
17) 優游不斷 : 卽優游寡斷.(新)
18) 孜孜 : 努力不止.(今)
19) 烏 : 義與'豈'同.(今)

知而不言，爲罪愈大矣.

【甲戌(前47) 初元二年】

○【史高充位】

史高充位

史高以外屬領尙書事,[20] 蕭望之周堪皆以師傅舊恩,[21] 天子任之,[22] 數宴見,[23] 言治亂，陳王事.[24] 望之選白宗室明經有行,[25] 劉更生與金敞並拾遺左右.[26] 史高充位而已,[27] 由是與望之有隙.[28]

劉更生明經有行

○【蕭望之請罷中書宦官】

蕭望之請罷中書宦官

⁋中書令⁋弘恭⁋僕射⁋石顯,[29] 自宣帝時久典樞機,[30] 明習文法，帝卽位多疾，⁋以顯久典事，遂⁋委以

20) 史高：外戚．宣帝祖母衛太子婦史良娣兄史恭之子．宣帝卽位封樂陵侯.(新) 外屬：史高元帝曾祖母史良娣兄弟之子，故曰外戚.(今) 領尙書事：總領尙書事務．尙書，內廷官，出納章奏.(新)

21) 師傅舊恩：蕭望之周堪是漢元帝當太子時的師傅，舊情很深.(新)

22) 任：信任.(今)

23) 數：所角翻.(胡) 宴見：卽燕見，退朝之後單獨所見．燕，閑居，此指退朝.(新) 見：賢遍翻.(胡)

24) 陳王事：陳述皇帝治理天下的大事.(新)

25) 選白：推薦報告皇帝.(新) 明經有行：精通經術，品德端正的人.(新)

26) 更生：① 劉向也.(春) ② 劉玄建元更始，更字前後兩漢書注皆不音，蓋讀本字，與劉更生之更同．按禮月令歲且更始，陸氏釋文無音，則知當作如字．陳氏集說及胡注並音平聲者非.(通鑑胡注擧正) 拾遺：猶言補闕也．唐代以爲諫官名.(中)

27) 充位：在職充數，卽有職無權.(新)

28) 是：(資治)作'此'，'此'與'是'同義字.(◉)

29) 中書令：宦官.(新) 弘恭：漢元帝時專權的宦官，與石顯狼狽爲奸.(新)

30) 樞機：中樞機要.(今)

政, 事◗無大小, 因顯白決.◖[31] 望之等患苦許史放縱,[32] 又疾恭顯擅權, 建白以爲,[33] "中書政本, 國家樞機, 宜以通明公正處之. 武帝游宴後庭, 故用宦者, 非古制也.[34] 宜罷中書宦官, 應古不近刑人之義."[35] 由是大與高恭顯忤.

○【恭顯陷蕭望之】

恭顯陷蕭望之

太傅安肯就吏

恭顯因奏,[36] "望之堪更生朋黨, 毁離親戚,[37] 欲以專擅權勢. 請召致廷尉."[38] 上曰, "蕭太傅素剛, 安肯就吏!"[39] 顯等曰, "人命至重,[40] 望之所坐, 語言薄罪,[41] 必無所憂." 上乃可其奏.

---

31) 白 : 奏也.(胡) 決 : 斷也.(胡)

32) 患苦 : 厭惡, 傷腦筋.(新) 許史放縱 : 指許史兩家外戚驕奢放縱. 許, 指宣帝許皇后外家. 元帝卽位, 封舅許嘉爲平恩侯, 加位大司馬車騎將軍, 與史高共同輔政.(新) 許史 : 許嘉史高.(今)

33) 建白 : 建議奏請.(今)

34) 故用宦者, 非古制 : 尙書屬少府, 秦官, 漢因之, 本由士人擔任, 漢武帝始雜用宦官, 所以說 "用宦者, 非古制".(新)

35) 應古不近刑人之義 : 宦官爲刑餘之人, 不宜擔任官職, 這纔符合古禮. 禮記曲禮上 "刑人不在君側."(新) 刑人 : 特指宦官.(漢)

36) 因 : (資治)無'因'字.(◉)

37) 毁離親戚 : 挑拔離間皇帝的骨肉至親.(新) 親戚 : 父黨曰親, 母黨曰戚.(要)

38) 召致 : 使之至. 喚來.(漢)

39) 安肯就吏 : ① 豈肯往獄吏處.(今) ② 怎肯去對薄公堂. 元帝明知蕭望之剛烈, 故有此憂.(新)

40) 人命至重 : 言人所重者性命也.(胡)

41) 語言薄罪 : 言論輕罪. 這是弘恭石顯欺騙元帝之詞, 目的是取得處置蕭望之的詔書. 漢法, 對涉及皇帝的所謂'誣上'罪, 往往要殺頭, 是很重的罪名.(新) 薄罪 : 旣以語言爲薄罪, 則不當下吏, 孝元於此, 不能破恭顯之姦, 可謂不明矣.(胡)

○【蕭望之自殺】

蕭望之自殺

使者召望之, 望之仰天歎曰, "吾嘗備位將相,[42] 年踰六十矣, 老入牢獄,[43] 苟求生活, 不亦鄙乎!" 飮鴆自殺.[44] 天子聞之驚, 拊手曰,[45] "曩固疑其不就牢獄,[46] 果然殺吾賢傅!" ⁋上乃卻食,[47] 爲之涕泣,[48] 哀動左右. 於是召顯等責問, 以議不詳,[49] 皆免冠謝,[50] 良久然後已.⁋

殺吾賢傅

○【元帝不能誅恭顯】

元帝不能誅恭顯

溫公曰, 甚矣孝元之爲君, 易欺而難寤也! 夫恭顯之譖訴望之, 其邪說詭計, 誠有所不能辨也.[51] 至於始疑望之不肯就獄, 恭顯以爲必無憂, 已而果自殺, 則恭顯之欺亦明矣. 在中智之君,[52] 孰不

42) 備位 : 居官的自謙之詞. 謂愧居其位, 不過聊以充數.(漢)
43) 牢獄 : 監獄.(漢)
44) 飮鴆 : 鴆毒鳥, 以其羽毛畫酒, 飮之立死.(今)　自殺 : 顯等知望之不就獄, 發軍圍第, 欲自盡其命. 望之問門下生朱雲, 雲好節士, 勸望之自裁, 望之飮鴆而死.(要)
45) 拊手 : ① 以手拍擊, 形容大怒.(新) ② 拊手 : 拍手. 表示喜悅或驚訝.(漢)
46) 曩 : 先前.(新)　固 : 本來.(新)
47) 卻食 : 猶絶食.(新)
48) 爲 : 于僞翻.(胡)
49) 以議不詳 : 主意考慮不周, 判斷錯誤.(新)　詳 : 審也.(胡)
50) 免冠謝 : 摘下官帽, 叩頭請罪.(胡)
51) 誠有所不能辨也 : 固然有時不能分辨.(新)
52) 中智 : 常人的智慧.(新)

感動奮發°以˙底邪臣之罰![53] 孝元則不然. 雖涕泣不食以傷望之, 而終不能誅恭顯, 纔得其免冠謝而已.[54] 如此, 則姦臣安所懲乎![55] 是使恭顯得肆其邪心而無復忌憚者也.[56]

○【賈捐之請棄珠厓】

賈捐之請棄珠厓

初, 武帝滅南越,[57] 置珠厓儋耳郡,[58] 在海中洲上,[59] 率數年一反.[60] 上卽位之明年, 珠厓山南縣反,[61] 上博謀於羣臣,[62] 欲大發軍擊之. 待詔賈捐之曰,[63] "臣聞堯舜禹之聖德, 地方不過數千里,[64] 東漸于海,[65] 西被流沙,[66] 朔南暨聲敎,[67] 言欲預聲敎則治之,[68]

---

53) 感動奮發 : 感情衝動而勃然大怒.(新) 底邪臣之罰 : 辨奸臣之罪.(新) 以 : (春)作'而', 據(資治)改.(◉) 底 : ① 音旨, 致也.(要) ② 與'底'通.(中)
54) 免冠謝 : 摘帽叩首謝罪.(今)
55) 姦臣安所懲 : 怎麽能懲戒奸臣呢.(新)
56) 肆 : 放肆.(今) 忌憚 : 忌, 顧忌. 憚, 憚怕.(今)
57) 南越 : 今廣東廣西兩省地, 武帝時分置交阯南海蒼梧鬱林合浦九眞日南珠崖儋耳等九郡. 其中珠崖儋耳二郡, 在今海南島, 分說十六縣.(今)
58) 珠厓儋耳郡 : 兩郡在海中海南島.(◉) 儋 : 丁甘翻.(胡)
59) 海中洲 : 卽海島, 此指海南島.(新) 洲 : ① 居海中之洲也. 水中可居者曰洲.(胡) ② 水中高地, 今名爲島. 洲島同語根.(今)
60) 率 : 大概.(岳白)
61) 山南縣 : 蓋置於黎母山之南也.(胡)
62) 博 : 廣.(今)
63) 待詔賈捐之 : 賈捐之是賈誼曾孫, 時上疏言得失, 待詔金馬門.(新)
64) 地方 : 所統治的區域, 卽版圖.(新)
65) 東漸于海 : 東邊瀕臨大海.(新)
66) 西被流沙 : ① 西疆與沙漠相接.(新) ② 被, 音披. 流沙, 泛指西北塞外沙漠地帶而言, 西域地名流沙者不一, 無法確指爲何處.(今)

不欲預者不强治也. ❜臣竊以往者羌軍言之,[69] 暴師曾未一年,[70] 兵出不踰千里, 費四十餘萬萬,[71] 大司農錢盡,[72] 乃以少府禁錢續之.[73] 夫一隅爲不善, 費尙如此, 況於勞師遠攻, 亡士毋功乎!❛[74] 臣願遂棄珠厓, 專用恤關東爲憂!"[75] 上從之.

【乙亥(前46) 初元三年】

○ 春, 詔罷珠厓.

【戊寅(前43) 永光元年】

○【薛廣德諫御樓船】

薛廣德諫御樓船

秋, 上酎祭宗廟,[76] 出便門,[77] 欲御樓船.[78] 薛廣德

67) 朔南 : 朔方以南. 漢武帝北逐匈奴置朔方郡, 約在今內蒙河套地區.(新) 曁聲敎 : 受到天子的恩澤敎化.(新) 曁 : 同'及'.(今)
68) 預 : ① (資治)作'與'. 下同.(◉) ② 與, 同'預'. 參預.(今)
69) 以往者羌軍言之 : 此指宣帝神爵元年羌人反, 趙充國安羌事.(新) 姜 : 西姜.(岳白)
70) 暴師 : 暴卽曝. 曝有顯露鋪張之義, 故引申出師作戰曰暴師.(今)
71) 費四十餘萬萬 : 軍費已達四十多億.(中白)
72) 大司農 : 九卿之一. 掌民賦, 歲入爲國用.(新)
73) 少府 : 九卿之一. 掌山林池澤之稅收, 專供皇室之用, 宣帝征羌, 國用不足, 調少府錢以充國用.(新) 禁錢 : 由少府掌管供帝王使用的錢財.(漢)
74) 亡 : 死亡.(今) 毋 : 與'無'同.(胡)
75) 恤 : 顧念體恤.(今) 關東爲憂 : 賈捐之傳, 今天下, 獨有關東, 連年流離, 相枕於道路, 以至放妻賣子, 不能禁也. 此是社稷之憂也.(要)
76) 上 : 當作'帝'. 一說, 上, 上聲, 獻也.(綱鑑) 酎祭宗廟 : 漢制, 每年八月以重釀之醇酒祭祀祖廟, 稱酎祭.(新) 酎 : 直祐反, 三重釀酒也.(春)
77) 便門 : ① 長安城南面西頭第一門.(胡) ② 便, 宜也. 前漢武紀便殿, 凡言便殿便宮便坐者, 皆非正大之處, 所以就便安也.(要)

當乘輿車,[79] 免冠頓首曰,[80] "宜從橋." 詔曰, "大夫冠!"[81] 廣德曰, "陛下不聽臣, 臣自刎, 以血汙車輪, 陛下不得入廟矣!"[82] 上不說.[83] 光祿大夫張猛進曰, "臣聞主聖臣直. 乘船危, 就橋安, 聖主不乘危. 御史大夫言可聽!" 上曰, "曉人不當如是邪!"[84] 乃從橋.

主聖臣直

曉人不當如是邪

○【劉更生上書】

劉更生上書

石顯憚周堪張猛等, 數譖毁之.[85] 劉更生懼其傾危,[86] 上書曰, "臣聞舜命九官,[87] 濟濟相讓,[88] 和之至也.[89] 衆臣和於朝, 則萬物和於野,[90] 故簫韶九成, 鳳凰來儀.[91] 至周幽厲之際,[92] 朝廷不和, 轉相非怨, 則

78) 樓船 : 有樓的大船. 古代多用作戰船.(漢)
79) 乘輿車 : 天子所乘車.(中)　當 : 同'擋'.(今)
80) 免冠 : 脫帽. 古人用以表示謝罪.(漢)　頓首 : 磕頭. 舊時禮節之一. 以頭叩地卽擧而不停留.(漢)
81) 大夫 : 御史大夫薛廣德.(◉)
82) 不得入廟 : 言不以理, 終不得立廟也. 一曰, 以見死傷, 犯於齋潔, 不得入廟祠也.(胡)
83) 說 : 同'悅'.(今)
84) 不當如是也 : ① 謂諫爭之言當如猛之詳善也.(胡) ② 規勸人難道不應當如此嗎? 這是元帝誇奬張猛諫諍有方.(新)
85) 數 : 所角翻.(胡)
86) 劉更生懼其傾危 : 劉更生惟恐周堪張猛有一天會被陷害.(岳白)　傾危 : 險詐.(新)
87) 九官 : ① 尙書, 禹作司空, 棄後稷, 契司徒, 皐陶作士, 垂共工, 益朕虞, 伯夷秩宗, 夔典樂, 龍納言, 凡九官也.(胡) ② 古傳舜設置的九個大臣.(漢)
88) 濟濟 : 形容人才衆多.(新)
89) 和 : 感情融恰, 團結一致.(新)
90) 萬物 : 在下的民衆.(岳白)

日月薄蝕,[93] 水泉沸騰, 山谷易處,[94] 霜降失節.[95]

和氣致祥 乖氣致異

由此觀之, 和氣致祥,[96] 乖氣致異,[97] 祥多者其國安, 異衆者其國危, 天地之常經,[98] 古今之通義也.[99] 正臣進者, 治之表,[100] 正臣陷者, 亂之機也,[101] 夫執狐疑之心者, 來讒賊之口,[102] 持不斷之意者,[103] 開羣枉之門,[104] 讒邪進則衆賢退, 羣枉盛則正士

小人道長 君子道消 君子道長 小人道消

消. 故易有否泰,[105] 小人道長, 君子道消, 則政日亂, 君子道長, 小人道消, 則政日治. 今以陛下明知,[106] 誠深思天地之心[107], 杜閉羣枉之門,[108] 廣開

91) 鳳凰 : 亦作'鳳皇'.(漢) 簫韶九成 鳳皇來儀 : ① 韶, 舜樂名. 擧簫管之屬, 示其備也. 於韶樂九奏, 則鳳皇見其容儀, 言感至和也.(胡) ② 成, 猶終也, 每曲一終, 必變更奏. 故經言九成, 傳言九奏, 周禮謂之九變, 其實一也.(書經 益稷 '簫韶九成 鳳凰來儀' 孔穎達疏) 簫韶 : 舜樂名.(漢) 九成 : 九奏.(今)
92) 幽厲 : 厲王, 夷王之子. 厲王生宣王, 宣王生幽王.(胡)
93) 日蝕 : 日食.(漢) 日月薄食 : 日食和月食交替發生. 薄, 迫也, 謂日月相掩而成食.(新)
94) 水泉沸騰, 山谷易處 : 形容大地震現象. 原文見詩小雅十月之文.(今) 沸 : 涌出也. 騰, 乘也. 言百川沸涌而相乘陵, 山頂隆高而盡崩壞, 陵谷易處.(胡) 百川泛濫 : 高山與深谷改變了位置. 意謂山川動搖.(新)
95) 霜降失節 : 謂正月繁霜也. 正月, 夏之四月, 正陽之月也.(胡) 霜降失調 : 與節令不符.(新)
96) 致祥 : 招來祥瑞.(新)
97) 乖 : 不和.(今) 致異 : 導致災禍.(新)
98) 常經 : 不變的法則.(新)
99) 通義 : 一貫的道理, 卽普遍眞理(新)
100) 正臣進者, 治之表 : 直臣進用, 是政治開明的表現.(新) 治 : 直吏翻.(胡)
101) 正臣陷者, 亂之機也 : 直臣遭陷害, 是禍亂的先兆.(新) 陷 : 陷之譌字.(中)
102) 夫執狐疑之心者, 來讒賊之口 : 由于陛下有懷疑之心, 所以才招來奸臣陷害之口.(中白)
103) 不斷 : 不能當機立斷.(今)
104) 羣枉 : 一群小人. 枉, 邪曲.(新)
105) 易有否泰 : 易經上有不順利的否卦和順利的泰卦.(新) 否 : 皮鄙翻.(胡)
106) 知 : 同'智'.(今)

衆正之路, 使是非炳然可知,[109] 則百異消滅而衆祥並至, 太平之基[110], 萬世之利也.” 顯見其書, 愈與許史比而怨更生等.[111]

【己卯(前42) 永光二年】

○ 【元帝說匡衡言】

元帝說匡衡言 匡衡上疏曰, “治天下者, 審所上而已.[112] 敎化之流,[113] 非家至而人說之也,[114] 賢者在位, 能者布職,[115] 朝廷崇禮, 百僚敬讓, 道德之行, 由內及外, 自近者始, 然後民知所法, 遷善日進而不自知也.”[116] ◖ 上說其言,[117] 遷衡爲光祿大夫.◗

◖【壬午(前39) 永光五年】◗

○ 【元帝好儒術文辭】

---

107) 思天地之心 : 思考天地懲惡佑善之本.(新)
108) 杜 : 堵塞.(今)　羣枉之門 : 群小鑽營之門.(新)
109) 炳然 : 顯明.(新)
110) 太平 : 餘三年食曰登, 再登曰平, 餘六年食也. 三登曰太平, 餘九年食也.(要)
111) 比 : ① 朋比.(今) ② 結黨.(新)
112) 上 : 謂崇尙也.(胡)
113) 流 : 行.(今)
114) 家至而人說之也 : 非家家皆到, 人人勸說也.(胡)　說 : 勸.(今)
115) 布職 : 卽在位.(新)　布 : 同‘佈’.(今)
116) 遷善日進 : 善行與日俱增. 遷善, 品行向善轉變, 引申爲爲善.(新)
117) 說 : 讀曰悅.(胡)

元帝好儒術文辭

上好儒術文辭,[118] 頗改宣帝之政, 言事者多進見,[119] 人人自以爲得上意.

【甲申(前37) 建昭二年】

○【京房考功課吏法】

京房考功課吏法

°☞˙ 初, 京房對上曰,[120] "古之帝王以功擧賢,[121] 則萬化成,[122] 瑞應著,[123] 末世以毁譽取人,[124] 故功業廢而致灾異,[125] 宜令百官各試其功,[126] 灾異可息." 詔使房作其事, 房奏考功課吏法.[127] 上令公卿朝臣與房會議溫室,[128] 皆以房言煩碎,[129] 令上下相司,[130] 不可許, ⁋上意鄉之.⁋[131] °☞˙

---

118) 儒術 : 經學.(新) 文辭 : 文學.(新)
119) 言事者多進見 : 上書言事者, 皇帝多召見.(新) 見 : 賢遍翻.(胡)
120) 京房對上曰 : '京房'之前, (資治)有'… 天子說之, 數召見問.'之句, 則是對者非對策之對, 卽對答之對也.(◉)
121) 之 : (資治)無'之'字.(◉)
122) 萬化成 : 興辦萬事皆有成就.(新)
123) 瑞應著 : 祥瑞出現顯示政治淸明.(新)
124) 末世 : 衰世.(新) 以毁譽取人 : 用人只重虛名, 不看實績. 毁, 貶低. 譽, 讚揚.(新)
125) 功業廢 : 政府行政效率低.(新) 致灾異 : 導致天變, 出現災異.(新)
126) 試 : 考績.(新)
127) 考功課吏法 : 考核官吏工作功過, 課定成績優劣方法, 卽今之考積法.(今) 課 : 試也.(要)
128) 溫室 : ① 殿名. 武帝建. 冬處之溫煖, 故曰溫室.(今) ② 未央宮前殿.(新)
129) 煩碎 : 繁瑣細碎.(新)
130) 上下相司 : 司與'伺'同. 義爲偵察. 上下互相偵察.(今)
131) 上意鄉之 : 皇上却覺得這辦法不錯.(岳白) 鄉 : ① 讀曰嚮.(胡) ② 向往, 贊同.(新)

○【京房論石顯】

京房論石顯

⌜是時，石顯顓權，[132] 京房嘗宴見，[133] 問上曰，“幽厲之君何以危？[134] 所任者何人也？”上曰，“君不明而所任者巧佞.”[135] 房曰，“陛下視今爲治邪，亂邪？”上曰，“亦極亂耳，今爲亂者誰哉？”房曰，“明主宜自知之.”上曰，“不知也，如知，何故用之!”房曰，“上最所信任，與圖事帷幄之中，[136] 進退天下之士者是矣.”[137] 房指謂石顯，[138] 上亦知之，謂房曰，“已諭.”[139] 房罷出，[140] 後上亦不能退顯也.⌟

◗○【石顯疾京房】

石顯疾京房

石顯五鹿充宗皆疾房，[141] 欲遠之，[142] 建言，宜試以房爲郡守.◖⌜帝於是以房爲魏郡太守，[143] 得以考功

---

132) 顓：同'專'.(今)
133) 宴見：非正式的單獨晉見.(新) 見：賢遍翻.(胡)
134) 幽厲：①指西周幽王厲王.(新) ②諡法壅遏不通曰幽，殺戮無辜曰厲.(國)
135) 巧佞：奸巧善諛的小人.(新)
136) 圖事帷幄：共商大事于密室．圖，謀劃．帷幄，本指軍營帳幕，這裏作爲密室的代稱.(新) 帷幄：①帳幕，本爲軍用專詞，擴充爲房屋意.(今) ②借指天子近側或朝廷.(漢) 圖：謀也.(胡)
137) 進退：升降.(新)
138) 房指謂石顯：京房之指意謂石顯也.(春)
139) 已諭：言已曉此意.(胡) 諭：同喻.(今)
140) 罷出：告退.(新)
141) 疾房：痛恨京房.(新)
142) 欲遠之：欲出之令遠去.(胡)

法治郡.

○【殺京房】

殺京房 房去月餘, 竟徵下獄. 初, 淮陽憲王舅張博,[144] 傾巧無行,[145] 多從王求金錢, 欲爲王求入朝.[146] 博從京房學, 以女妻房. 房每朝見, 退輒爲博道其語.[147] 石顯知之, 告"房與張博通謀, 非謗政治, 歸惡天子, 註誤諸侯王."[148] 皆下獄, 棄市,[149] 妻子徙邊.

【乙酉(前36) 建昭三年】

○【甘陳矯制立功】

甘陳矯制立功 冬, 西域都護甘延壽副校尉陳湯共誅斬郅支單于於康居.[150]

143) 以房爲魏郡太守 : 出京房爲魏郡任太守. 魏郡治所鄴城, 在今河北臨漳西南.(新)
144) 淮陽憲王 : (劉)欽, 宣帝張倢伃之子, 帝弟也.(胡)
145) 傾巧無行 : 奸詐無品行.(新)
146) 欲爲王求入朝 : 到京師長安活動徵召淮陽憲王入朝.(岳白)
147) 爲博道其語 : 京房對張博講述他與皇帝議論的事. 漢制, 泄禁中語, 乃大逆不道, 京房泄禁中語, 給石顯等人以可乘之機.(新)
148) 註誤 : 牽連獲罪.(新)
149) 棄市 : 腰斬于市.(新)
150) 甘延壽(?~前25) : 字君況, 北地郁郅人.(新) 陳湯 : 字子公, 山陽郡瑕丘人.(新) 斬 : 據章校, '斬' 字後應補 '匈奴' 二字.(新) 郅支 : 匈奴單于. 呼韓邪單于之兄, 名呼屠吾斯. 漢宣帝五鳳元年, 獨立爲郅支骨都單于. 元帝初, 叛漢. 建昭三年, 爲西域副校尉陳湯攻殺, 斬郅支首及名王以下千餘級.(漢)

【戊子(前33) 竟寧元年[151)]】

○【召信臣治行常第一】

召信臣治行常第一

河南太守召信臣爲少府.[152)] 信臣先爲南陽太守, 後遷河南, 治行常第一.[153)] 視民如子, 好爲民興利,[154)] 躬勸耕稼,[155)] 開通溝瀆,[156)] 戶口增倍. 吏民親愛, 號曰"召父."[157)]

召父

【匡衡論甘陳之罪】

匡衡論甘陳之罪

甘延壽陳湯, 旣至, 論功, 石顯匡衡以爲, "延壽湯擅興師矯制,[158)] 幸得不誅, 如復加爵土,[159)] 則後奉使者爭欲乘危徼幸,[160)] 生事於蠻夷, 爲國招難."[161)] 帝內嘉延壽湯功而重違衡顯之議,[162)] 久之不決.

---

151) 竟寧：竟與邊境之'境'同. 呼韓邪單于願保塞, 喜邊境自此安寧, 故改元竟寧. 顔師古以爲竟者終極之意, 言永永安寧. 枉曲費解, 今不取.(今)
152) 河南：郡名. 治洛陽.(今) 召信臣：字翁卿, 九江壽春人, 官至少府, 長期當地方官, 有賢名.(新) 召：讀曰邵.(胡)
153) 治：直吏翻.(胡) 行：下孟翻.(胡)
154) 好：呼到翻.(胡) 爲：于僞翻.(胡) 興利：開源求利.(新)
155) 躬勸耕稼：親自勸民勤耕.(新)
156) 開通溝瀆：興修水利.(新)
157) 號曰'召父'：親切地稱爲'召父'.(新)
158) 矯制：指假托君命行事. 制, 制書.(漢)
159) 復：扶又翻.(胡)
160) 乘危徼幸：冒險興兵, 企圖僥倖成功.(新)
161) 爲國招難：替國家招來麻煩難題.(今)
162) 重違：難於違背.(今) 重：難也.(要) 內嘉：內心稱許.(今)

○【劉向論甘陳之功】

劉向論甘陳之功

故宗正劉向上疏曰,[163] "貳師將軍李廣利,[164] 捐五萬之師, 靡億萬之費,[165] 經四年之勞, 而僅獲駿馬三十匹,[166] 雖斬宛王毋寡之首,[167] 猶不足以復費,[168] 其私罪惡甚多. 孝武以爲萬里征伐, 不錄其過,[169] 遂封拜兩侯◖三卿二千石百有餘人.◗[170] 今康居之國, 强於大宛, 郅支之號, 重於宛王, 殺使者罪, 甚於留馬,[171] 而延壽湯不煩漢士,[172] 不費斗糧, 比於貳師, 功德百之."[173] 於是天子下詔赦延壽湯罪勿治, 令公卿議封焉. ◖四月,◗ 封延壽爲義成侯, 賜湯

163) 故宗正劉向 : 元帝初卽位時劉向爲宗正, 早已免官, 故稱故宗正.(新) 宗正 : 九卿之一, 掌皇族事務.(新) 劉向 : 舊名更生.(綱鑑)

164) 貳師將軍 : 貳師大宛國城名. 大宛國有善馬在貳師城, 武帝欲之, 大宛不獻, 太初元年(西元前104)乃拜李廣利爲貳師將軍往征之. 以養馬之地名將軍, 表示志在必得.(今) 李廣利 : 漢武帝寵姬李夫人之兄, 太初年間拜貳師將軍伐大宛, 因功封海西侯.(新)

165) 靡 : 耗費.(新)

166) 僅 : 少也.(胡)

167) 宛王毋寡 : 毋寡大宛王名, 漢書陳湯傳作'毋鼓'. 此從西域傳者.(今) 宛 : 於元翻.(胡前11年)

168) 復費 : 抵償所耗費用.(新) 復 : 償也, 音扶目翻.(胡)

169) 錄 : 審査和記錄.(新前101年)

170) 封拜兩侯三卿 : 兩侯指封李廣利海西侯及封斬郁成王的騎士越弟爲新畤侯. 三卿, 指以上官桀爲少府, 共三人爲九卿, 史失載二人.(新) 二千石百有餘人 : 見本書卷二十一武帝太初四年.(新)

171) 留馬 : 指漢時西域宛王留匿善馬事. 武帝愛大宛貳師城善馬, 派使者持重金以請, 宛王匿馬不予, 幷殺使者. 武帝怒, 派李廣利爲貳師將軍圍攻宛城, 取善馬數十匹, 中馬三千餘匹而歸.(漢)

172) 漢士 : 漢朝的軍士.(岳白)

173) 功德百之 : 言功與德百倍勝之.(春)

爵關內侯.

○【王鳳爲大將軍】

王鳳爲大將軍 夏, 五月, 帝崩. ⁋六月,⁋ 太子卽皇帝位, 以元舅°陽平˙侯王鳳爲大司馬大將軍領尙書事.[174)]

▪ 孝成皇帝

在位二十六年, 壽四十五.

名驁, 元帝長子. 湛於酒色,[175)] 委政外家, 哀平短祚,[176)] 莽遂簒位, 蓋其威福所由來者漸矣.[177)]

【°辛卯˙(前30) 建始°三˙年】[178)]

○【食震同日】

食震同日 十二月, 朔, 日食. 其夜, 地震未央宮殿中.[179)] 詔

174) 以元舅陽平侯王鳳爲大司馬大將軍領尙書事 : 王氏得權自此始.(胡) 元舅 : 長舅.(漢) 陽平 : (春)作'平陽', 誤.(◉) 舅 : 母之兄弟曰舅.(國)
175) 湛 : '沈'的古字.(漢)
176) 短祚 : 謂皇帝在位年限很短.(漢)
177) 蓋其威福所由來者漸矣 : 言王氏之禍始於成帝.(胡前7年)
178) 辛卯 : (春)作'己丑', 誤.(◉) 三 : (春)作'元', 誤.(◉)
179) 未央宮 : 宮名. 央之義爲盡, 未央者取其綿長不盡之義.(今)

擧賢良方正能直言極諫之士. 杜欽及谷永上對,[180] 乃皆以爲後宮女寵太盛, 嫉妬專上, 將害繼嗣之咎.[181]

○【匡衡免爲庶人】

匡衡免爲庶人

匡衡坐取封邑四百頃,[182] 監臨盜所主守直十金以上,[183] 免爲庶人. °☞˙

【壬辰(前29) 建始四年】

○【谷永陰託王鳳】

谷永陰託王鳳

白虎殿對策

『三月, 以王尙爲丞相.[184]』 夏, 召前所擧直言之士, 詣白虎殿對策.[185] 是時上委政王鳳, 議者多歸咎焉. 谷永知鳳方見柄用,[186] 陰欲自託,[187] 乃曰, "方今四夷賓服,[188] 皆爲臣妾,[189] 北無葷粥冒頓之患,[190]

---

180) 谷永：?～前11. 字子云, 長安人, 經學大師, 尤長於京氏易, 依附外戚王氏, 官至大司農.(新)

181) 將害繼嗣之咎：此蓋指許后及班倢伃也.(胡)　繼嗣：將會有危害皇位繼承人的災禍.(中白)

182) 取封邑四百頃：匡衡封邑在臨淮郡僮縣東安鄕, 封地三千一百頃, 南以閩陌爲界, 後以平陵陌爲界, 多占四百頃.(新)

183) 監臨盜所主守直十金以上：匡衡屬下官員盜取官物價値超過十金. 漢制, 黃金二十四兩爲一鎰, 卽一金. 按漢律, 超過十金卽須定罪.(新)　監臨：監督.(漢)　主守：負責守護.(漢)　直：(新)解'價値', 則直當讀曰'値'.(◉)

184) 王尙：① 字子威, 非王鳳之弟.(新) ② 成帝之舅.(國)

185) 白虎殿：未央宮殿名, 爲宮中講學之所.(新)　對策：卽擧賢良對策. 由皇帝出題設問, 應待者直言以對, 旣求言, 又選士.(新)

186) 方見柄用：① 正掌握權柄.(新) ② 正受重用.(岳白)　柄用：言任用之, 授以權也.(胡)

187) 陰欲自託：暗中投靠王鳳.(新)

188) 賓服：臣服.(新)

南無趙他呂嘉之難,[191] 三垂晏然,[192] 靡有兵革之警.[193] 諸侯大者乃食數縣,[194] 漢吏制其權柄,[195] 無吳楚燕梁之勢.[196] 骨肉大臣有申伯之忠,[197] 洞洞屬屬,[198] 小心畏忌, 無重合安陽博陸之亂.[199] 三者無毛髮之辜,[200] ⁋不可歸咎諸舅.⁋[201] 切恐陛下舍昭昭之白過,[202] 忽天地之明戒, 聽晻昧之瞽說,[203] 歸咎乎無辜,[204] 倚異乎政事,[205] 重失天心,[206] 不可之大

189) 臣妾：古時對奴隷的稱謂. 男曰臣, 女曰妾, 後亦泛指統治者所役使的民衆和藩屬.(漢)
190) 薰粥冒頓之患：① 卽匈奴之邊患. 殷周時稱匈奴爲葷粥, 冒頓是西漢初年屢次侵擾中國的匈奴單于.(新) ② 葷, 許云翻. 粥, 音弋六翻. 唐虞以上有葷粥. 冒頓爲患, 見高惠呂后紀.(胡) 薰：與'葷'通.(中)
191) 趙他呂嘉之難：指南邊南越之禍患. 趙他爲南越王, 西漢初通好於漢. 呂嘉是南越大臣, 漢武帝時反叛漢朝, 被武帝誅殺.(新)
192) 三垂：北西南三邊.(新) 晏然：太平無事.(新)
193) 靡有：同今國語中之'沒有'.(今)
194) 諸侯大者乃食數縣：大的諸侯國食邑不過數縣.(中白)
195) 漢吏制其權柄：朝廷所派官吏控制着諸侯王的權柄.(新)
196) 吳楚燕梁：吳楚, 指漢景帝時吳楚等七諸侯國之亂. 燕, 指漢昭帝時燕王劉旦謀反. 梁, 指漢景帝弟梁王劉武, 驕橫逾制, 死後梁國一分爲五.(新)
197) 申伯之忠：申伯, 周宣王之元舅也. 鄭玄曰, "申, 國名. 以其忠於王室使爲侯伯, 故稱申伯.(春) 申伯：周宣王之舅, 詩經小雅崧高就是褒獎申伯的詩. 這裏以申伯暗寓大將軍王鳳.(新)
198) 洞洞屬屬：① 謹愼而又小心.(新) ② 洞洞, 敬肅也. 屬屬, 專謹也.(胡)
199) 重合安陽博陸：① 重合侯莽通, 安陽侯上官桀, 博陸侯霍禹也. 余按莽通卽馬通.(胡) ② 重合安陽博陸, 指武帝時的重合侯馬通, 昭帝時的安陽侯上官桀, 宣帝時的博陸侯霍禹, 三人皆以陰謀作亂而被誅.(新)
200) 三者無毛髮之辜：① 外敵諸侯王臣僚三方面都沒有絲毫過失.(新) ② 三者, 卽重合安陽博陸三家也. 言鳳視三家, 則無纖芥之過.(國)
201) 不可歸咎諸舅：據漢書(卷85谷永傳)補.(◉)
202) 切：(資治)作'竊', '切'同'竊'.(◉) 舍昭昭之白過：舍, 式夜反, 釋也. 謂昭然明白有罪過者乃舍之.(春) 舍：留下, 犯下.(新)
203) 聽晻昧之瞽說：聽信愚昧之人的瞎說.(新) 瞽說：言不中道, 若無目之人也.(胡)
204) 歸咎乎無辜：歸罪於無辜的人.(新)

者也."[207] 上以其書示後宮, 擢永爲光祿大夫.

【乙未(前26) 河平三年】

○【求遺書】

求遺書 上以中秘書頗散亡,[208] 使謁者陳農求遺書於天下.[209]

○【劉向論王氏專權】

劉向論王氏專權 劉向以王氏權位太盛,[210] 而上方嚮詩書古文, 向乃因尙書洪範,[211] 集合上古以來, 歷春秋六國至秦漢符瑞灾異之記,[212] 推迹行事,[213] 連傳禍福,[214] 著其占驗,[215] 比類相從,[216] 各有條目,[217] 凡十一篇,

劉向進洪範五行傳論 號曰洪範五行傳論,[218] 奏之. 天子心知向忠精, 故爲

---

205) 倚異乎政事：把政事托附給不可信的人.(岳白)
206) 重：直用翻.(胡)
207) 不可之大者也：此則爲大不可也.(春)
208) 中秘書：① 宮中藏書.(新) ② 言中, 以別外. 藝文志曰, 武帝建藏書之策. 劉歆曰, 外則有太常太史博士之藏, 內則有延閣廣內祕室之府.(胡)
209) 謁者：官名, 屬光祿勛. 掌奉詔出使.(今) 求遺書於天下：此爲秦始皇焚書以來, 第一次大規模搜求遺書.(今) 遺書：指散佚的書.(漢)
210) 太：(春)作'大', 據(資治)改.(◉)
211) 尙書洪範：尙書中之篇名, 闡述占卜理論.(新)
212) 六國：指戰國時位於函谷關以東的齊楚燕韓趙魏六國.(漢) 符瑞：祥瑞.(新) 灾異：灾害.(新)
213) 推迹行事：推論歷史上每一次祥瑞或灾異産生的經過及意義.(新)
214) 連傳禍福：說明其與禍福的關系.(新) 傳：著也, 讀曰附.(國)
215) 著其占驗：揭示出占卜與應驗的結果.(新)
216) 比類相從：分門別類排比.(新)
217) 各有條目：各立題目.(新)
218) 洪範五行傳論：① 劉向作天人感應的類編書, 已佚.(新) ② 傳, 柱變反, 解說洪範正經

鳳兄弟起此論也,[219] 然終不能奪王氏權.

【丁酉(前24) 陽朔元年】

○【王章劾王鳳】

王章劾王鳳 京兆尹王章素剛直敢言, 雖爲鳳所擧,[220] 非鳳專權,[221] 不親附鳳, 乃奏封事, 言"日食之咎, 皆鳳專權蔽主之過."[222] 於是章薦馮野王,[223] 忠信質直, 上自爲太子時, 數聞野王名,[224] 方倚欲以代鳳.[225] 鳳聞之, ⁌甚憂懼. 上⁍使尙書劾奏章, ⁌廷尉⁍致其大逆⁌罪,⁍[226] 竟死獄中, 自是公卿見鳳, 側目而視.[227]

(王章薦馮野王) (王鳳殺王章)

【戊戌(前23) 陽朔二年】

者.(春)

219) 爲 : 于僞翻.(胡)

220) 爲鳳所擧 : 章以選爲京兆, 鳳所擧也.(胡)

221) 非鳳專權 : 以王鳳專權爲非.(今)

222) 蔽 : 遮.(今)

223) 馮野王 : 姓名. 字君卿, 奉世之子.(要)

224) 數聞野王名 : 據章校, '王' 下有 '先帝' 二字, '名' 下有 '卿聲譽出鳳遠甚' 七字. 故此段應爲 '數聞野王, 先帝名卿, 聲譽出鳳遠甚.' 馮野王在元帝時已官至大鴻臚, 有賢名.(新) 數 : 所角翻.(胡)

225) 方倚欲以代鳳 : 將依靠野王代替王鳳.(今)

226) 廷尉致其大逆罪 : 廷尉羅織罪狀判王章大罪.(新) 廷尉 : 九卿之一, 掌理刑獄.(今) 致 : ① 文致也.(胡) ② 精密, 周密. 後作'緻'.(漢字典)

227) 側目而視 : 胸懷怨恨, 故不正眼相視.(今)

○【王氏愈盛】

王氏愈盛 以王音爲御史大夫.[228] 於是王氏愈盛, 郡國守相

王氏五侯 刺史皆出其門下.[229] 五侯羣弟爭爲奢侈,[230] 賂遺珍寶,[231] 四面而至, °皆˙通敏人事,[232] 好士養賢, 傾財施予以相高尙,[233] 賓客滿門, 競爲之聲譽.[234] 劉向上封事極諫, 書奏, 天子召見向, 嘆息悲傷其意, 謂曰, "君且休矣,[235] 吾將思之!"[236] 然終不能用其言.

【己亥(前22) 陽朔三年】

○ 秋, 王鳳薨. 以王音爲大司馬.

【乙巳(前16) 永始元年】

---

228) 王音 : 元后從弟也.(要)
229) 王氏愈盛 … 出其門下 : 言爲其家寮屬者皆得大官.(胡)　郡國守相刺史 : 郡和封國的太守國相及州刺史.(中白)
230) 五侯羣弟 : ① 五侯, 謂王譚王商王立王根王逢, 時皆成帝諸舅也.(春) ② 元后傳, 王鳳兄弟八人, 鳳崇以與元后同母, 先侯, 譚商立根逢時同日侯, 世謂之五侯, 曼, 乃五侯之兄, 早死, 不侯. 五侯無羣弟, 疑羣字當作兄.(胡)
231) 賂遺珍寶 : 按受賄賂和饋贈的珍珠寶玉.(新)
232) 皆 : (春)作'音', 誤.(◉)
233) 相高尙 : 王氏兄弟互相標榜.(新)
234) 競爲之聲譽 : 競相傳誦王氏美好的聲譽.(岳白)
235) 君且休矣 : 且止勿再言.(今)
236) 吾將思之 : 將考慮如何處置.(今)

○【王莽匿情求名】

王莽匿情求名 五侯子, 乘時侈靡,[237] 以輿馬聲色佚游相高,[238] 王曼子莽因折節爲恭儉,[239] 勤身博學, 外交英俊, 內事諸父,[240] 曲有禮意.[241] 鳳⁋且⁋死, 以莽託太后及帝. 久之, 封莽爲新都侯, 爵位益尊, 節操愈謙, ⁋衣裘⁋振施賓客,[242] 家無所餘, 虛譽隆洽,[243] 傾其諸父矣.[244]

王莽折節爲恭儉

封莽爲新都侯

【丙午(前15) 永始二年】

○ 王音薨. 以王商爲大司馬.

⁋【丁未(前14) 永始三年】⁋

○【梅福請收威柄】

梅福請收威柄 故南昌尉梅福上書曰,[245] "昔高祖納善若不及,[246] 從

237) 乘時侈靡 : 乘, 因也, 因富貴之時.(胡)
238) 佚游相高 : 互相攀比奢華.(新) 佚 : 與'逸'同, 樂也.(春)
239) 王曼 : 元后弟.(要) 折節 : ① 甘居人下.(新) ② 屈折支節以服事也.(要)
240) 諸父 : 謂諸伯叔父也.(春)
241) 曲 : 委曲遷就之意.(今)
242) 振施 : 濟卹施與.(今) 振 : 貸也.(國)
243) 虛譽 : 虛假不實的聲譽.(新) 隆洽 : 隆盛而美滿.(新)
244) 傾 : 淩駕其上.(今)
245) 南昌尉 : 地理志, 南昌縣屬豫章郡. 後漢志, 尉, 主盜賊, 凡有賊發, 主名不立, 則推索行尋, 案察姦宄, 以起端緒.(胡)
246) 不及 : 恐失之也.(胡)

諫如若轉圜.[247] 陳平起於亡命而爲謀主, 韓信拔於行陳而建上將,[248] 故爵祿束帛者, 天下之砥石,[249] 高祖所以厲世摩鈍也.[250] 至秦則不然, 張誹謗之罔以爲漢敺除,[251] 倒持泰阿, 授楚其柄.[252] 故誠能勿失其柄, 天下雖有不順, 莫敢觸其鋒, 今陛下旣不納天下之言, 又加戮焉. 天下以言爲戒, 最國家之大患也. 方今君命犯而主威奪,[253] 外戚之權, 日以益隆. 陛下不見其形,[254] 願察其景.[255] 埶陵於君,[256] 權隆於主, 然後防之, 亦無及已."[257] 上不納.

247) 從諫如轉圜 : ① 聽從勸諫像轉動圓環那樣快.(新) ② 轉圜者, 言其順易也.(胡) 轉圜 : 轉動圓形器物. 常用以代指便易迅速之事. 借指順易.(漢) 圜 : 音圓.(要)
248) 陳平起 … 建上將 : ① 陳信事並見高帝紀. 建, 建立, 言建立以爲上將.(今) ② 行, 戶剛翻. 陳, 讀曰'陣'.(胡)
249) 砥石 : 磨刀石, 喩動力. 爵祿是激發天下士人效忠的動力.(新)
250) 厲世摩鈍 : ① 指高祖以爵祿延攬人才.(新) ② 亦作'厲世磨鈍'. 激勵世人, 使魯鈍的人奮發有爲.(漢) 摩 : 與'磨'同.(要)
251) 張誹謗之罔 : ① 張開法網, 因言論治罪. 罔, 通'網'.(新) 誹謗 : 沛公悉召諸縣父老豪傑, 謂曰, "父老苦秦苛法久矣. 誹謗者族, 偶語者棄市."(春前206年) 罔 : 法網.(今) 爲漢敺除 : 爲漢朝的建立開辟道路.(新) 爲 : 于僞翻.(胡) 敺除 : 驅趕, 掃除.(漢) 敺 : 與'驅'同.(春)
252) 倒持泰阿 授楚其柄 : 泰阿, 劍名, 歐冶所鑄也. 言秦無道, 令陳涉項羽乘間而發, 譬倒持劍, 以把授人也.(胡) 倒持泰阿 : 倒持寶劍, 將劍把交給別人. 比喩輕率地授人權柄, 自己反受其害.(漢) 楚 : 謂項羽.(國) 泰阿 : 卽太阿.(漢)
253) 君命犯而主威奪 : 君王的勸力衰落, 皇帝的威嚴削弱. 犯, 奪, 指臣子犯君命, 奪君權.(新)
254) 不見其形 : 看不到具体內容.(新)
255) 願察其景 : 可以觀察其影響. 景, 通'影'.(新) 景 : 象也. 按指災異而言.(今)
256) 埶 : 與'勢'同.(中)
257) 已 : 語終辭.(胡)

【戊申(前13) 永始四年】

○【何武去後見思】

何武去後見思

司隸校尉何武爲京兆尹.[258] 武爲吏, 守法盡公, 進善退惡, 其所居無赫赫名, 去後常見思.

【己酉(前12) 元延元年】

○ 王商薨. 以弟根爲大司馬.

○【成帝由張禹言 不疑王氏】

成帝由張禹言不疑王氏

安昌侯張禹雖家居,[259] 以特進爲天子師,[260] 國家每有大政, 必與定議.[261] 時吏民多上書言灾異之應, 譏切王氏專政所致[262]. 上意頗然之, 親問禹以天變, 禹曰, "春秋日食地震, 或爲諸侯相殺,[263] 夷狄侵中國. 灾變之意, 深遠難見, 新學小生,[264] 亂道誤人, 宜無信用."[265] 上雅信愛禹,[266] 由此不疑

---

258) 何武 : 何, 出自周成王母弟唐叔虞, 後封於韓, 韓滅, 子孫分散, 江淮問音以'韓'爲'何', 字隨音變, 遂爲何氏.(胡)
259) 家居 : 指辭去官職或無職業, 在家裡閑住.(漢)
260) 張禹 : 河平四年繼王商爲丞相, 鴻嘉元年致仕後加位特進. 曾爲成帝師, 授論語, 故甚見親信.(新) 特進 : 官名. 始設于西漢末. 授予列侯中有特殊地位的人, 位在三公下.(漢)
261) 必與定議 : 與讀曰'豫', 余謂'與', 讀如字, 言天子與禹定其可否也.(胡)
262) 譏切 : 勸諫.(漢) 所致 : 達到的. 得到的.(漢)
263) 爲 : 于僞翻.(胡)
264) 小生 : 指新學後進者.(漢)

王氏.[267]

○【朱雲折檻】

朱雲折檻 故槐里令朱雲上書求見,[268] 公卿在前, 雲曰, "今

尸位素餐 朝廷大臣, 皆尸位素餐,[269] 臣願賜尙方斬馬劒,[270]

願賜尙方劒斷佞臣頭 斷佞臣一人頭以厲其餘!"[271] 上問, "誰也?" 對曰, "安昌侯張禹!" 上大怒曰, "小臣居下訕上,[272] 廷辱師傅, 罪死不赦!" 御史將雲下,[273] 雲攀殿檻,[274] 檻折. 雲呼曰, "臣得下從龍逄比干遊於地下,[275] 足

辛慶忌救朱雲 矣!" 御史遂將雲去.[276] 於是左將軍辛慶忌免冠,

---

265) 宜無信用 : 不要相信和任用他們.(岳白)

266) 雅 : 素也.(要)

267) 上雅信愛禹 由此不疑王氏 : 元帝師蕭望之, 成帝師張禹, 皆敬重之矣. 元帝不能聽望之言疎許史而去恭顯, 成帝則聽禹言而不疑王氏, 望之以此殺身, 禹以此苟富貴. 漢祚中衰, 實由此也. 又, 成帝之時, 吏民猶譏切王氏, 平帝之末, 吏民以王莽不受新野田, 上書者至四十八萬七千五百七十二人, 何元帝之時吏民猶忠於漢, 平帝之時吏民則附王氏也. 政自之出乆矣, 人心能無從之乎. 有國家者, 尙監玆哉.(胡) 上雅信愛禹 : 成帝一貫信任和尊重張禹.(新)

268) 槐里令朱雲 : 元帝時, 雲爲槐里令, 坐論石顯廢錮, 故稱故.(胡) 見 : 賢遍翻.(胡)

269) 尸位素餐 : 尸, 主也. 素, 空也. 尸位者, 不擧其事, 但主其位而已. 素餐者, 德不稱官, 空當食祿.(胡)

270) 尙方斬馬劒 : 尙方, 少府之屬官也, 作供御器物, 故有斬馬劒, 劒利, 可以斬馬.(胡) 斬馬劍 : 漢寶劍名. 其利可以斬馬, 故稱. 以其藏于尙方, 後世俗稱尙方寶劍.(漢) 劒 : 劍之籒文.(中)

271) 佞臣 : 奸佞之臣.(新) 厲 : 通'礪', 勉勵, 引申爲教訓, 警告.(新)

272) 小臣居下訕上 : 蓋引用論語惡居下流而訕上之言. 訕, 謗也.(胡) 訕 : 所諫反.(春)

273) 御史將雲下 : 御史拽住朱雲往殿下走.(岳白)

274) 殿檻 : 殿前欄杆.(新)

275) 龍逄比干 : 關龍逄, 桀臣, 王子比干, 紂臣, 皆以諫而死, 故云然.(胡) 逄 : 皮江反.(春)

輯檻以旌直臣

⁋解印綬,⁋[277] 叩頭殿下曰,[278] "此臣素著狂直,[279] 使其言是, 不可誅, 其言非, 固當容之. ⁋臣敢以死爭!"[280] 慶忌叩頭流血.⁋ 上意解, 及後當治檻, 上曰, "勿易,[281] 因而輯之,[282] 以旌直臣."[283]

【壬子(前9) 元延四年】

○【谷永黨王氏】

谷永黨王氏

王根薦谷永, 徵入,[284] 爲大司農. 永前後所上四十餘事, 略相反覆,[285] 專攻上身與後宮而⁋已.⁋ 黨於王氏, 上亦知之, 不甚親信也.

【癸丑(前8) 綏和元年】

○ 二月, 立定陶王欣爲皇太子.

○【王莽秉政】

---

276) 將 : 將, 如字, 挾也, 攜也.(胡)
277) 免冠, 解印綬 : 摘下官帽, 解下官印和綬帶, 表示不顧一切犯顔直諫.(新)
278) 叩頭 : 伏身跪拜, 以頭叩地. 舊時爲最鄭重的一種禮節.(漢)
279) 素著狂直 : ① 著, 表也. 言此名久已彰表.(今) ② 一向性格率直.(新)
280) 死爭 : 力爭, 拚死鬥爭.(漢)
281) 易 : 更換新欄杆.(新)
282) 輯之 : 輯, 與'集'同, 謂補合之也(胡)
283) 旌 : 表彰.(新)
284) 徵入 : 徵召入京, 時谷永爲北地太守.(新)
285) 略相反覆 : 內容大致相同. 反覆, 翻來倒去, 卽老生常談.(新)

王莽秉政 四父

十二月, 王根因薦莽自代. 丙寅,[286] 以莽爲大司馬, 時年三十八. 莽旣拔出同列,[287] 繼四父而輔政,[288] 欲令名譽過前人. 聘諸賢良以爲掾史,[289] 賞賜邑錢悉以享士,[290] 愈爲儉約.

○【劉向請興禮樂】

劉向請興禮樂 得古磬一十六枚

犍爲郡於水濱得古磬一十六枚,[291] 議者以爲善祥. 劉向因是說上,[292] "宜興辟雍,[293] 設庠序,[294] 陳禮樂,[295] 以風化天下. 如此而不治,[296] 未之有也, 或曰,[297] '不能具禮.'[298] 禮以養人爲本,[299] 如有過

---

286) 十二月 : (資治)作'十一月'.(◉) 丙寅 : 十一月辛未朔, 無丙寅. 丙寅, 十二月二十六日(新)

287) 拔出 : 特出.(漢)

288) 四父 : 鳳商音根四人皆爲大司馬, 而莽之諸父也.(胡)

289) 掾史 : 官名. 漢以後中央及各州縣皆置掾史, 分曹治事. 多由長官自行闢擧. 唐宋以後, 掾史之名漸移于胥吏.(漢)

290) 賞賜邑錢 : 皇上的賞賜和封邑的收入.(岳白) 邑錢 : 封邑所入之錢也.(胡) 享士 : 供養幕賓.(新)

291) 濱 : 水厓也.(胡) 磬 : ① 磬, 樂石也. 古者毋句氏作磬, 後或以玉爲之.(胡) ② (春)作'磐', 誤.(◉)

292) 說 : 輸芮翻.(胡)

293) 辟雍 : ① 京師太學.(新) ② 天子之學曰辟雍. 辟, 明也. 雍, 和也. 所以明和天下.(胡)

294) 設庠序 : ① 建立郡縣的地方學校.(新) ② 古者黨有庠, 遂有序. 庠者, 養也. 序者, 敎也.(胡)

295) 陳禮樂 : 提倡禮樂文化.(新)

296) 治 : 直吏翻.(胡)

297) 或曰 : 或曰者, 劉向設爲難者之言, 而後答釋也.(胡)

298) 不能具禮 : 治理天下不能只靠禮儀.(新)

299) 養人 : 培養人, 敎育人.(新)

差,[300] 是過而養人也.[301] 刑罰之過或至死傷,[302] 今之刑非皐陶之法也,[303] 而有司請定法,[304] 削則削,筆則筆,[305] ⁋救時務也.⁋ 至於禮樂, 則曰'不敢.' 是敢於殺人不敢於養人也. 夫教化之比於刑法, 刑法輕, 是舍所重而急所輕也.[306] 教化, 所恃以爲治, 刑法,[307] 所以助治也, 今廢所恃而獨立其所助, 非所以致太平也." 帝以向言下公卿議,[308] 丞相翟方進大司空何武奏請立辟雍, 未作而罷.[309]

○【劉向三十年不遷】

劉向三十年不遷

劉向自見得信於上, 故常顯訟宗室,[310] 譏刺王氏及在位大臣, 其言多痛切,[311] 發於至誠. 上數欲用向爲九卿,[312] ⁋輒不⁋爲王氏居位者及丞相御史所

300) 過差 : 猶失錯也.(胡)
301) 過而養人 : 卽使教化失誤, 也只不過是教育人的效果不顯著而已.(新)
302) 刑罰之過或至死傷 : 刑罰失誤則導致人的死傷.(新)
303) 皐陶之法 : 簡樸的法律. 皐陶, 傳說中堯舜時的著名刑獄官.(新)
304) 定法 : 標準刑法.(新)
305) 削則削 筆則筆 : ① 削者, 言有所刪去, 以刀削辟簡牘也. 筆者, 謂有所增益, 以筆就而書也.(胡) ② 指隨意改變法律.(新)
306) 舍 : 讀曰捨. 廢棄.(胡)
307) 治 : 直吏翻.(胡)
308) 下議 : 交給下面討論.(漢)
309) 未作而罷 : 按以遭成帝喪而罷.(今)
310) 顯訟宗室 : 公開替皇族打抱不平.(新)
311) 痛切 : 極其懇切.(漢)

持,[313] 故終不遷, 居列大夫官前後三十餘年而卒.[314] 後十三歲而王氏代漢.[315]

【甲寅(前7) 綏和二年】

○ 三月, 帝崩.[316]

○【哀帝政由己出】

哀帝政由己出 夏, 四月, 丙午, 太子卽皇帝位. 哀帝初立, 躬行儉約, 省減諸用,[317] 政事由己出,[318] 朝廷翕然望至治焉.[319]

○【師丹請限民田】

師丹請限民田 初, 董仲舒說武帝,[320] 以"秦用商鞅之法, 除井田,

312) 數 : 所角翻.(胡) 九卿 : 古代中央政府的九個高級官職. 漢以太常光祿勛衛尉太僕廷尉大鴻臚宗正司農少府爲九寺大卿(卽九卿).(漢)
313) 持 : 扶持, 佐助.(新)
314) 列大夫 : 秦漢時爵位名. 列第七級, 亦稱七大夫或公大夫.(漢) 卒 : 劉向歷官諫大夫中壘校尉光祿大夫等職, 於建平三年(前4)去世.(新)
315) 居列大夫官前後三十餘年而卒 後十三歲而王氏代漢 : 錢大昕曰, "依此推檢, 向當卒於綏和元年(西元前八年.)" 葉德輝曰, "漢記云, '前後四十年.'案傳言卒後十三年王氏代漢, 則向卒於成帝建平元年(前六年. 按建平係哀帝年號.) 由建平元年上推, 向生於昭帝元鳳四年(前八十年). 自旣冠擢爲諫大夫, 至此實四十餘年. 當以漢紀爲是. 吳修續疑年錄亦推向生元鳳四年, 卒建平元年. 蓋莽代漢在孺子嬰初始元年(西元六年)十二月, 是年上距向卒, 正十三歲之後. 錢氏誤推不足據.(今)
316) 帝崩 : 趙昭儀之所殺也.(要)
317) 省減諸用 : 感省各項費用.(中白)
318) 政事由己出 : 政事由自己裁決處理.(中白)
319) 治 : 直吏翻.(胡) 望至治焉 : 希望能天下大治.(中白)
320) 說 : 輸芮翻.(胡)

民得賣買, 富者田連阡陌,[321] 貧者亡立錐之地.[322] 邑有人君之尊,[323] 里有公侯之富,[324] 小民安得不困! 古井田法雖難卒行,[325] 宜少近古,[326] 限民名田以贍不足,[327] 塞并兼之路, 薄賦歛,[328] 省繇役,[329] 以寬民力,[330] 然後可善治也."[331] 及上卽位, 師丹復建言,[332] "今累世承平,[333] 豪富吏民訾數鉅萬,[334] 而貧弱愈困, 宜略爲限." 天子下其議, 丞相光大司空武奏請,[335] "自諸侯王列侯公主名田各有限, 關內侯吏民名田皆毋過三十頃,[336] 奴婢毋過三十人,[337] 期

321) 田連阡陌 : 形容田地廣闊.(漢)
322) 亡 : 讀與'無'同.(胡)
323) 邑有人君之尊 : 每個縣邑, 都有如帝王之尊的貴人.(新)
324) 里有公侯之富 : 每個村莊, 都有像王侯一樣的富人. 上兩句意爲, 全國城鄕遍布大大小小的土皇帝.(新)
325) 卒行 : 突然實行. 卒, 讀'猝'.(新)
326) 宜少近古 : 但也應該稍近古制.(岳白)
327) 限民名田 : ① 限制富人占有土地的數量. 名田, 占田.(新) ② 名田, 占田也. 各爲立限, 不使富者過制, 則可使貧弱之家足也.(胡)
328) 歛 : 同'斂'.(漢)
329) 繇 : 讀曰'徭'.(胡)
330) 寬民力 : 與民休息.(新)
331) 治 : 直吏翻.(胡)
332) 師丹 : 姓名.(要) 復 : 扶又翻.(胡)
333) 承平 : 治平相承. 太平.(漢)
334) 訾 : ① 與'貲'同.(胡) ② 資産.(新)
335) 光 : 孔光.(要) 武 : 何武.(要)
336) 三十頃 : 三千苗. 百苗土地爲一頃.(新)
337) 自諸侯 … 奴婢毋過三十 : 據哀帝紀, 有司條奏, "諸侯王列侯得名田國中, 列侯在長安及公主得名田縣道. 關內侯吏民名田皆毋得過三十頃. 諸侯王奴婢二百人, 列侯公主百人, 關內侯吏民三十人." 與此少異. 食貨志亦與紀同.(胡)

盡三年,[338] 犯者沒入官."[339] 時田宅奴婢賈爲減賤,[340] 貴戚近習不便也,[341] 詔書"且須後."[342] 遂寢不行.[343]

■ 孝哀皇帝

在位六年, 壽三十五.
名欣, 元帝孫, 定陶共王子也. 成帝無子, 召入立爲太子.
欲强主威, 以則武宣, 而剛愎不明, 尊寵嬖倖,[344] 其能濟乎?

【丁巳(前4) 建平三年】

○【王嘉請久任】

338) 期盡三年 : 指限令超量占有土地和奴婢的豪民貴戚三年內減到限量以內, 否則將予以沒收.(新)
339) 沒入官 : 沒收財產入官.(岳白)
340) 賈 : 讀曰'價'.(胡)
341) 貴戚近習 不便也 : 貴戚近習, 指丁傅董賢之屬. 不便也, 謂皆不以爲便於己(今) 貴戚近習 : 皇帝貴戚和天子的親信.(中白)
342) 且須後 : 暫且再等待一段時間.(新) 須 : 待也.(胡)
343) 遂寢不行 : 于是限田建議被擱置沒有執行.(新) 寢 : ① 擱置.(漢字典) ② 事不舉行曰寢.(正字通)
344) 嬖幸 : 亦作'嬖倖'. 被寵愛的人. 指姬妾倡優侍臣等.(漢)

王嘉請久任

四月，王嘉爲丞相．嘉以時政苛急，[345] 郡國守相數有變動，[346] 乃上疏曰，"孝文時，吏居官者或長子孫，以官爲氏，[347] 倉氏庫氏則倉庫吏之後也，其二千石長吏亦安官樂職，[348] 然後上下相望，[349] 莫有苟且之意．其後稍稍變易，公卿以下◐傳相促急，[350] 又數改更政事，[351] 司隸部刺史擧劾苛細，[352] 發揚陰私，[353] 吏◑或居官數月而退，中材苟容求全，[354] 下材懷危內顧，[355] 唯陛下留神於擇賢，記善忘過，此方今急務也．"

【戊午(前3) 建平四年】

○【董賢貴幸】

---

345) 時政苛急：爲政苛暴.(新)
346) 數：① 所角翻.(胡) ② 屢次，多次.(新)
347) 以官爲氏：以官爲姓氏，如下文倉氏庫氏是也.(春)
348) 二千石長吏：① 郡太守屬官，秩二百石至四百石.(新) ② 太守祿秩二千石，故稱二千石.(國)
349) 上下相望：互相監督.(新)
350) 傳相促急：調動頻繁．傳，指傳車.(新)　傳：知戀翻.(胡)
351) 數：所角翻.(胡)　更：工衡翻.(胡)
352) 司隸：指司隸校尉，負責監察部三輔三河弘農等地事務.(新)　部刺史：官名．刺史原名．漢元封五年(前106)，分全國爲十三部(州)，各置部刺史一人，依六條詔書，查察地方政治．後通稱刺史.(百度快照)　刺史，原爲朝廷所派督察地方之官，後沿爲地方官職名稱．漢武帝時，分全國爲十三部(州)，部置刺史．成帝改稱州牧，哀帝時復稱刺史.(漢)
353) 發揚：揭發.(新)
354) 苟容求全：① 爲保全自己，不敢嚴格要求下級.(新) ② 苟謂處事苟且，容謂優容僚屬.(今)
355) 懷危內顧：常恐獲罪，每爲私計也.(胡)

董賢貴幸

二月, 駙馬都尉侍中董賢得幸於上,[356] 出則參乘,[357] 入御左右,[358] 賞賜累鉅萬, 貴震朝廷.

○【揚雄諫絶單于】

揚雄諫絶單于

匈奴單于上書願朝五年.[359] 公卿以爲虛費府帑,[360] 可且勿許.[361] ⁋單于使辭去, 未發,⁋ 揚雄上書諫曰, “臣聞六經之治,[362] 貴於未亂, 兵家之勝, 貴於未戰,[363] 今單于上書求朝, 國家不許而辭之, 臣愚以爲漢與匈奴從此隙矣.[364] 匈奴本五帝所不能臣,[365] 三王所不能制,[366] 其不可使隙明甚.[367]

六經之治 貴於未亂 兵家之勝 貴於未戰

以秦始皇之彊, 蒙恬之威,[368] 然不敢窺西河,[369] 乃

356) 駙馬都尉：漢武帝置, 掌皇帝車駕之副馬.(新) 董賢：字聖卿, 雲陽人, 爲漢哀帝所寵幸, 官至大司馬, 操縱朝政.(新)
357) 參乘：則驂乘, 古時乘車在車右陪乘的人.(新)
358) 御：隨侍.(新)
359) 願朝五年：願于建平五年來朝貢.(今)
360) 虛費府帑：① 帑, 它莽反, 又音奴. 府, 物所聚也. 帑, 藏金帛之所也.(春) ② 白白浪費國家錢財.(新)
361) 可且勿許：可以暫且拒絶.(中白)
362) 治：直吏翻.(胡)
363) 六經之治 … 貴於未戰：書周官曰, 制治于未亂. 兵法曰, 戰不必勝, 不苟接刃. 師古曰, 已亂而後治之, 戰鬪而後獲勝, 則不足貴.(胡) 治：直吏翻.(胡) 貴於未亂：貴在禍亂未發生時就消弭于無形.(新) 貴於未戰：高明的兵家, 貴在不戰而勝.(新)
364) 從此隙矣：嫌隙從此而生.(今) 隙：嫌隙. 指漢匈從此加深了裂痕.(新)
365) 匈奴本五帝所不能臣：匈奴原本五帝不能使其臣服.(中白)
366) 三王所不能制：三王對其無法控制的强國.(中白)
367) 使隙：使出現嫌隙.(新)
368) 蒙恬：?~前210. 秦名將, 曾率兵三十萬防匈奴.(新)
369) 然：仍然.(中白) 窺：伺閒而圖之.(今) 西河：河套以西, 卽漢河西四郡之地, 今寧夏

築長城以界之.[370] 會漢初興, 以高祖之威靈, 三十萬衆困於平城.[371] 高皇后時,[372] 匈奴悖慢,[373] 大臣權書遺之,[374] 然後得解. 及孝文時, 匈奴侵暴北邊,[375] 候騎至雍甘泉,[376] 京師大駭, 發三將軍屯細柳棘門霸上以備之,[377] 數月乃罷. 孝武卽位, 設馬邑之權,[378] 欲誘匈奴, 徒費財勞師, 一虜不可得見, 況單于之面乎![379] 其後深惟社稷之計,[380] 規恢萬載之策,[381] 乃大興師數十萬, 使衛青霍去病操兵,[382] 前後十餘年, 於是浮西河, 絶大幕,[383] 破寘

徒費財勞師一虜不可得見

及甘肅走廊一帶.(今)

370) 築長城以界之 : 蒙恬斥逐匈奴, 以北河爲竟, 漢朔方郡地是也. 若西河, 則漢武威張掖燉煌酒泉地是也. 秦不能取, 築長城, 起臨洮以界之.(胡) 界 : 防衛.(新)

371) 平城 : 漢高帝七年(前200年), 漢高祖劉邦率三十萬衆擊趙利, 被困平城七日.(新)

372) 高皇后 : ① 呂雉. ?~前180. 字娥姁. 惠帝時, 臨朝稱帝. 在位八年(前187~前180).(新前187年) ② 婦人從夫諡, 故稱高.(國前188年)

373) 悖慢 : 蠻橫傲慢.(新)

374) 權書遺之 : ① 暫且用好言好語來應付.(新) ② 以權道爲書, 順辭以答.(胡) ③ 將言辭謙卑的回信送給單于.(中白)

375) 侵暴北邊 : 侵入北部邊境.(新)

376) 候騎 : 偵察的騎兵.(新) 雍甘泉 : ① 指甘泉宮, 在今陝西淳化縣東北.(新) ② 漢之甘泉, 在雍州雲陽西北八十里, 秦始皇作甘泉宮.(史記 卷110 匈奴列傳 索隱)

377) 細柳 : 在今陝西咸陽西南.(新) 棘門 : 在今陝西咸陽東北.(新) 霸上 : 在今陝西長安東北.(新)

378) 馬邑 : 縣名. 縣治朔縣, 在今山西朔州市.(新) 權 : 指武帝元光二年(前133) 伏兵馬邑欲誘匈奴之事.(新)

379) 況單于之面乎 : 事見17卷武帝元光二年. 言欲見匈奴一人且不可得, 況使單于面來獻見乎!(胡)

380) 深惟 : 深思熟慮.(新)

381) 規恢萬載之策 : ① 規劃長久之計.(新) ② 規, 籌劃, 恢, 廣大.(今)

382) 衛青 : ?~前106. 字仲卿, 河東平陽人. 西漢名將, 官至大將軍, 封長平侯.(新) 霍去病 : 前140~前117. 河東平陽人, 西漢名將, 官至驃騎將軍, 封冠軍侯.(新) 操兵 : 操

顔,[384] 襲王庭,[385] 窮極其地,[386] 追犇逐北,[387] 封狼居胥山,[388] 禪於姑衍,[389] 以臨瀚海,[390] 自是之後,匈奴震怖, 益求和親, 然而未肯稱臣也.[391]

且夫前世豈樂傾無量之費,[392] 役無罪之人, 快心於狼望之北哉?[393] 以爲不壹勞者不久佚,[394] 不暫費者不永寧, 是以忍百萬之師以摧餓虎之喙,[395] 運府庫之財塡°盧˙山之壑而不悔也.[396] 至本始之初,[397] 匈奴有桀心,[398] 欲掠烏孫侵公主,[399] 乃發五將之師十五

持兵器, 此指統率軍隊而言.(今)

383) 絶 : 直度曰絶.(春) 大幕 : 卽大漠.(新) 幕 : 卽沙漠也. 沙土曰幕.(春) 幕 : 古'幕''漠'通.(今)

384) 破寘顔 : 寘顔, 山名, 在今蒙古烏喇特旗境. 衛靑破匈奴單于兵, 北至寘顔顔山趙信城而還.(今) 寘 : 徒賢反, 匈奴中山名.(春)

385) 王庭 : ① 匈奴單于王庭.(新) ② 指西北少數民族君長設幕立朝的地方.(漢) ③ 單于無城郭,其穹廬前地若庭, 故云王庭.(國)

386) 窮極其地 : 深入匈奴內地.(岳白)

387) 逐北 : ① 軍走曰北, 北如字, 一音敗.(春前208年) ② 韓國音不讀如字'북'而讀'敗', 乃表音曰'배'.(◉) ③ 追擊奔走的單于和殘兵敗將.(岳白)

388) 狼居胥山 : 按淸一統志, 狼居胥山在今外蒙古喀爾喀部境內.(今)

389) 姑衍 : 山名, 其地未詳, 按當在今蒙古大漠以北.(今)

390) 瀚海 : 今蒙古境內大沙漠, 古稱瀚海.(今)

391) 然而未肯稱臣也 : 然而, 仍不肯向漢朝稱臣.(中白)

392) 樂傾 : 願意耗費.(新) 樂 : 音洛.(胡)

393) 狼望 : 匈奴中地名. 余謂邊人謂擧燧爲狼烟. 狼望, 謂狼烟候望之地.(胡)

394) 壹勞 : 一次辛勞, 指征伐匈奴.(新) 佚 : 通'逸', 安樂.(漢字典)

395) 忍百萬之師以摧餓虎之喙 : ① 忍心以百萬軍隊納於餓虎之口.(新) ② 喙, 獸口. 餓虎之喙,言其凶殘, 以喩匈奴.(今)

396) 盧 : (春)作'廬', 誤.(◉) 塡盧山之壑 : 塡平匈奴盧山的溝壑.(中白) 盧山 : 顔師古曰,"盧山, 匈奴中山也." 孟康曰, "盧山, 單于南庭也."(今)

397) 本始 : 漢孝宣帝(劉詢)之年號. 西元前73～前70年.(中)

398) 桀心 : 暴戾之心.(今)

399) 公主 : ① 指王建女細君, 時爲烏孫昆莫右夫人.(新) ② 武帝元封6年, 以宗室女爲公主, 嫁

漢兵若雷風

萬騎以擊之,[400] 時鮮有所獲,[401] 徒奮揚威武, 明漢兵若雷風耳.[402] 雖空行空反, 尙誅兩將軍,[403] 故北狄不服,[404] 中國未得高枕安寢也.

欲朝者不距 不欲者不彊

逮至元康神爵之間,[405] 大化神明, 鴻恩溥洽,[406] 而匈奴內亂, 五單于爭立, 日逐呼韓邪攜國歸死,[407] 扶伏稱臣,[408] 然尙羈縻之,[409] 計不顓制.[410] 自此之後, 欲朝者不距,[411] 不欲者不彊.[412] 今單于歸義, 奈何消往昔之恩, 開將來之隙! 夫疑而隙之, 使有恨心, 因以自絶,[413] 終無北面之心,[414] 威之不

烏孫.(國)

400) 五將 : 指田廣明趙充國田順范明友韓增.(新)

401) 時鮮有所獲 : 當時很少有所斬獲.(岳白)

402) 兵若雷風 : 言師速而疾, 風驅霆行, 一過而不留也.(胡)

403) 尙誅兩將軍 : 漢宣帝本始三年(前71), 五將軍出擊匈奴, 田順先期而退, 田廣明畏敵不進, 宣帝下令治罪, 二人自殺.(新)

404) 北狄 : 指匈奴.(新)

405) 元康神爵 : 均爲漢宣帝年號.(新)

406) 大化神明, 鴻恩溥洽 : 朝政清明, 皇恩活蕩.(新)

407) 日逐 : 匈奴日逐王先賢撣.(新) 呼韓邪 : 匈奴呼韓邪單于稽侯珊.(新) 歸死 : ① 歸順漢朝.(新) ② 案歸死二字於義不可通, 歸死二字當爲歸化之誤也. 此承上大化神明而言, 謂單于摧一國之人來歸王化也. 下文曰今單于歸義懷款之心, 歸義猶歸化耳. 通鑒漢紀二十六作歸死, 則所見漢書本已誤. 漢紀孝哀紀通典邊防十一並作歸化.(今)

408) 扶伏 : ① 猶言匍匐也.(胡) ② 即俯伏.(新)

409) 羈縻 : ① 籠絡.(新) ② 猶言維繫也. 馬絡頭曰羈, 牛靷曰縻.(綱鑑) ③ 言制四夷, 如馬牛之受羈縻.(要)

410) 計不顓制 : ① 沒有完全控制.(新) ② 計字屬下句.(國) 顓 : 與'專'同. 專制, 謂以爲臣妾也.(胡)

411) 距 : 通'拒'.(新)

412) 彊 : ① 勉强.(新) ② 同'强'(漢)

413) 自絶 : 自摒絶於漢朝.(今)

可，諭之不能，焉得不爲大憂乎!"◖ 書奏，天子寤焉，[415] 更報單于書而°許˙之.[416]

【己未(前2) 元壽元年】

○【孔光敬禮董賢】

孔光敬禮董賢 以孔光爲丞相．光知上欲尊寵董賢．下車，拜謁，不敢以賓客鈞敵之禮.[417] 董賢權與人主侔 賢由是權與人主侔矣.[418]

【庚申(前1) 元壽二年】

○【漢業遂衰】

漢業遂衰 六月，帝崩．帝睹孝成之世祿去王室,[419] 及即位，屢誅大臣,[420] 欲彊主威以則武宣.[421] 然而寵信讒諂,[422] 憎疾忠直,[423] 漢業由是遂衰.

---

414) 北面之心：爲臣之心.(今)
415) 天子寤焉：哀帝醒悟.(中白)
416) 更報單于書而許之：更換給單于的書信，答應單于朝見的要求.(岳白)　更：工衡翻，改也.(胡)　許：(春)作'遣'，誤.(◉)
417) 不敢以賓客鈞敵之禮：此非恭而無禮者邪．光能卑事董賢，則必能曲狥王莽矣.(胡)　鈞敵之禮：對等之禮.(新)　鈞：與'均'通.(要)
418) 人主：皇帝.(新)　侔：等也.(胡)
419) 祿去王室：指政權掌握在外戚王氏手中.(新)
420) 屢誅大臣：謂殺朱博王嘉等.(胡)
421) 欲彊主威以則武宣：欲效法武帝宣帝，加强皇帝的威信.(新)　則：法也.(胡)
422) 寵信讒諂：謂趙昌董賢息夫躬等.(胡)
423) 憎疾忠直：謂師丹傅喜鄭崇等.(胡)

■ 孝平皇帝

在位五年，王莽弑之．壽一十四．

名衎，元帝之孫，中山°孝˙王之子.[424] 哀帝崩，無子，太皇太后議迎立爲太子.[425] 九月，卽皇帝位，帝年方九歲．太皇太后臨朝，大司馬莽秉政．

孝平不造，新都作宰，不伊不周，喪我四海.[426]

【辛酉(1) 元始元年】

○【王莽受安漢公號】

王莽受安漢公號

春，正月，王莽風益州,[427] 令塞外蠻夷自稱越裳氏重譯獻白雉一黑雉二.[428] 於是羣臣盛陳莽功德"致周成白雉之瑞,[429] 莽宜賜號安漢公." ᖘ莽爲惶恐，

---

424) 孝：(春)作'箕'，誤．中山孝王，西漢宗室劉興之封號.(◉)　孝平皇帝：元帝庶孫，中山孝王子也.(漢書 卷12 平帝紀)　漢平帝：卽劉衎．西漢皇帝．本名箕子．元帝孫．三歲嗣立爲中山王．哀帝死，立爲帝.(人)　劉興：西漢宗室，元帝第三子．建昭二年立爲信都王，後徙中山．… 卒謚孝.(人)

425) 太皇太后：元帝后，王政君也.(綱鑑)

426) 孝平不造 … 喪我四海：造，成也，遭家業不成．周頌曰，"閔予小子，遭家不造." 故引之也，言其自號宰衡，而無周公伊尹之志也.(漢書 卷100下 述成紀 顔師古注)

427) 風：① 暗示.(新) ② 讀曰'諷'.(胡)

428) 越裳氏重譯獻白雉一黑雉二：參考諸家之說，越裳之地不在益州塞外．莽自以輔幼主，欲以致遠人功德比周公惑衆，故爲此耳．師古曰，越裳，南方遠國也．譯，謂傳言也．道路絶遠，風俗殊隔，故累譯而後乃通.(胡)　越裳氏：南方越族一支．這是王莽讓人假托爲越裳氏.(新)　重譯：形容路遠，民族衆多，語言不通，需多次翻譯才能通達.(新)

不得已而起，受太傅安漢公號.

【壬戌(2) 元始二年】

○【王莽功德比周公】

王莽功德比周公 春，越巂郡上言黃龍游江中,[430] 太師孔光大司徒馬宮等咸稱"莽功德比周公，宜告祠宗廟."

○【梅福爲吳市門卒】

梅福爲吳市門卒 梅福知王莽必簒漢祚,[431] 一朝棄妻子去，不知所之. 其後，人有見福於會稽者，變名姓爲吳市門卒云.[432]

【癸亥(3) 元始三年】

○【逢萌掛冠】

逢萌掛冠 北海逄萌謂友人曰,[433] "三綱絶矣,[434] 不去，禍將及

---

429) 周成白雉之瑞：周成王曾獲白雉，朝野以爲祥瑞.(新)

430) 越巂郡上黃龍游江中：按荀悅漢紀孝平紀上字下有言字，此據漢書孫賓傳. 王念孫曰, "案上下本有言字，上言二字見於本書者多矣. 今本脫言者，則文義不明.".(今) 巂：音髓.(胡前111年)

431) 漢祚：指漢朝的皇位和國統.(漢)

432) 吳市門卒：吳縣市場之守門卒.(新) 會稽郡：時治吳縣.(胡)

433) 逄：①(資治)作'逢'，'逄'同'逢'. 姓也.(◉) ② 皮江翻.(胡) 逄萌：字子康，北海郡都昌縣人. 明陰陽，通春秋，一生隱而不仕.(新)

434) 三綱絶矣：莽殺其叔父，又自殺其冢嫡，是滅其天性也，殺其君之祖姑，又盡除忠直之臣，是無君也. 故曰三綱絶矣.(胡)

人."卽解冠掛東都城門,[435] 歸, 將家屬浮海,[436] 客於遼東.[437]

【甲子(4) 元始四年】

○【王莽爲宰衡】

王莽爲宰衡 夏, 采伊尹周公稱號, 加安漢公爲宰衡.[438]

【乙丑(5) 元始五年】

○【王莽加九錫】

王莽加九錫 夏, 五月, 策命安漢公莽以九錫.[439]

○【王莽弑平帝】

王莽弑平帝 冬, 十二月, 莽因臘日上椒酒,[440] 置毒酒中. 帝有疾, 莽作策,[441] 請命於泰畤,[442] 願以身代, 藏策金

435) 東都城門 : ① 萌時學於長安. 賢曰, 漢宮殿名, 東都門, 今名靑門.(胡) ② 西漢長安每面三門, 共十二城門, 東面最北的城門叫宣平門, 又叫東都門. 東都門外是出城東行的交通要道.(新)

436) 將 : 携帶.(新) 浮海 : 渡海. 浮, 水上航行.(新)

437) 客 : 寄居.(新)

438) '采伊尹'句 : 伊尹, 商湯大臣, 助湯滅夏建商, 尊爲阿衡. 周公, 周武王弟, 助武王滅商建周, 武王死後又輔佐成王治理天下, 位冢宰. 現將伊周官號各取一字作爲王莽的官號, 稱'宰衡', 以此顯示王莽兼有伊周二人的功德.(新) 宰衡 : 伊尹曰阿衡, 周公位冢宰.(胡)

439) 策命 : 用策書命令. 策書是皇帝命令的一種, 多用於封土授爵任免三公等.(新) 九錫 : 古代天子賜給諸侯大臣的九種器物, 是一種最高禮遇.(漢)

440) 臘日 : 臘祭之日, 卽農歷十二月初八日.(新) 椒酒 : 用花椒浸制的酒. 此言王莽於臘日向平帝奉獻椒酒以示祝賀.(新)

441) 作策 : 編寫策文. 策, 一作'冊', 古代帝王祭告天地神祇的文書.(新)

王莽藏策金縢 縢, 置于前殿,[443] 敕諸公莫敢言.[444] 丙午帝崩.[445]

○【王莽居攝踐阼】

王莽居攝踐阼 是月, 前煇光謝囂奏武功長孟通浚井得白石,[446] 上圓下方, 有丹書著石,[447] 文曰, "告安漢公莽爲皇帝." 符命之起,[448] 自此始矣. 於是羣臣奏太后, "請安漢公踐阼,[449] 謂之'攝皇帝',[450]" ⁋太后⁋詔曰, "可."

符命起

---

442) 泰畤：古代天子祭天神的處所. 此言王莽祭天禱告, 願以自身代帝死.(新)

443) 藏策金縢, 置于前殿：詐依周公爲武王請命作金縢也. 書曰, 周公納策金縢之匱中. 孔安國曰, 爲請命之書, 藏之於匱, 緘之以金, 不欲人開之. 孔穎達曰, 縢, 是縛約之名.(胡) 金縢：用金屬繩子捆束的匣子. 縢, 封緘.(新) 前殿：正殿.(漢)

444) 敕：告誡. 此言王莽依仿周公的做法, 制作金縢之書, 借以邀信於朝廷.(新)

445) 丙午：十二月辛酉朔, 無丙午日. '丙午'誤. 該月爲一年之末月, 王莽初八日獻毒酒, 帝有疾, 莽祭禱, 則帝崩日自當在臘日後至月底的二十天中.(新)

446) 前煇光：分京師置前煇光後丞烈二郡. 前煇光, 蓋領長安以南諸縣, 後丞烈, 蓋領長安以北諸縣也.(胡) 武功：武功縣本屬扶風, 莽分屬前煇光.(胡) 浚井：治井使深.(今) 浚：深挖.(新)

447) 丹書：古代方士用紅筆書寫符書, 托言天命, 稱爲丹書.(新) 著：音直略翻.(胡)

448) 符命：上天把祥瑞賜給人君, 作爲人君接受天命治理天下的憑證, 稱符命.(新)

449) 阼：(資治)作'祚', '阼'亦作'祚'.(◉) 踐祚：登帝位. 祚, 皇位.(新)

450) 攝：非其有而居之者, 攝也.(要)

通鑑節要增損校註 卷十五

漢紀

■ 孺子嬰

在位三年.

廣°戚˙侯勳之孫, 顯之子也.[1] 年二歲, 王莽立之.

附王莽.[2] 僭位一十八年. 漢兵殺之.

王莽, 字巨君, 王曼子. 莽改國號曰新.

莽匿情求名, 繼四父而輔政, 遂移漢祚, 恃其邪慝, 煩民玩兵, 罪盈怨積, 而天下畔之.

【丙寅(6) 居攝元年】[3]

居攝

○【柳嬰爲孺子】

---

1) 廣戚侯勳之孫 顯之子也 : 平帝崩, 無子. 莽徵宣帝元孫選最少者廣戚侯子劉嬰, 年二歲.(漢書 卷98 元后傳) 戚 : (春)作'威', 誤. 劉勳爲廣戚侯, 其子劉顯襲爵亦爲廣戚侯.(◉)

2) 王莽 : 前45~23. 字巨君, 魏郡元城縣人. 自謂黃帝虞舜之後. 曾祖賀, 武帝時爲綉衣御史.(新)

3) 居攝 : ① 因皇帝年幼不能親政, 由大臣代居其位處理政務, 謂'居攝'.(漢) ② 莽旣攝政, 遂改元爲居攝.(胡)

柳嬰爲孺子

三月，莽立宣帝玄孫嬰爲皇太子，號曰孺子.[4)]

○【莽稱假皇帝】

莽稱假皇帝

○五月，⁋太后⁋詔莽稱'假皇帝.'

【丁卯(7) 居攝二年】

○【翟義起兵】

翟義起兵

王莽作大誥

東郡太守翟義,[5)] 擧兵西，誅不當攝者，移檄郡國,[6)] 衆十餘萬. 莽聞之，惶懼不能食. 乃使王邑等擊義. ⁋十月,⁋ 莽依周書作大誥,[7)] 諭告天下，以當返位孺子之意.[8)] 於是吏士攻義破之. ⁋義與劉信棄軍亡，至固始界中,[9)] 捕得義，尸磔陳都市,[10)] 卒不得信.⁋[11)]

---

4) 孺子：① 王莽爲奪取漢室政權，惡立長君，選立宣帝玄孫中年僅二歲的劉嬰，號爲孺子. 在位二年，王莽建新，廢爲定安公. 劉玄更始三年(25)，平陵人方望等起事，擁立嬰爲帝，爲劉玄擊破，被殺.(新) ② 亦因周公輔成王，二叔流言曰，"公將不利於孺子"，而爲此號.(胡)

5) 翟義：?~7. 字文仲，汝南郡上蔡縣人. 翟方進之子. 年二十爲南陽都尉，後曆任弘農河內太守青州牧東郡太守.(新)

6) 檄：聲討文書.(新)

7) 依周書作大誥：武王崩，周公相成王，而三監及淮夷叛，周公作大誥. 莽自比周公，故依倣其事.(胡)　周書：尙書分爲虞書夏書商書，周書四個部分，分別編次記述虞夏商周時期的文章.(新)　大誥：周書中有大誥篇，記述周公在東征平定三監勾結祿父叛亂之前的一次談話，申明大義以諭告天下. 王莽托古，自比周公，所以也作大誥之文.(新)

8) 返：(資治)作'反'，返通'反'.(◉)　反位孺子：把治理天下的職權歸還孺子.(新)

9) 固始：縣名.(新)

10) 陳：① 縣名.(新) ② 圉固始陳，三縣皆屬淮陽國.(胡)

【戊辰(8) 初始元年[12)]】

○【王莽卽眞位 國號曰新】

王莽卽眞位國號曰新 莽自謂威德日盛,[13)] 大獲天人之助, 遂謀卽眞之事矣.[14)] 十一月, 以居攝三年爲初始元年,[15)] 卽眞天子位,[16)] 定有天下之號曰新.[17)]

【己巳(9) 新莽始建國元年】

○【王莽廢孺子】

王莽廢孺子 春, 正月, 莽廢孺子爲°定安˙公,[18)] 孝平皇后爲°定安˙太后.

○【更制度爲疏闊】

更制度爲疏闊 莽因漢承平之業,[19)] 府庫百官之富, 百蠻賓服,[20)] 天

11) 卒 : 子恤翻.(胡)
12) 初始 : ① 莽傳作'初始', 荀紀及韋莊美嘉號錄宋庠紀元通譜皆作'始初'. 今從之.(胡) ② 或作'始初', 或作'初始', 不定于一, 則仍存之, 以俟後考.(◉)
13) 威德日盛 : 據章校, 有的版本此下有'大獲天人之助'六字.(新)
14) 卽眞 : 正式卽皇帝位.(新)
15) 始初 : 初始(春) 始初元年 : 莽傳作'初始'. 荀紀及韋莊美嘉號錄宋庠紀年通譜皆作'始初'. 今從之.(胡)
16) 卽眞 : 正式卽皇帝位.(新)
17) 天下之號曰新 : 因新都國以定號也.(胡)
18) 廢 : (綱目)作'廢', (資治)作'乃策命'.(◉) 定安 : (春)作'安定', 誤. 下同.(◉)
19) 承平 : 太平.(新)
20) 賓服 : 歸順, 臣服.(新)

下晏然,[21] 莽一朝有之, 其心意未滿,[22] 陿小漢家制度,[23] 欲更爲疏闊.[24] 乃曰, "古者一夫田百畝,[25] 什一而稅,[26] 則國給民富而頌聲作.[27] 秦壞聖制, 廢井田,[28] 是以兼并起,[29] 貪鄙生,[30] 彊者規田以千數,[31] 弱者曾無立錐之居.[32] 漢氏減輕田租,[33] 三十而稅一, 常有更賦,[34] 罷癃咸出,[35] 而豪民侵陵, 分田劫假.[36] 厥名三十稅一, 實什稅伍也. 故富者

21) 晏然 : 安定.(新)
22) 未滿 : 未饜足也.(胡)
23) 陿小 : 作動詞, 意動用法, 此言認爲漢代制度狹隘簡陋.(新)
24) 欲更爲疏闊 : 欲變改制度以從古也. 陿, 與'狹'同. 更, 工衡翻.(胡) 疏闊 : 簡略, 不精密.(新)
25) 古者一夫田百畝 : 指古代實行的井田制. 據記載, 我國奴隸社會的土地制度爲井田制. 一方裏劃爲一井, 共有土地九百畝, 平分爲九塊, 每塊百畝. 其間百畝爲公田, 周圍八塊爲私田. 私田分給八家農戶耕種, 每家百畝. 從公田中劃出二十畝作爲八家廬舍用地, 每戶二畝半, 其餘八十畝公田由八家共同耕種. 私田收獲物歸耕者所有, 公田收獲物歸奴隸主貴族.(新)
26) 什一而稅 : ① 孟子曰, 周人百畝而徹, 此言周制也.(胡) ② 采用十分抽一的稅率.(新)
27) 給 : 贍也.(國)
28) 井田 : 相傳古代的一種土地制度. 以方九百畝爲一里, 劃爲九區, 形如'井'字, 故名. 其中爲公田, 外八區爲私田, 八家均私百畝, 同養公田. 公事畢, 然後治私事. 從春秋時起, 井田制日趨崩潰, 逐漸被封建生産關系所取代.(漢)
29) 兼并 : 并吞. 指土地侵并, 或經濟侵占.(漢)
30) 貪鄙 : 貪婪卑鄙.(漢)
31) 規田以千數 : 占田以千畝計算.(岳白) 規 : 分劃.(新)
32) 曾 : 竟, 却.(新)
33) 漢氏 : 指漢代.(漢) 減輕田租 : 據章校, 有的版本'減'上有'漢氏'二字.(新)
34) 更賦 : 漢代以納錢代更役的賦稅. 漢制, 男子年二十三至五十六, 按規定輪番戍邊服兵役, 稱爲更. 如果本人不去服役, 要出錢入官, 由官府雇人代替, 稱爲更賦.(新) 更 : 音工衡翻.(胡)
35) 罷癃咸出 : 晉灼曰, 雖老病者皆復出口算.(胡) 罷癃 : 衰老多病. 罷, 通'疲'.(新)
36) 分田劫假 : 分田, 謂貧者無田而取富人田耕種, 共分其所收也. 假, 亦謂貧人賃富人之田也. 劫者, 富人劫奪其稅, 侵欺之也.(胡) 分田 : 分取用地的收獲物.(新) 劫假 : 地主向佃農勒索租稅, 奪取其勞動所得.(新)

犬馬餘菽粟,[37] 驕而爲邪, 貧者不厭糟糠,[38] 窮而爲姦, 俱陷于辜,[39] 刑用不錯.[40] 今更名天下田曰

王田 王田,[41] 奴婢曰私屬,[42] 皆不得賣買. 其男口不盈八而田過一井者, 分餘田予九族鄰里鄉黨.[43] 敢有非井田聖制,[44] 無法惑衆者,[45] 投諸四裔, 以禦魑魅."[46]

°【庚午(10) 始建國二年】·[47]

○【王莽擊匈奴】

王莽擊匈奴 『莽恃府庫之富, 欲立威匈奴, 乃遣孫建等, 率十二將分道並出.』

【辛未(11) 始建國三年】

---

37) 菽 : 豆類.(新) 粟 : 小米. 此言富者所養犬馬有吃不完的粮食.(新)
38) 厭 : 通'饜', 吃飽.(新) 糟糠 : 酒滓穀皮等粗劣食物, 貧者以之充饑.(漢)
39) 辜 : 罪.(新)
40) 錯 : ① 通'措', 擱置, 停止.(新) ② 置也, 音千故翻.(胡)
41) 更 : 音工衡翻.(胡)
42) 私屬 : 王莽時奴婢的別名.(漢)
43) 予 : 讀曰'與'.(胡) 鄉黨 : 周制, 五百家一黨, 五黨一州, 五州一鄉. 後世用以泛指鄉里.(新)
44) 非 : 指摘, 詆毀.(新)
45) 無法 : 目無國法.(新)
46) 投諸四裔, 以禦魑魅 : 舜投四凶於四裔, 以禦魑魅.(胡) 投 : 遷置.(新) 四裔 : ① 四方邊遠地區.(新) ② 四裔之地, 去王城四千里. 裔, 衣裾也.(春) 魑魅 : ① 傳說中能害人的怪物, 此喩指惡人.(新) ② 魑, 山神也. 魅, 老物精也.(胡)
47) 庚午 : (春)作'辛未', 誤.(◉)

○【嚴尤諫王莽擊匈奴】

嚴尤諫王莽擊匈奴

°☜˙ 嚴尤諫曰，"匈奴爲害，所從來久矣，未聞上世有必征之者也．後世三家周秦漢征之，[48] 然而未有得上策者也．周得中策，漢得下策，秦無策焉．

嚴尤三策

周宣王時，玁狁內侵，[49] 至於涇陽，[50] 命將征之，盡境而還．[51] 其視°戎狄˙之侵，[52] 譬猶蝱蝱，[53] 敺之而已，[54] 故天下稱明，是爲中策．漢武帝選將練兵，約齎輕糧，[55] 深入遠戍，雖有克獲之功，胡輒報之．[56] 兵連禍結三十餘年，[57] 中國°罷耗˙，[58] 匈奴亦創艾，[59] 而天下稱武，是爲下策．秦皇不忍小恥而輕民力，築長城，延袤萬里，[60] 轉輸之行，[61] 起於

---

48) 家：朝廷．又指國家．(漢字典)
49) 玁狁：① 卽匈奴．匈奴于戰國前稱玁狁葷粥獯鬻等，戰國後期始稱匈奴．(新) ② 按匈奴之號，唐虞以上曰山戎，亦曰獯鬻，夏曰淳維，殷曰鬼方，周曰玁狁，秦漢曰匈奴．(春)
50) 涇陽：故城在今甘肅省平涼縣西十里，非今陝西省涇水旁之涇陽．(今)
51) 盡境而還：把他們逐出境外，卽行班師．(中白)　盡境：到達邊境地區．(新)
52) 戎狄：(春)作'玁狁'，據(資治)改．(◉)
53) 蝱：古'蚊'字．(胡)　蝱：音盲．(胡)
54) 敺：'驅'同．(胡)
55) 約齎：輕裝．(漢)　約：少．(新)　輕：分量小，不重．此言少帶行裝．(新)
56) 報：報復．(新)
57) 兵連禍結：戰爭災禍連續不斷．(新)
58) 罷耗：① 罷，通'疲'．罷耗，指人民疲困，資財耗盡．(新) ② (春)作'疲弊'，據(資治)改．(◉) 耗：損也．(胡)
59) 創艾：因受到懲治遭受創傷而畏懼．(新)　艾：讀曰'乂'．(胡)
60) 延袤：綿亘，綿延伸展．(新)
61) 轉輸：運糧也．(綱鑑)

負海,[62] 疆境既°完˙,[63] 中國內竭, 以喪社稷, 是爲無策. 今天下比年饑饉,[64] 北邊尤甚. 大用民力, 功不可必◗立,◖ 臣伏憂之." 莽不聽.

○【邊隙復開】

邊隙復開

北邊自宣帝以來, 數世不見煙火之警,[65] 人民熾盛, 牛馬布野, 及莽撓亂匈奴, 與之構難,[66] 邊民死亡係獲,[67] 數年之間, 北邊空虛, 野有暴骨矣.[68]

○【龔勝不食而卒】

龔勝不食而卒

莽遣使者奉璽書印綬迎龔勝,[69] 勝稱病篤,[70] 使者以印綬就加勝身, 勝輒推不受. 謂門人高暉等曰,

誼豈以一身事二姓

"吾受漢家厚恩, 無以報, 今年老矣, 誼豈以一身事二姓!"[71] 語畢, 遂不復開口飲食.[72] 積十四日死.

---

62) 築長城 延袤萬里 轉輸之行 起於負海 : 修築長城, 堅固結實, 長達萬里, 作爲轉輸的通道, 從海濱開始.(岳白) 負海 : 背靠大海.(漢)
63) 完 : ① 修築.(新) ② (春)作'全', '完'與'全'義同, 而據(資治)改.(◉)
64) 比年 : 連年.(新)
65) 數世不見煙火之警 : 謂匈奴款塞之後也.(胡)
66) 構 : (資治)作'搆', '搆'與'構'通.(◉) 搆難 : 結仇交戰.(新) 難 : 乃旦翻.(胡)
67) 係獲 : 抓獲, 俘虜. 此言邊民或死亡或被抓.(新)
68) 暴骨 : 指暴露的屍骨.(漢) 暴 : 步卜翻.(胡)
69) 奉 : 捧着, 此言手持.(新) 璽書 : 皇帝的文書.(新) 龔勝 : 前68~11. 字君賓, 楚國彭城人. 哀帝時徵爲諫大夫, 後出任勃海太守. 王莽秉政, 歸隱鄉里. 今徵授師友祭酒, 誓不仕二姓, 不食而死.(新)
70) 篤 : 指病勢沉重.(新)
71) 誼 : 同'義', 道義, 此言根據道義.(新)

○【薛方欲守箕山之節】

薛方欲守箕山之節

是時淸名之士,[73] 又有紀逡薛方郇越郇相唐林唐尊,[74] 皆以明經飭行顯名於世.[75] 紀逡兩唐皆仕莽, 郇相爲莽太子四友.[76] 莽以安車迎薛方, 方辭曰, "堯舜在上, 下有巢由.[77] 今明主方隆唐虞之德, 小臣欲守箕山之節."[78] 莽說其言,[79] 不彊致.[80]

°【壬申(12) 始建國四年】[81]

○【王莽性躁擾】

王莽性躁擾

◤莽性躁擾,[82] 不能無爲,[83] 每有所興造,[84] 動欲慕古,[85] 不度時宜,[86] 制度又不定, 吏緣爲姦, 天下

---

72) 復 : 扶又翻.(胡)
73) 淸名 : 淸美的聲譽.(新)
74) 紀逡 : 字王思. 新朝任諫議祭酒, 封封德侯.(新) 薛方 : 字子容. 西漢末曾爲郡掾祭酒. 新朝隱居不仕, 以經教授弟子.(新) 郇 : 音荀. 又音胡頑翻.(胡) 唐尊 : 字伯高, 沛郡人. 新朝任予虞太傅, 封平化侯. 地皇四年, 與王莽等同在漸台被農民軍殺死.(新)
75) 明經 : 通曉經術.(新) 飭行 : 行爲謹愼.(新)
76) 莽太子四友 : 莽爲太子置四友各四人, 秩以大夫. 胥附犇走先後御侮是爲四友.(要)
77) 巢由 : 指巢父許由. 相傳堯讓天下給巢父, 巢父不受, 又讓許由, 許由也不接受, 且逃隱箕山之下. 堯又召許由爲九州長, 許由聽後, 感到這話髒了自己的耳朵, 於是到潁水河邊去洗耳.(新)
78) 箕山之節 : ① 堯欲以天下讓許由, 許由不受, 隱於箕山.(今) ② 箕山在陽城, 有許由祠.(胡)
79) 說 : 通'悅'.(新)
80) 彊致 : 强行召辟.(新)
81) 壬申 : (春)作'丁丑', 誤.(◉)
82) 躁擾 : 浮躁煩勞.(新)
83) 不能無爲 : 不能平靜.(岳白)
84) 興造 : 創建, 建立.(漢)

嗸嗸,[87] 陷刑者衆.

【丁丑(17) 天鳳四年】

○【綠林兵起】

綠林兵起

°☜˙莽法令煩苛,[88] 民搖手觸禁,[89] 不得耕桑, 繇役煩劇,[90] 而枯旱蝗蟲相因, 獄訟不決. 吏用苛暴立威, 旁緣莽禁,[91] 侵刻小民, 富者不能自保, 貧者無以自存, 於是並起爲盜賊. 荊州新市人王匡王鳳南陽馬武°潁˙川王常成丹,[92] 共攻離鄕聚,[93] 臧於綠林山中,[94] 數月間至七八千人.

【戊寅(18) 天鳳五年】

---

85) 動欲慕古 : 總想模擬古代.(中白) 動 : 總是.(岳白)
86) 度 : 徒洛翻.(胡)
87) 嗸嗸 : ① 衆口愁聲. 音, 敖.(胡) ② 衆人愁怨的聲音.(新)
88) 煩苛 : 繁多怪誕.(新)
89) 搖手 : 猶言'動彈'. 此言民衆稍一動彈就觸犯了禁令.(新)
90) 繇 : 讀曰'徭'.(今) 煩劇 : 繁重.(新)
91) 旁緣 : 依仗.(新)
92) 荊州 : 荊州部南陽南郡桂陽武陵零陵江夏等郡.(胡) 新市 : 新市縣, 屬江夏郡.(胡) 潁 : (春)作'穎', 誤(◉) 馬武 : ?~61. 字子張, 南陽郡湖陽縣人. 綠林農民軍重要將領. 後歸劉秀, 屢建戰功. 劉秀稱帝, 歷任侍中捕虜將軍中郎將等, 封楊虛侯.(新) 王常 : ?~36. 字顔卿, 潁川郡舞陽縣人. 綠林農民軍重要將領. 劉秀稱帝, 曆任左曹橫野大將軍, 封山桑侯.(新) 成丹 : ?~25. 綠林農民軍重要將領. 王莽政權被推翻後, 劉玄以其爲水衡大將軍, 封襄邑王. 後因被劉玄所疑而遭殺害.(新)
93) 離鄕聚 : 村鎭名. 其地位于新市西北, 在今湖北京山縣東北.(新)
94) 臧 : 通'藏'.(新) 綠林山 : 山名.(新)

○【莽大夫揚雄死】

莽大夫揚雄死

⁋莽大夫揚雄死.[95] 雄作太玄法言,[96] 鉅鹿侯芭師事焉. 劉棻嘗從雄學作奇字,[97] 及棻坐事誅,[98] 辭連及雄. 時雄校書天祿閣上.[99] 使者來, 欲收之. 雄恐不能自免, 迺從閣上自投下, 幾死. 莽聞之, 以雄不知情,[100] 詔勿問, 然又雄作法言卒章, 盛稱王莽功德 可比伊尹周公, 又作劇秦美新之文以頌莽,[101] 君子病焉.⁋

揚雄作太玄法言 / 揚雄投閣 / 劇秦美新之文

○【樊崇起兵】

樊崇起兵

琅琊樊崇起兵於莒,[102] 一歲間至萬餘人.

---

95) 莽大夫揚雄死…: 此文據(目)補, 而(資治)作'揚雄卒'.(◉) 莽大夫: ① 莽大夫多矣, 而特書揚雄, 所以甚病雄也.(綱合) ② 西漢揚雄仕於王莽, 朱子資治通鑑綱目稱爲'莽大夫', 示貶責之意. 後世比喩變節仕於僞朝的人爲'莽大夫'.(華典)

96) 太玄: 太玄經也. 太玄經, 書名, 漢揚雄撰, 此書擬易而作.(中) 法言: 書名, 漢揚雄撰, 此書蓋擬易而作.(中)

97) 劉棻: ① 劉秀子.(綱鑑) ② 按, 此劉秀, 指劉歆(?~23). 秀卽歆之改名, 則與光武皇帝劉秀同名異人. 漢書(卷87揚雄傳下)及(人)參看.(◉) 奇字: 漢王莽時六體書之一, 大抵根據古文加以改變而成.(漢)

98) 坐事: 因事獲罪.(漢)

99) 校書: 校勘書籍.(漢) 天祿閣: 漢時藏書之閣名.(中)

100) 不知情: 不知獻符命之事.(漢書 卷87下 揚雄傳下)

101) 劇秦美新之文: 劇, 甚也. 蓋以秦王無道爲甚, 而美新莽之德也.(綱鑑)

102) 琅琊: 琅邪, 亦作'琅琊'. 亦作'瑯琊'.(漢) 樊崇: ?~27. 字細君, 琅邪郡人. 天鳳五年(18), 在莒縣起義. 所部皆涂抹朱眉, 號赤眉軍. 後擁立劉盆子爲帝, 崇爲御史大夫. 建武三年(27), 投降劉秀, 不久被殺.(新) 莒縣: 班志屬城陽國, 續漢志屬琅邪國. 邪, 音耶.(胡)

【壬午(22) 地皇三年】

○【樊崇兵自號赤眉】

樊崇兵自號赤眉

樊崇等聞莽將討之, 恐其衆與莽兵亂, 乃皆朱其眉以相識別,[103] 由是號曰赤眉.

○【劉秀起兵舂陵】

劉秀起兵舂陵

初, 長沙定王發四世孫南頓令欽.[104] 生三男, 縯仲秀,[105] 縯性剛毅, 慷慨有大節,[106] 秀隆準日角,[107] 性勤稼穡,[108] 縯常非笑之, 比於高祖兄仲.[109] 宛人李守,[110] 好星曆讖記,[111] 嘗謂其子通曰,[112] "劉氏

103) 識 : 與'誌'同, 記也, 則異也.(綱鑑)

104) 南頓 : 南頓縣, 屬汝南郡, 故城在今陳州項城縣西. 括地志, 陳州南頓縣, 古頓子國, 逼於陳, 南徙, 故曰南頓.(胡) 發 : 劉發. 漢景帝子. 封長沙國, 死後謚定, 史稱長沙定王.(新)

105) 縯 : 劉縯(?~23). 字伯升, 劉秀長兄. 地皇三年(22) 起兵反新. 劉玄稱帝, 爲大司徒, 封漢信侯, 不久被劉玄殺害. 劉秀稱帝, 追爵謚爲齊武王.(新) 仲 : 劉仲. 劉秀次兄. 地皇三年冬被王莽軍殺死. 建武十五年追爵謚爲魯哀王.(新) 秀 : 劉秀(前6~57). 字文叔. 地皇三年隨兄劉縯起事反莽. 劉玄稱帝, 爲太常偏將軍, 封武信侯. 後以破虜將軍行大司馬事, 鎭撫河北州郡. 在河北發展勢力, 於更始三年(25) 六月在常山郡鄗縣稱帝, 年號建武.(新)

106) 慷慨 : 內自高亢憤激也.(國)

107) 隆準日角 : 隆, 高也. 許負云, 鼻頭爲準. 鄭玄尙書中候註云, 日角, 謂庭中骨起狀如日.(胡) 日角 : ① 額角中央隆起, 形狀如日. 舊時認爲這是大貴的長相.(新) ② 額骨中央部分隆起, 形狀如日. 舊時相術家認爲是大貴之相.(漢)

108) 稼穡 : ① 種曰稼, 歛曰穡.(胡) ② 稼, 播種農作物. 穡, 收獲農作物. 這裏'稼穡'連言, 泛指農業生産.(新)

109) 高祖兄仲 : ① 仲, 郃陽侯喜也, 能爲産業. 高祖爲太上皇壽曰, 始大人常以臣不能治産業, 不如仲力, 今其業所就, 孰與仲多?(胡) ② 仲 : 劉邦兄, 名喜. 據史記高祖本紀, 劉邦稱帝後, 曾對他父親說, "始大人常以臣無賴, 不能治産業, 不如仲力. 今某之業所就孰與仲多?"(新)

110) 宛 : 於元翻.(胡)

劉氏當興李氏爲輔

當興, 李氏爲輔." 及新市平林兵起,[113] 南陽騷動, 通從弟軼謂通曰,[114] "今四方擾亂, 漢當復興.[115] 南陽宗室, 獨劉伯升兄弟汎愛容衆,[116] 可與謀大事."

劉伯升兄弟可與謀大事

通笑曰, "吾意也." 遣軼往迎秀, 與相約結, 定謀議. ⁋通使軼與秀¶歸舂陵擧兵⁋以相應.¶ 於是縯自發舂陵子弟. 諸家子弟恐懼, 皆亡匿. 及見秀絳衣大冠,[117] 皆驚曰, "謹厚者亦復爲之!" 乃稍自安. 凡得子弟七八千人, 與下江將王常及新市平林兵合,[118] 於是諸部齊心, 銳氣益壯.

---

111) 星曆 : 天文曆法.(漢) 讖記 : ① 卽讖書. 讖書, 記載讖語的書.(漢) ② 符命之書. 讖, 驗也, 凡讖緯. 皆言將來之驗.(要)

112) 通(?~42) : 李通. 字次元, 南陽郡宛縣人. 劉秀之妹劉伯姬的丈夫. 隨劉秀兄弟起事反莽.(新)

113) 新市兵 : 王匡王鳳爲新市人, 所以他們領導的一支綠林農民軍稱新市兵.(新) 平林兵 : 新莽末年綠林農民起義軍的一支. 以陳牧廖湛爲首. 新莽地皇三年(公元22年), 他們聚衆千余人響應新市兵, 在平林(今湖北隨縣東北)起義, 稱'平林兵'. 同年與本屬綠林軍的新市下江兵會合.(漢)

114) 軼 : 李軼. 隨劉秀兄弟起事. 劉玄稱帝, 爲五威中郎將, 封舞陰王.(新)

115) 復 : 扶又翻.(胡)

116) 伯升 : 縯字.(要) 汎愛 : 博愛, 普遍地愛.(新) 容衆 : 謂心懷寬容衆人.(新)

117) 絳衣大冠 : 卽將軍服(要) 絳衣 : 大紅色的衣服. 大冠, 武冠. 絳衣大冠, 軍官服裝.(新)

118) 下江 : 下江兵.(◉) 下江兵 : ① 新莽末年以王常成丹等爲首的綠林農民起義軍的一支.(漢) ② 古以南郡(今湖北西部)以下的長江地屬下游, 稱下江. 以王常成丹等爲首的一支綠林農民軍主要活動於南部地區, 故稱下江兵.(新)

■ 淮陽王[119)]

在位二年.

名玄, 字聖公, 光武族兄. 莽末漢兵起, 無所統一, 諸將共議立聖公爲帝. 其後兵敗, 降於赤眉, 建武元年, 光武詔封爲淮陽王.

人心思漢, 衆共立之. 天下大器, 豈庸才所能得哉!

【癸未(23) 更始元年[120)]】

○【新市平林將帥立劉玄】

新市平林將帥立劉玄

正月, 漢兵圍宛. 春陵戴侯曾孫玄在平林兵中,[121)] 號更始將軍. 時漢兵已十餘萬, 欲立劉氏以從人望. 南陽豪桀及王常等皆欲立劉縯, 而新市平林將帥樂放縱, 憚縯威明, 貪玄懦弱, 先共定策立之.

○【劉玄卽帝位 羞愧流汗】

119) 淮陽王 : 光武三從兄, 赤眉殺之. 光武詔鄧禹, 葬之於霸陵.(要)
120) 更 : 音庚.(春)
121) 春陵 : 鄉名. 本屬零陵泠道縣.(胡22年)　戴侯 : 節侯戴侯熊渠.(要)　玄 : 新莽末南陽蔡陽人, 字聖公. 光武帝劉秀族兄. 劉秀, 漢高祖九世孫.(人)

劉玄卽帝位 羞愧流汗 擧手不能言

⁋二月,⁋ 玄卽皇帝位, 朝羣臣, 羞愧流汗, 擧手不能言. 由是豪桀失望,[122] 多不服.

○ 【王莽發兵定山東】

王莽發兵定山東

三月, 偏將軍劉秀等徇昆陽定陵郾,[123] 皆下之. 莽遣王邑王尋發兵平定山東, 又驅諸猛獸虎豹犀象之屬以助威武. 號百萬, 縱兵圍昆陽.[124]

○ 【更始都宛】

更始都宛

岑彭守宛,[125] 漢兵攻之數月, 乃擧城降,[126] 更始入都之.

○ 【劉秀小怯大勇】

劉秀小怯大勇

劉秀至郾定陵, 悉發諸營兵, ⁋諸將貪惜財物, 欲分兵守之. 秀與諸營兵⁋俱進, 自將步騎千餘爲前鋒, 尋邑亦遣兵數千合戰,[127] 秀犇之,[128] 斬首數°

122) 豪桀失望 : 南陽豪桀及王常等皆欲立劉縯, 今立劉玄, 故失望.(今)
123) 偏將軍 : 官名. 西漢置, 爲主將屬下的小將. 東漢置爲雜號將軍, 統兵出征, 地位較低.(資治通鑑大辭典) 徇 : 攻取. 指率軍巡行其地, 使人降服.(新) 昆陽定陵郾 : 昆陽定陵郾, 皆縣名, 並屬潁川郡. 昆陽故城, 在今許州葉縣北二十五里. 郾, 今豫州郾城縣也. 定陵, 在今郾城西北. 余按舊唐書, 高宗咸亨二年冬, 校獵於許州葉縣昆水之陽.(胡)
124) 縱兵 : 發兵. 出兵.(漢)
125) 岑彭 : 岑, 古岑子國之後. 周文王封異母弟耀之子渠爲岑子, 其地梁國岑亭是也. 彭, 棘陽人, 守本縣長.(胡)
126) 擧城 : 謂擧屬縣城也.(胡205年)

十˙級.[129] 諸將喜曰, "劉將軍平生見小敵怯, 今見大敵勇, 甚可怪也!"

○【劉秀大破莽兵於昆陽下】

劉秀大破莽兵於昆陽下

秀復進,[130] 尋邑兵却, 諸部共乘之,[131] 斬首數百千級.[132] 連勝, 遂前, °☞˙ 諸將膽氣益壯, 無不一當百. 『漢兵』「乘銳崩之.」[133] 遂殺王尋. 城中亦鼓譟而出,[134] 中外合勢, 震呼動天地,[135] 莽兵大潰, 會大雷風, 屋瓦皆飛, 雨下如注,[136] 滍川盛溢,[137] 虎豹皆股戰,[138] 士卒赴水溺死者以萬數,[139] 水爲不流.[140] 王邑嚴尤輕騎乘死人度水逃去, 盡獲其軍

豪傑用漢年號

實輜重.[141] 於是海內豪傑翕然響應,[142] 皆殺其牧

127) 合戰 : 交戰.(漢)
128) 犇 : (資治)作'奔'. 奔, 古作'犇'.(◉)
129) 十 : (春)作'千', 誤.(◉) 級 : 秦法, 斬首一, 賜爵一級, 因謂斬首爲級.(胡)
130) 復 : 扶又翻.(胡)
131) 乘 : 追殺.(新)
132) 斬首數百千級 : 自數百級以至千級也.(胡)
133) 銳 : 鋒利, 此指銳不可當之勢.(新) 崩 : 崩潰, 使動用法, 意謂摧毀.(新)
134) 城 : 昆陽城.(中白) 鼓譟 : 擊鼓吶喊.(新)
135) 呼 : 呼火故翻.(胡)
136) 注 : 傾瀉.(新)
137) 滍川 : 河流名. 潁水支流, 由西向東流經昆陽城北.(新) 盛溢 : 指河水盛大漲滿, 向外漫溢.(新) 滍 : 音直理翻.(胡)
138) 股戰 : 股慄.(漢)
139) 萬數 : 數過於萬, 故以萬爲數.(胡)
140) 水爲不流 : 言殺人多塡於水中.(漢書 卷31 項籍列傳 顔師古注) 爲 : 于僞翻.(胡)
141) 軍實 : 謂車徒器械芻糧之類.(春) 輜重 : 輜爲衣車, 重爲載重物之車, 故行者之資, 總稱

守, 自稱將軍, 用漢年號以待詔命.

○【王莽發策金縢】

王莽發策金縢 莽聞漢兵言莽鴆殺平帝,[143] 乃會公卿, 開所爲平帝請命金縢之策,[144] 泣以示群臣.

○【更始殺劉縯】

更始殺劉縯 新市平林諸將以劉縯兄弟威名益盛, 陰勸更始除之. 更始不敢發.[145] ⁋縯⁋ 部將劉稷, 聞更始立, 怒曰, "本起 ⁋兵⁋ 圖大事者, 伯升兄弟也.[146] 今更始何爲者耶!" 更始收稷, 將誅之, 縯固爭.[147] 李軼朱鮪勸更始并執縯, 卽日殺之.

○【劉秀不伐昆陽之功】

劉秀不伐昆陽之功 官屬迎弔秀,[148] 秀不與交私語,[149] 惟深引過而已,[150]

輜重, 猶言行李.(中) 重 : 直用翻.(胡)

142) 海內 : 猶言天下國內.(中) 傑 : (資治)作'桀', 桀, 亦作'傑'.(◉) 翕然 : 形容一致的樣子.(新) 響應 : 若響之應聲也.(胡)

143) 鴆殺 : 鴆, 毒鳥也. 以毒酒飮殺人曰, 鴆.(今)

144) 爲 : 于僞翻.(胡) 金縢之策 : 事見5年'王莽弑平帝'條.(胡)

145) 更始不敢發 : 劉玄不敢發令.(岳白)

146) 伯升 : 劉縯字.(◉)

147) 縯固爭 : 劉縯堅持反對.(中白)

148) 官屬 : 縯之官屬也.(胡) 弔 : 慰問遭喪事者.(新)

149) 不與交私語 : 遠嫌也.(胡)

150) 惟深引過而已 : 只是深自責備而已.(岳白) 引過 : 承擔過錯.(新)

未嘗自伐昆陽之功,[151] 又不敢爲繽服喪,[152] 飮食言笑如平常. 更始以是慙, 拜秀爲破虜大將軍, 封武信侯.

○【王莽憂懣不能食】

王莽憂懣不能食

莽憂懣不能食,[153] 但飮酒, 啗鰒魚,[154] 讀軍書倦, 因馮几寐,[155] 不復就枕矣.[156]

○【隗囂起兵】

隗囂起兵

成紀人隗°崔˙與周宗等起兵以應漢.[157] 崔兄子囂,[158] 素有名. 移檄郡國,[159] 勒兵十萬, 分遣諸將徇隴西武都, 皆下之.

---

151) 伐 : 矜誇也.(今) 伐 : 自我誇耀.(新)
152) 爲 : 于僞翻.(胡) 服喪 : 帶孝守喪.(漢)
153) 憂懣 : 愁悶.(新) 懣 : 音悶, 又音滿.(胡)
154) 啗 : ① 同'啗'. 啗, 同'啖'.(漢字典) ② 啗之譌字.(中) 鰒魚 : ① 海魚名. 又叫鮑魚石決明.(新) ② 師古曰, 此鰒, 海魚也. 音雹. 郭璞注三蒼曰, 鰒, 似蛤, 偏著石. 廣志曰, 鰒, 無鱗, 有殼, 一面附石, 細孔雜雜, 或七或九. 本草曰, 石決明, 一名鰒魚.(胡) ③ 鰒魚 복어, 전복(全鰒).(檀)
155) 馮几 : 憑靠几案.(新) 馮 : 與'憑'同.(胡)
156) 復 : 扶又翻.(胡)
157) 成紀 : 縣, 屬天水郡. 故城在今秦州隴城縣西北.(胡) 隗 : 姓, 出於赤狄.(胡) 崔 : (春)作'囂', 誤.(◉) 隗崔 : 東漢天水成紀人. 隗囂叔父. 素豪俠, 能得衆. 聞劉玄立, 王莽兵敗, 乃起兵殺王莽鎭戎大尹, 推隗囂爲上將軍.(人)
158) 隗囂 : 西元 ? ~33. 字季孟, 東漢成紀(今甘肅省天水縣)人. 王莽末, 據隴西, 稱西州上將軍, 旋屬光武, 後又叛附公孫述, 光武西征, 囂敗死.(華典)
159) 移檄 : 以檄移告之也.(中) 檄 : 徵兵書也. 急則揷羽謂之羽檄.(國)

○【公孫述起兵】

公孫述起兵

茂陵公孫述, 起兵成都,[160] 自稱輔漢將軍, 兼益州牧.

○【漢兵斬莽首】

漢兵斬莽首

更始遣將攻武關, 三輔⁌震動. 析人⁍鄧曄于匡起兵應漢.[161] 開武關迎漢兵.[162] 諸縣大姓亦各起兵稱漢將⁌軍,⁍ 而長安旁兵四會城下.[163] 九月, 戊申⁌朔,⁍ 兵從宣平⁌城⁍門入.[164] 火及掖庭承明,[165] 莽避火宣室,[166] 旋席隨斗柄而坐,[167] 曰, "天生德於予, 漢兵其如予何!"[168] 庚戌, 旦明,[169] 羣臣扶莽之漸臺,[170] ⁌下⁍晡時,[171] 衆兵上臺, 斬莽首, 分莽

---

160) 公孫述(?~36) : 字子陽, 扶風茂陵縣人. 王莽末年, 占據益州, 稱蜀王. 建武元年(25)稱帝, 十二年爲漢軍所破, 被殺.(新)

161) 析 : 南陽之縣.(胡)　于匡 : 劉玄時爲輔漢將軍. 後降劉秀 仍爲輔漢將軍.(新)

162) 武關 : 在陝西省商縣東.(今)

163) 長安旁兵四會城下 : 長安附近的部隊已從四方匯集到城下.(中白)　旁 : 在邊曰旁, 猶側也.(中)

164) 宣平城門 : 長安城東出北頭第一門.(胡)

165) 掖庭 : 宮中妃嬪居住的地方.(新)　掖 : 宮傍舍也, 如人之有臂掖也.(國)　承明 : 未央宮中的殿名.(新)

166) 宣室 : 未央宮中的殿名.(新)

167) 旋席 : 轉動坐席.(新)　斗柄 : 斗指北斗. 北斗共七星, 第一至第四星像斗, 第五至第七星像柄. 此指星盤上的斗柄.(新)

168) 天生德於予 漢兵其如予何 : 論語述而, 論述孔子的話說, "天生德於予, 桓魋其如予何." 莽引孔子之言以自況.(新)

169) 旦 : (自治)作'且', 誤. 漢書(卷99下王莽傳)作'旦'.(◉)

170) 漸臺 : 此未央宮之漸臺也. 水經, 未央漸臺在滄池中. 建章漸臺在太液池中. 程大昌曰, 漸

身, 節解臠分,[172] 爭相殺者數十人. 傳莽首詣宛,[173] 縣於市.[174] 百姓共提擊之,[175] 或切食其舌.

○【吏士喜見漢官威儀】

吏士喜見漢官威儀

更始將都洛陽, 以劉秀行司隸校尉,[176] 使前整修宮府.[177] 秀乃置僚屬, 作文移,[178] 從事司察,[179] 一如舊章.[180] 時三輔吏士東迎更始,[181] 見諸將過, 皆冠幘而服婦人衣,[182] 莫不笑之, 及見司隸僚屬, 皆歡喜不自勝,[183] 老吏或垂涕曰, "不圖今日復見漢官威儀!"[184] 由是識者皆屬心焉.[185]

者, 漬也, 言臺在水中受其漸漬也. 凡臺之環浸于水者, 皆可名爲漸臺.(胡) 漸臺 : 據章校, 有的版本'臺'下有'欲阻池水'四字.(新)

171) 下晡時 : ① 晡後, 謂之下晡. 按前書天文志, 旦至食時, 食時至日昳, 日昳至晡, 晡至下晡, 下晡至日入.(胡) ② 下午五時三刻.(中白)

172) 節解臠分 : 分解肢節, 割裂肉體.(新) 臠 : 塊切肉也.(今)

173) 傳莽首詣宛 縣于市 : 傳莽首詣更始, 縣宛市.(漢書 卷99下 王莽傳) 傳 : 轉, 去聲. 驛遞.(綱鑑) 宛 : 更始都宛. 卽南陽府.(綱鑑)

174) 縣 : 卽古'懸'字.(今)

175) 提擊 : 擲擊(漢)

176) 行 : 謂兼攝官職.(漢) 司隸校尉 : 察三輔三河弘農, 故使整修宮府.(今)

177) 前 : 前去.(新)

178) 文移 : ① 文書移與屬縣也.(胡) ② 文書, 公文.(新)

179) 從事 : ① 官名. 漢舊義, 司隸校尉置從事吏十二人, 以主察擧.(春) ② 司隸校尉屬官名. 職掌督促文書, 察擧非法.(新) 司察 : 督察.(新)

180) 一如舊章 : 完全按照西漢舊制.(中白)

181) 時三輔吏士東迎更始 : 當時三輔吏士派代表到洛陽迎接劉玄.(岳白)

182) 幘 : ① 巾也. 卑賤者所服, 其後貴賤皆服之.(綱鑑) ② 古代包紮發髻的巾.(新)

183) 勝 : 音升.(胡)

184) 復 : 扶又翻.(胡)

185) 屬心 : 猶言歸心.(漢)

○【劉秀除莽苛政】

劉秀除莽苛政

更始拜劉秀行大司馬事，持節北度河，[186] 鎭慰州郡.[187]

劉秀巡河北

秀至河北，所過郡縣，考察官吏，黜陟能否.[188] 平遣囚徒，[189] 除王莽苛政，[190] 復漢官名，[191] 吏民悅喜，爭持牛酒迎勞，秀皆不受.

○【鄧禹杖策追劉秀】

鄧禹杖策追劉秀

南陽鄧禹杖策追秀，[192] 及於鄴.[193] 秀曰，"我得專封拜，[194] 生遠來，[195] 寧欲仕乎?"[196] 禹曰，"不願也.

垂功名於竹帛

但願明公威德加於四海，[197] 禹得効其尺寸，[198] 垂功名於竹帛爾."[199] 秀笑，因留宿，禹進說曰，[200] "今

---

186) 持節：執持符節.(岳白)
187) 鎭慰州郡：爲光武自河北定天下張本.(胡)
188) 黜陟：進退人才. 降官爲黜，升官爲陟.(新)　能否：有才幹與無才幹.(新)
189) 平遣囚徒：平，平其不平也. 遣，縱放也. 囚徒，械繫服役者.(春)　平遣：平反遣歸. 平反，把冤屈誤判的案件糾正過來.(新)
190) 苛政：苛，小草也，言政令繁細.(胡)
191) 復漢官名：① 莽簒位，改大司農爲羲和，後又更爲納言.(御批歷代通鑑輯覽 卷19 漢孝平皇帝 元始元年) ② 王莽改太守爲大尹.(後漢書 卷61 郭伋列傳)
192) 鄧禹：2~58. 字仲華，南陽郡新野縣人. 早年受業長安. 後赴河北從劉秀. 劉秀稱帝，官至大司徒，封高密侯.(新)　杖策：手執馬鞭，意指策馬而行.(新)　杖：持也.(綱鑑)　策：馬箠也.(綱合)
193) 鄴：魏郡，有鄴縣. 括地志，故鄴都城，在漳河北西南，去彰德府二十里.(春)
194) 我得專封拜：言封侯拜將，我得專擅此權.(春)　專：擅自行事.(新)　封拜：賜爵授官(新)
195) 生：謂禹也.(目)
196) 寧欲仕乎：莫非想進入仕途?(岳白)　寧：猶言豈不，難道不.(漢)
197) 明公：舊時對有名位者的尊稱.(新)
198) 尺寸：蓋禹謙言己才之短也.(綱合)
199) 竹帛：① 漢初未有紙，以竹簡及縑素書，故言竹帛.(胡) ② 指史冊.(新)

山東未安, 赤眉靑犢之屬動以萬數.[201] 更始旣是常才而不自聽斷,[202] 諸將皆庸人屈起,[203] 志在財幣, 爭用威力, 朝夕自快而已, 非有忠良明智深慮遠圖, 欲尊主安民也. 明公素有盛德大功, 爲天下所嚮服,[204] 軍政齊肅, 賞罰明信.[205] 爲今之計, 莫如延攬英雄,[206] 務悅民心, 立高祖之業, 救萬民之命, 以公而慮,[207] 天下不足定也!"[208] 秀大悅, 因令禹常宿止於中,[209] 與定計議, 每任使諸將, 多訪於禹, 皆當其才.

○【馮異說劉秀】

馮異說劉秀 秀自兄縯之死,[210] 每獨居輒不御酒肉,[211] 枕席有

---

200) 說 : 輸芮翻. 下同.(胡)

201) 赤眉靑犢 : 赤眉與靑犢皆賊之號.(春) 靑犢 : 一支農民軍的名號.(新) 動以萬數 : ① 都數以萬計.(岳白) ② 動輒有上萬人.(二十四史全譯, 後漢書, 卷46, 鄧禹傳.)

202) 聽斷 : 聽取陳述而作出決定.(漢)

203) 庸人 : 常人也.(中) 屈起 : ① 屈崛借字, 文選作崛起. 崛起, 猶言興起.(中) ② 屈, 通'崛'. 屈起, 崛起.(新)

204) 嚮服 : 歸服也.(中)

205) 賞罰明信 : 賞罰公開而守信.(中白)

206) 延攬 : 招致收攬.(新)

207) 以公而慮 : 以您的遠慮.(岳白) 公 : 稱劉秀也.(春) 慮 : 謀思也.(春)

208) 不足 : 不難.(新)

209) 中 : 謂幕府中.(春)

210) 縯之死 : 更始殺縯.(春)

211) 獨居 : 無人傍侍, 故曰獨居.(春) 御 : ① 進也.(胡) ② 食用.(新)

涕泣處, 主簿馮異獨寬譬°˙,[212] 秀止之曰, "卿勿妄言!" 異因進說曰, "更始政亂, 百姓無所依戴.[213] 夫人久飢渴, 易爲充飽.[214] 今公專命方面,[215] 宜分遣官屬循行郡縣,[216] 宣布惠澤." 秀納之.

○【耿純謁劉秀】

耿純謁劉秀

騎都尉耿純謁秀於邯鄲,[217] 退, 見官屬將兵法度不與他將同, 遂自結納.[218]

○【王郞稱帝】

王郞稱帝

王莽時, 長安中有自稱成帝子子輿者, 莽殺之. 邯鄲卜者王郞緣是詐稱眞子輿,[219] 百姓多信之. ⁋趙林等率車騎數百晨入邯鄲城, 止于王宮,⁋[220] 立郞爲天子, 趙國以北遼東以西皆望風響應.[221]

---

212) 主簿 : 官名. 職掌文書, 辦理事務.(新)　寬譬 : ① 寬慰勸解.(新) ② 寬, 釋也, 譬, 曉也, 譬曉以寬釋其哀戚之情.(胡)　°˙ : (春)有'之', 當削.(◉)

213) 依戴 : 歸附擁戴.(漢)

214) 夫人久飢渴, 易爲充飽 : 孟子曰, "饑者易爲食, 渴者易爲飮." 李賢曰, "猶言凋殘之後, 易流德澤.(今)　夫 : 句首語氣助詞.(新)　易 : 以豉翻.(胡)

215) 專命 : 不奉上命而自由行事.(新)　方面 : 四方的一面, 一个地區(新)

216) 循 : ① 謂撫徇之徇, 徇其人民也.(春) ② (資治)作'徇', 徇, 與'循''巡'通.(◉)

217) 耿純 : ?~37. 字伯山, 巨鹿郡宋子縣人. 先歸劉玄, 爲騎都尉. 後歸劉秀, 爲前將軍東郡太守等, 封東光侯.(新)

218) 結納 : 結交.(新)

219) 王郞 : 一名王昌, 趙國邯鄲縣人. 詐稱是漢成帝子劉子與, 在邯鄲自稱天子. 後被劉秀擊敗, 被殺.(新)　邯鄲 : 今直隸廣平府邯鄲縣.(綱鑑)

220) 王宮 : 故趙王之宮也.(胡)

【甲申(24) 更始二年】

○【更始委政於趙萌】

更始委政於趙萌
佹首刮席
竈下養中郞將
爛羊胃騎都尉
爛羊頭關內侯

更始至長安, 居長樂宮,[222] 升前殿,[223] 郞吏以次列庭中,[224] 更始羞怍,[225] 俛首刮席,[226] 不敢視. 更始納趙萌女爲夫人, 故委政於趙萌,[227] 日夜飮讌後庭,[228] 以至羣小膳夫皆濫授官爵,[229] 長安爲之語[230] 曰, "竈下養,[231] 中郞將. 爛羊胃, 騎都尉. 爛羊頭, 關內侯."[232] 由是關中離心, 四海怨叛.

○【馮異上豆粥】

馮異上豆粥

大司馬秀至薊,[233] 會故廣陽王子接起兵薊中以應王郞,[234] 城內擾亂,[235] 秀趣駕而出,[236] 不敢入城

---

221) 望風 : 聽到風聲, 依據情勢.(新)
222) 樂 : 音洛.(胡)
223) 前殿 : 正殿.(漢)
224) 郞吏 : 郞官.(漢)
225) 羞怍 : 羞愧.(新) 怍 : 在各反, 顔色變也.(春)
226) 俛首刮席 : ① 俛與'俯'同, 低頭也. 刮, 古刹反, 摩也.(春) ② 此言羞慚不敢仰視, 兩手不知所措而摩擦坐席.(新)
227) 委政 : 付以政柄.(新)
228) 飮讌 : 飮宴.(新)
229) 膳夫 : 官名, 職掌宮廷的飮食.(新)
230) 長安爲之語 : 長安人把這件事編成歌謠.(中白)
231) 養 : 擔任炊事工作的人. 此語意謂在夥房擔任炊事工作的人授官中郞將, 能煮爛羊胃的人授官騎都尉, 能煮爛羊頭的人賜爵關內侯.(新)
232) 爛羊胃 : 言以烹煮熟爛爲功也.(胡)
233) 薊 : 古燕都. 昭帝改燕爲廣陽國, 亦治薊.(胡)

燕蔞亭 邑, 舍食道傍.[237] 至燕蔞亭,[238] 時天寒°烈˙,[239] 馮異上豆粥. 至下曲陽,[240] 傳聞王郎兵在後, 從者皆恐.

滹沱河 至滹沱河,[241] 候吏還白,[242] "河水流澌,[243] 無船, 不可濟." 秀使王霸往視之. 霸恐驚衆, 欲且前,[244] 阻

王霸詭曰冰堅可度 水還,[245] 即詭曰,[246] "冰堅可度." 官屬皆喜. 秀笑曰, "候吏果妄語也!" 遂前. 比至河,[247] 河冰亦合, 乃令王霸護度,[248] 未畢數騎而冰解.

○【邳肜獻策】

邳肜獻策 至南宮,[249] 遇大風, 秀引車入道傍空舍, 馮異抱薪,

---

234) 廣陽王：名嘉, 武帝五代孫.(胡) 接：廣陽王之子劉接.(新) 薊：薊縣.(岳白)
235) 城内擾亂：王郎移檄購光武.(國)
236) 趣：① 急忙.(新) ② 音促.(春)
237) 舍食：住吃.(新) 舍：宿也.(今)
238) 燕蔞亭：燕蔞, 亭名. 在今饒陽東北.(胡)
239) 烈：(春)作'洌', 誤.(◉) 寒烈：極其寒冷.(漢)
240) 下曲陽：縣名, 屬鉅鹿郡. 常山郡有上曲陽, 故此言下. 劉昭曰, 下曲陽有鼓聚, 故翟鼓子國. 宋白曰, 鎮州鼓城縣, 漢下曲陽縣地.(胡)
241) 滹沱河：山海經云, 大戲之山, 滹沱之水出焉. 在今代州繁畤縣, 東流經定州深澤縣東南, 卽光武所渡處, 今俗猶謂之危渡口. 臣賢按, 滹沱河舊在饒陽南, 至魏太祖曹操, 因饒河故瀆決令北注新溝水, 所以今在饒陽縣北.(胡)
242) 候吏：負責整治道路稽查奸盜及迎送賓客的官員.(新) 白：報告.(新)
243) 澌：同'澌', 解凍時流動的氷塊.(新)
244) 前：進也.(國)
245) 阻水還：被河水所阻而回.(新)
246) 詭：詐也.(國)
247) 比：及也.(胡) 比：等到.(新)
248) 度：(資治)作'渡', 度, 與'渡'通.(◉) 護渡：監護度也.(今)
249) 南宮：縣名. 縣治在今河北南宮縣西北.(新)

鄧禹
爇火
馮異進
麥飯

鄧禹爇火,[250] 秀對竈燎衣,[251] 馮異復進麥飯.[252] 馳赴信都.[253] 是時郡國皆降王郎, 獨信都太守任光和戎太守邳肜不肯從.[254] 光聞秀至, 大喜, 邳肜亦自和戎來會, 議者多言可因信都兵自送,[255] 西還長安. 邳肜曰, "吏民歌吟思漢久矣, 今卜者王郎, 假名因勢, 驅集烏合之衆,[256] 遂振燕趙之地,[257] 無有根本之固. 明公奮二郡之兵以討之,[258] 何患不克! 今釋此而歸, 豈徒空失河北, 必更驚動三輔, 墮損威重,[259] 非計之得者也." 秀乃止.

○【郡縣響應於劉秀】

郡縣響
應於劉
秀

▸秀以二郡兵弱, 欲入城頭子路力子都軍中,◂[260] 任

250) 爇 : 燒也, 焚也.(今)
251) 燎 : 烘烤.(新)
252) 復 : 扶又翻.(胡)
253) 信都 : 趙地北有信都.(春)
254) 和戎 : 東觀記曰, 王莽分信都爲和戎, 居下曲陽. 邳肜傳作'和成'. 成字爲是. 風俗通, 奚仲爲夏車正, 封於邳, 其後以爲氏.(胡) 任光 : ?~29. 字伯卿, 南陽郡宛縣人. 歸劉秀, 爲左大將軍, 太守如故, 封阿陵侯.(新) 邳肜 : 後漢書作'邳彤'. 字偉君, 信都人. 歸劉秀, 爲後大將軍, 太守如故, 封靈壽侯.(新)
255) 議者多言可因信都兵自送 : 多數說可以依靠信都的軍隊護送劉秀.(岳白)
256) 烏合之衆 : 謂倉卒集合之衆, 未經訓練, 似烏之聚合然.(中)
257) 振 : ① 收取.(新) ② 擧也.(胡)
258) 二郡 : 指新都和戎二郡.(新)
259) 墮 : 墮讀曰'隳'.(胡)
260) 城頭子路 : 一支農民軍的領袖. 姓爰, 名曾, 字子路. 起兵盧縣(今山東長淸縣東南)城頭, 號稱城頭子路. 活動于今河北山東兩省的黃河濟水流域, 發展到二十餘萬人. 劉玄稱帝, 命曾爲東萊太守, 行大將軍事, 不久爲部將所殺.(新) 力子都 : 考異曰, 范書作'力子都', 同

光◗以爲不可. 乃◖發傍縣, 得精兵四千人, ◗拜任光爲左大將軍. 昌城人劉植聚兵數千人據昌城, 迎秀, 秀以劉植爲驍騎將軍. 耿純率宗族賓客二千餘人, 老病者皆載木自隨,[261] 迎秀於育,[262] 拜純爲前將軍. 進攻下曲陽, 降之.◖ 衆稍合, 至◗數◖萬人, 移檄邊郡共擊邯鄲, 郡縣還復響應.[263]

○【劉秀披輿地圖】

劉秀披輿地圖

秀披輿地圖,[264] 指示鄧禹曰, "天下郡國如是, 今始乃得其一,[265] 子前言以吾慮天下不足定, 何也?" 禹曰, "方今海內殽亂,[266] 人思明君, 猶赤子之慕慈母. 古之興者在德薄厚, 不以大小也!"

○ 四月, 秀進攻邯鄲,[267] 連戰, 破之.

編修劉攽曰, '力'當作'刁', 音彫.(胡)

261) 載木自隨 : 木, 謂棺也. 老病者恐死, 故載以從軍.(胡)

262) 育 : 縣名. 故城在冀州. 予考兩漢志無育縣, 蓋貰字之誤.(胡)

263) 復 : 扶又翻.(胡)

264) 秀披輿地圖 : ① 武帝時, 羣臣請王皇子, 御史奏輿地圖. 索隱曰, 謂地爲輿者, 天地有覆載之德, 故謂天爲蓋, 謂地爲輿. 故地圖稱輿地圖, 疑自古有此名, 非始漢也.(胡) ② 披, 閱視也. 圖, 畵也. 地象車輿載物, 故曰, 輿也.(春) ③ 披, 打開, 翻閱. 輿地圖, 卽地圖.(新)

265) 得其一 : 初得廣阿郡也.(要)

266) 殽亂 : 混亂.(新)

267) 攻 : (資治)作'軍', 後漢書卷1上作'圍'.(◉)

○【劉秀平王郞】

劉秀平王郞

五月，王霸追斬王郞．秀收郞文書，得吏民與郞交關謗毁者數千章，[268] 秀不省，[269] 會諸將軍燒之，

令反側子自安

曰，“令反側子自安！”[270]

○【士願屬大樹將軍】

士願屬大樹將軍

馮異大樹

秀部分吏卒各隷諸軍，[271] 士皆言願屬大樹將軍．大樹將軍者，偏將軍馮異也，爲人謙退不伐，[272] 勑吏士非交戰受敵，常行諸營之後．每所止舍，諸將並論功，異常獨屛樹下，[273] 故軍中號曰，“大樹將軍．”

○【耿弇勸蕭王勿罷兵】

耿弇勸蕭王勿罷兵

劉秀爲蕭王

更始遣使立秀爲蕭王，[274] 悉令罷兵，耿弇進曰，[275] “百姓患苦王莽，復思劉氏，今更始爲天子，而諸將擅命，[276] 貴戚縱橫，[277] 虜掠自恣，元元叩心，[278]

268) 交關：① 相互也．(今) ② 交往，勾結．(新) 關：通也．(胡) 章：篇．(新)
269) 省：看．(新)
270) 反側子：指懷有二心的人．(新) 反側：不安之人．(今)
271) 隷：歸屬．(新)
272) 伐：伐如伐木之伐，凡人矜誇其能，乃所以自伐其能也．故謂之伐．(春)
273) 屛：退避．(新)
274) 蕭：① 今江蘇蕭縣．(今) ② 今徐州縣，古蕭叔國也．(春)
275) 弇：音甘．(綱鑑)

更思莽朝,[279] 是以知其必敗也. 公功名已著,[280] 以義征伐, 天下可傳檄而定也.[281] 天下至重, 公可自取, 毋令他姓得之." 蕭王乃辭以河北未平, 不就

劉秀貳於更始

徵,[282] 始貳於更始.[283]

○【蕭王推赤心置人腹中】

蕭王推赤心置人腹中

是時, 諸賊銅馬鐵脛尤來大槍上江青犢◖五校五幡五樓◗富平獲索等各領部曲,[284] 衆合數百萬人,[285] 所在寇掠. 秋, 蕭王擊銅馬於鄡,[286] 吳漢將突騎來會

蕭王破降銅馬諸賊

淸陽,[287] 士馬甚盛, 銅馬食盡, 夜遁, 蕭王追擊於館陶,[288] 悉破降之, 封其渠帥爲列侯.[289] 諸將未能

276) 擅命 : 擅自發號施令, 不受節制.(漢)
277) 縱橫 : 縱, 放縱也, 橫, 恣橫也.(要)
278) 元元 : 百姓, 庶民.(漢) 叩心 : 捶胸.(新)
279) 朝 : 直遙翻.(胡)
280) 功名 : 功業和名聲.(漢)
281) 傳檄 : 傳布檄文.(新)
282) 就徵 : 應召.(新)
283) 貳 : 離異也.(今)
284) 諸賊 : 或以山川土地爲名, 或以軍容强盛爲號. 銅馬賊帥東山荒禿上淮況等, 大彤渠帥樊重, 尤來渠帥樊崇, 五校賊帥高扈, 檀鄕賊帥董次仲, 五樓賊帥張文, 富平賊帥徐少, 獲索賊帥古師郎等, 並見東觀記.(胡) 脛 : 形定翻.(胡) 富平 : 縣名, 屬平原郡, 今棣州厭次縣.(胡) 自'銅馬'至'獲索' : 爲各支農民起義軍的名號.(新) 部曲 : 指所屬部隊.(新)
285) 衆合數百萬人 : 總數有數百萬人.(中白)
286) 鄡 : 縣名, 屬鉅鹿郡, 故城在冀州鹿城縣東. 鄡, 古堯翻.(胡)
287) 淸陽 : 縣名, 屬淸河郡, 今貝州縣, 故城在州西北.(胡)
288) 蕭王追擊於館陶 : 劉秀追擊到館陶縣.(岳白) 館陶 : 縣治在今河北舘陶縣.(新)
289) 帥 : 所類翻.(胡)

信賊, 降者亦不自安, 王知其意, 敕令降者各歸營勒兵, 自乘輕騎按行部陳.[290] 降者更相語曰,[291] "蕭王推赤心置人腹中,[292] 安得不投死乎!"[293] 由是皆服, 悉以降人分配諸將, 衆遂數十萬. 故關西號

劉秀爲銅馬帝 秀爲銅馬帝.

○【蕭王使鄧禹入關】

蕭王使鄧禹入關 赤眉「樊崇」等將兵,[294] 攻長安. 蕭王將北徇燕趙, 度赤眉必破長安,[295] 又欲乘釁并關中,[296] 而不知所寄,[297] 乃拜鄧禹前將軍, 中分麾下精兵°二˙萬人,[298] 遣西入關.

○【鄧禹薦寇恂守河內】

鄧禹薦寇恂守河內 蕭王以河內險要富實,[299] 欲擇諸將守河內者而難

290) 輕騎 : 人馬不帶甲曰輕騎.(綱鑑) 按行 : 巡視.(新) 部陳 : 布列隊伍.(新) 陳 : 讀曰'陣'.(胡)
291) 更 : 工衡翻.(胡)
292) 蕭王推赤心置人腹中 : 蕭王對我們推心置腹.(岳白) 赤心 : 誠意也, 丹心也.(中)
293) 投死 : 效死.(新)
294) 樊崇 : 赤眉賊魁. 自稱三老. 王莽末年, 奉劉盆子起兵瑯琊, 後歸光武, 以謀反誅.(中)
295) 度 : 徒洛翻(胡)
296) 乘釁 : 趁機.(新) 并 : 呑并, 奪占.(新)
297) 不 : (資治)作'未'.(◉) 所寄 : 指可托付的人.(新)
298) 中分 : 平分.(新) 麾下 : 部下.(新) 二 : (春)作'三', 誤.(◉)
299) 河內險要 : 河內北有太行之險, 南據河津之要.(今)

其人,[300] 問於鄧禹. 禹曰, "寇恂文武備足,[301] 有牧民御衆之才,[302] 非此子莫可使也." 乃拜恂河內太守, 行大將軍事. 蕭王謂恂曰, "昔高祖留蕭何守關中,[303] 吾今委公以河內,[304] 當給足軍粮, 率厲士馬,[305] 防遏他兵,[306] 勿令北度而已.[307]"

○【寇恂調餱糧】

寇恂調餱糧

蕭王親送鄧禹至野王,[308] 禹旣西,[309] 蕭王乃復引兵而北.[310] 寇恂調餱糧治器械以供軍,[311] 軍雖遠征, 未嘗乏絶.

---

300) 難其人 : 非其人不可, 故難之.(胡) 難 : 以爲難. 難其人, 以得其合適人選爲難.(新)
301) 備足 : 俱備充足也.(中)
302) 民 : (資治)作'人'.(◉) 御衆 : 統率軍隊.(新)
303) 高祖留蕭何關中 : 在劉項戰爭中, 蕭何鎭守關中, 安撫百姓, 使劉邦無後顧之憂, 爲前線供給軍粮, 補充兵員, 保證了前線的需要.(新)
304) 委 : 托付. 劉邦先據漢中而得關中, 與項羽爭奪天下, 劉秀先據河北而得河內, 始貳于劉玄. 所以, 以今之河內比于昔日之關中.(新)
305) 率厲 : 率領督促.(新)
306) 防遏 : 防禦阻截.(新)
307) 度 : (資治)作'渡', 度, 與'渡'通.(◉)
308) 野王 : 古地名. 漢置縣, 隋改曰河內. 卽今河南省沁陽縣治.(中)
309) 旣西 : 向西進發以後.(新)
310) 復 : 扶又翻.(胡)
311) 調 : 謂計發之也.(春) 糇糧 : 乾糧.(新) 糇 : 音侯, 乾食也.(胡)

〔附 錄〕

主要記事一覽表

漢紀

▪ 太宗孝文皇帝 : 在位 23年

▪ 孝景皇帝 : 在位 16年

B.C.154	吳王有反謀	066
	鼂錯請削諸侯國	067
	七國反	068
	醴酒不設穆生去	069
	諸王罪狀鼂錯	070
	周亞夫擊吳楚	070
	袁盎以計殺鼂錯	070
	景帝恨鼂錯斬	072
	周亞夫得吳伏兵	072
	周亞夫破吳楚兵	073
	七國平	074
B.C.150	劉徹爲皇太子	074
B.C.144	更減笞法定箠令	075
B.C.143	直不疑償金	075
	周亞夫歐血而死	076
B.C.141	劉徹年十六卽位	077
	物盛而衰 固其變	077

▪ 世宗孝武皇帝 : 재위 54년

B.C.140	擧賢良方正	082
	董仲舒對策	082
	董仲舒爲江都相	087
	武帝雅向儒術 竇嬰田蚡好儒	088
B.C.139	竇太后好黃老言 不悅儒術	089
B.C.138	司馬相如以辭賦得幸	090
B.C.136	五經博士	091
B.C.135	田蚡專權	091

B.C.135	汲黯矯制賑民	092
	汲黯社稷臣	093
B.C.134	初令郡國擧孝廉	094
B.C.133	遣方士求神仙	094
	聶壹請誘擊匈奴	095
	王恢馬邑之詐	096
	興利之臣自此而始	097
B.C.130	作見知法	098
	公孫弘對策	099
	弘對爲第一	101
	轅固譏弘曲學	102
	公孫弘不肯面折廷爭	102
B.C.129	初算商車	103
	衛青伐胡	104
B.C.128	興廉擧孝	105
	李廣飛將軍	106
	大臣畏主父偃	106
B.C.127	主父偃請分王諸侯	109
	族郭解	110
	禁網踈濶 未知匡改	110
B.C.126	公孫弘山東鄙人	113
	公孫弘爲布被	113
	汲黯質責張湯	114
B.C.125	匈奴入漢	115
B.C.124	丞相封侯自公孫弘始	115
	軍中拜衛青爲大將軍	116
	武帝不冠 不見汲黯	117
	置博士弟子	117

24	邳彤獻策	310
	郡縣響應於劉秀	311
	劉秀披輿地圖	312
	劉秀平王郎	313
	士願屬大樹將軍	313
	耿弇勸蕭王勿罷兵	313
	蕭王推赤心置人腹中	314
	蕭王使鄧禹入關	315
	鄧禹薦寇恂守河內	315
	寇恂調餱糧	316

通鑑節要增損校註 二

編著者 社團法人 時習學舍

主編	李忠九	誠信女子大學校 研究教授
校閱	李斗熙	永同大學校 湖西文化研究所 研究員
	權奇甲	雪峰書院 講師
編纂	朴東憲	(前)서울 先史高等學校 教師
	韓允淑	韓國書家協會 常任理事
	黃鳳德	成均館大學校 漢文學科 博士課程修了
	宣美賢	成均館大學校 漢文學科 碩士
	金奎璇	鮮文大學校 教授
	尹世衡	崇實大學校 國語國文學科 博士課程修了
	白鎬鉉	春秋書堂 院長
	徐銀善	江南大學校 人文科學研究所 研究員
	李承容	檀國大學校 東洋學研究院 研究員
	金炫在	韓國古典飜譯院 研究員
	金甫省	成均館大學校 大東文化研究院 研究員
	姜旼廷	成均館大學校 漢文學科 博士課程
	權處隱	成均館大學校 漢文學科 碩士課程

通鑑節要增損校註 二

2015年 6月 09日 初版1刷 印刷
2015年 6月 20日 初版1刷 發行

原著者 | 江贄
編著者 | 社團法人 時習學舍
發行人 | 金榮煥
發行處 | 圖書出版 다운샘

138-857 서울특별시 송파구 중대로27길 1
전화 02 - 449 - 9172 팩스 02 - 431 - 4151
E-mail : dusbook@naver.com
등록 제17 - 111호(1993. 8. 26)

ISBN 978-89-5817-334-2 94910
ISBN 978-89-5817-308-3 (세트)

값 25,000원